本书得到北京市市属高校分类发展—京津冀协同发展与城市群系统演化的政产学研用平台构建项目以及首都经济贸易大学特大城市经济社会发展研究院的赞助

北京城六区人口调控的
思路和对策研究

赵秀池◎著

中国书籍出版社

图书在版编目（CIP）数据

北京城六区人口调控的思路和对策研究/赵秀池著. —北京：中国书籍出版社，2023.11
ISBN 978-7-5068-9740-2

Ⅰ.①北… Ⅱ.①赵… Ⅲ.①人口控制—研究—北京 Ⅳ.①C924.251

中国国家版本馆CIP数据核字（2023）第240800号

北京城六区人口调控的思路和对策研究

赵秀池 著

责任编辑	王 淼
责任印制	孙马飞 马 芝
封面设计	中联华文
出版发行	中国书籍出版社
地 址	北京市丰台区三路居路97号（邮编：100073）
电 话	（010）52257143（总编室） （010）52257140（发行部）
电子邮箱	eo@chinabp.com.cn
经 销	全国新华书店
印 刷	三河市华东印刷有限公司
开 本	710毫米×1000毫米 1/16
字 数	278千字
印 张	16
版 次	2023年11月第1版 2023年11月第1次印刷
书 号	ISBN 978-7-5068-9740-2
定 价	78.00元

版权所有 翻印必究

前　　言

本书作者系首都经济贸易大学城市经济与公共管理学院教授，2022年、2023年连续两年被全国第三方大学评价机构艾瑞深校友会评为中国高贡献学者。作者长期从事北京市人口调控与非首都功能疏解政策研究。早在2010年就承担了北京市社科联重点决策咨询课题《加快推进优质公共资源均衡配置　促进城市中心区人口与功能疏解》课题，课题报告得到了时任市长的亲笔批示，其中"高标准建设新城，发展区域经济，促进京津冀协同发展"的政策建议一直是北京人口调控与非首都功能疏解的主要思路。以该课题为主要内容的著作《北京市中心城人口疏解与新城发展机制研究》获得了北京市哲学社科优秀成果一等奖和教育部人文社科优秀成果二等奖。本书是后期的延续研究，也是北京市社科联2016年咨询课题《北京城六区人口调控的思路和对策研究》的结题成果，很多研究成果已经转化为政府政策。

本书紧紧围绕北京城六区人口调控的现状、问题与对策展开，在借鉴国内外经验基础上，提出了适合北京市人口调控的思路与对策。包括加强组织领导，建立专门的人口调控机构；加强规划引导，优化产业布局；发挥政府主导，实现教育医疗等优质公共资源均衡配置；推动京津冀协同发展，疏解非首都功能；通过房地产政策引导人口转移；更多地运用财政税收金融手段促进人口转移；多部门协作，加强城市综合治理；建立人口规模调控综合考评激励机制等。希望本书对相关理论研究和实际部门有一定参考。

本书得到了北京市市属高校分类发展—京津冀协同发展与城市群系统演化的政产学研用平台构建项目的资助，也得到了首都经济贸易大学特大城市经济社会发展研究院的支持，在此一并表示感谢。

首都经济贸易大学
赵秀池　教授
于 2023 年 9 月 19 日

目 录
CONTENTS

第一章　研究背景及意义 1
　第一节　研究背景 1
　第二节　研究意义 1

第二章　北京市及城六区人口现状 6
　第一节　北京市人口现状 6
　第二节　北京城六区人口现状 15

第三章　人口调控的相关理论基础 28
　第一节　人口迁移机制理论 28
　第二节　城市空间结构演化规律 29
　第三节　城市化发展规律 30
　第四节　城市郊区化与逆城市化 33
　第五节　规模经济与聚集经济理论 34
　第六节　不平衡发展理论 35
　第七节　公共物品与市场失灵理论 36
　第八节　首都圈发展理论 36

第四章　国内外人口调控的相关经验 38
　第一节　国外经验借鉴 38
　第二节　国内经验借鉴 51

第五章　人口调控机制分析 ········· 67
第一节　市场调节 ········· 67
第二节　政府主导 ········· 70

第六章　北京市目前调控人口的手段及其问题 ········· 74
第一节　以业引人 ········· 74
第二节　以房控人 ········· 79
第三节　以证管人 ········· 81
第四节　城市综合整治 ········· 85

第七章　制约北京市有效调控人口的主要因素 ········· 87
第一节　北京市尤其是城六区聚集了各种优质公共资源 ········· 88
第二节　北京市尤其是城六区各种城市功能过度集中 ········· 116
第三节　北京市及城六区是北京市及全国的旅游中心 ········· 120
第四节　城六区是北京市及全国的科技中心 ········· 122
第五节　城六区是北京市及全国的交通中心 ········· 125
第六节　城六区是北京市的文化中心 ········· 126
第七节　城六区是北京市乃至全国的商品交易中心 ········· 127
第八节　城六区吸纳了众多的就业人口 ········· 132
第九节　城六区的商品房吸纳了较多的居住人口 ········· 135
第十节　城六区人口向新城区迁移的意愿不强 ········· 138
第十一节　非首都功能及人口疏解政策支持力度尚待加强 ········· 142

第八章　北京市城六区人口调控思路与对策建议 ········· 144
第一节　北京城六区人口调控的思路 ········· 144
第二节　对策建议 ········· 145

附录1　关于北京城六区人口疏解的几点政策建议 ········· 151
附录2　北京市居民居住意愿调研报告（一） ········· 154
附录3　北京市居民居住意愿调研报告（二） ········· 173
附录4　北京市优质公共资源配置与人口疏解分析 ········· 194

附录 5	首都旧城区保护性改造问题与政策建议	219
附录 6	关于组织开展"疏解整治促提升"专项行动（2017—2020年）的实施意见	227
附录 7	关于"十四五"时期深化推进"疏解整治促提升"专项行动的实施意见	233

参考文献 …… 244
结语 …… 246

第一章

研究背景及意义

第一节 研究背景

北京市作为超大城市,人口吸引力比较强,一直到2016年,常住人口都在不断增长。2016年人口达到峰值2195.4万人之后,有所缓慢下降。

根据《北京城市总体规划(2004—2020年)》的人口控制目标,到2020年人口应该控制在1800万人,但2010年北京市常住人口就已经达到1961.9万人,提前10年突破了《北京城市总体规划(2004—2020年)》中人口的规划目标。长期以来,北京市作为我国的首都,全国的政治、经济、文化中心,人口和城市功能高度集中。人口规模的膨胀以及人口过度聚集,已经带来了严重的交通拥堵、环境污染、房价居高不下等"大城市病"问题,对北京市未来城市的可持续发展提出了挑战。根据《京津冀协同发展纲要》要求,北京市到2020年,人口需控制在2300万,城六区人口与2014年相比需减少15%。根据《北京城市总体规划(2016—2035年)》,北京市常住人口规模到2020年控制在2300万人以内,2020年以后长期稳定在这一水平。从北京市各功能区人口密度来看,城六区是人口密度最大的区域,因此,如何针对城六区人口进行调控成为当务之急。

第二节 研究意义

一、落实首都功能定位、做好"四个服务"的需要

根据2005年《国务院关于北京城市总体规划的批复》,北京城市的发展建

设，要遵循经济、社会、人口、资源和环境相协调的可持续发展战略，体现为中央党、政、军领导机关的工作服务，为国家的国际交往服务，为科技和教育发展服务，为改善人民群众生活服务的宗旨。

根据《北京市总体规划（2004—2020年）》，北京是中华人民共和国的首都，是全国的政治中心、文化中心，是世界著名古都和现代国际城市。城六区（原城八区）承担着重要的城市功能。原东城区是北京市政治中心的主要载体，全国性文化机构聚集地之一，传统文化重要旅游地区和国内知名的商业中心；原西城区是国家政治中心的主要载体，国家金融管理中心，传统风貌重要旅游地区和国内知名的商业中心；原崇文区是北京体育产业聚集区，都市商业区和传统文化旅游、娱乐地区；原宣武区是国家新闻媒体聚集地之一，宣南文化发祥地和传统商业区；朝阳区是国际交往的重要窗口，中国与世界经济联系的重要节点，对外服务业发达地区，现代体育文化中心和高新技术产业基地；海淀区是国家高新技术产业基地之一，国际知名的高等教育和科研机构聚集区，国内知名的旅游、文化、体育活动区；丰台区是国际国内知名企业代表处聚集地，北京南部物流基地和知名的重要旅游地区；石景山区与门头沟新城共同构成城市西部发展带的重要节点，是城市综合服务中心之一，同时也是文化娱乐中心和重要旅游地区。

多年来，北京作为首都，有很强的吸引力和发展能力，城市功能越来越多，越来越集中，形成了政治中心、文化中心、金融管理中心、国际交往中心、教育中心、医疗中心、商业中心和旅游中心等多个功能。北京承担的功能太多，吸纳了太多的人口，也影响了首都功能的发挥，因此，需疏解非首都功能，才能落实《北京城市总体规划（2016—2035年）》《京津冀协调发展纲要》中对北京的政治中心、文化中心、科技创新中心、国际交往中心的定位。

2015年2月份，习近平总书记到北京考察后，对北京讲了五点要求，对于北京的城市功能定位及非首都功能疏解指明了方向。他指出，北京要明确城市战略定位，坚持和强化首都全国政治中心、文化中心、国际交往中心、科技创新中心的核心功能。深入实施人文北京、科技北京、绿色北京战略，努力把北京建设成为国际一流的和谐宜居之都，要调整疏解非首都核心功能。因此，只有通过非首都功能疏解，才能实现北京的人口调控目标，更好地实现北京的四个城市功能定位，更好地实现首都功能，做好"四个服务"。

二、推动京津冀协同发展的需要

京津冀三地中,北京过于"肥胖",周边中小城市过于"瘦弱",区域发展差距悬殊,特别是河北与北京两地经济发展水平差距较大,公共服务水平落差明显。

河北的土地面积是北京的11.5倍,人口是北京的3倍。而2014年GDP只是北京的1.4倍,人均GDP只是北京的40%,三甲医院为北京的83%,尤其教育资源相差甚远,211高校北京有26所,河北才2所,是北京的8%。正是由于北京与河北等地的落差比较大,因此导致北京的人口越聚越多。只有把教育、医疗等一些优质公共资源、一些产业疏解到河北、天津,让河北、天津与北京发展的一样好,才能吸引人口到河北、天津落户,才能推动京津冀协同发展。因此,京津冀协同发展的最大障碍也是非首都功能疏解、北京人口疏解的最大障碍。只要北京非首都功能疏解、人口调控成功了,京津冀协同发展也就实现了。通过优质公共资源均衡配置,通过产业转移等措施,不断疏解非首都功能、疏解人口,一定会有利于京津冀协同发展的实现。

表1 2014年京津冀三地发展情况比较

区域	土地面积（万平方米）	地区生产总值（亿元）	人口（万人）	人均GDP（万元）	三甲医院 数量	三甲医院 占北京比重	211高校 数量	211高校 占北京比重
北京	1.6410	21330.8	2151.60	9.91	54	100%	26	100%
天津	1.1946	15722.5	1516.81	10.37	27	50%	3	12%
河北	18.8800	29421.2	7383.75	3.98	45	83%	2	8%

资料来源:根据京津冀三地统计年鉴数据计算整理

三、建设首善之区和宜居城市的需要

按照习近平总书记对北京城市功能定位的部署,要把北京建设成为国际一流的和谐宜居之都。宜居之都有很多衡量指标,但其中一个指标就是人口密度。因为人口密度过大,则会造成交通拥堵、环境污染等"大城市病",影响人们的生活质量。

根据美国福布斯杂志公布的2009年全球人口最稠密的12个城市人口密度情况,北京常住人口密度11500人/平方公里,排名第12(见表2)。根据2015

年数据计算,首都功能核心区人口密度23845人/平方公里,仅次于全球人口最稠密的孟买和加尔各答,远远高于2010年美国福布斯杂志公布的世界最宜居的10个城市的人口密度数据,比人口最稠密的巴黎人口密度还高2957人/平方公里(见表3)。

2015年北京城六区人口密度为9375人/平方公里,也远远高于2010年美国福布斯杂志公布的世界最宜居的10个城市的9个城市(见表3)。因此,疏解城六区人口尤其是首都功能核心区人口是当务之急。

表2 2009年全球人口最稠密的20个城市人口密度(人/平方公里)

城市	孟买（印度）	加尔各答（印度）	卡拉奇（巴基斯坦）	拉各斯（尼日利亚）	深圳（中国）
排名	1	2	3	4	5
常住人口密度	29650	23900	18900	18150	17150
城市	首尔（韩国）	台北（中国）	金奈（印度）	波哥达（哥伦比亚）	上海（中国）
排名	6	7	8	9	10
常住人口密度	16700	15200	14350	13500	13400
城市	利马（秘鲁）	北京（中国）	新德里（印度）	金沙萨（刚果）	马尼拉（菲律宾）
排名	11	12	13	14	15
常住人口密度	11750	11500	11050	10650	10550
城市	德黑兰（伊朗）	雅加达（印度尼西亚）	天津（中国）	班加罗尔（印度）	胡志明市（越南）
排名	16	17	18	19	20
常住人口密度	10550	10500	10500	10100	9450

资料来源:美国福布斯杂志

表3 2010年世界最宜居的10个城市的人口密度(人/平方公里)

城市	慕尼黑（德国）	哥本哈根（丹麦）	苏黎世（瑞士）	东京（日本）	赫尔辛基（芬兰）
排名	1	2	3	4	5
常住人口密度	4275	6928	736	5736	815

续表

城市	斯德哥尔摩（瑞典）	巴黎（法国）	维也纳（奥地利）	墨尔本（澳大利亚）	马德里（西班牙）
排名	6	7	8	9	10
常住人口密度	4209	20888	414.65	453	4431

资料来源：美国福布斯杂志

四、提升公共服务能力、改善民生的需要

首都北京过度的人口聚集导致交通拥堵问题突出，甚至有人把首都叫做"首堵"。中科院可持续发展战略研究组组长、首席科学家牛文元教授牵头的《2010中国新型城市化报告》中指出，北京市在全国50个主要城市中上班平均花费时间最长，为52分钟。事实上，旧城内不仅交通设施超负荷运转，电力、水务、排水系统、医疗教育、休闲娱乐等城市公共资源也难以与如此高密度的人口规模相适应，公共资源的过度负荷已严重破坏了区域的可持续发展能力，直接影响到北京居民生活品质的提升。因此，通过部分公共资源及人口的重新配置，疏解北京人口，将有效缓解北京旧城公共设施不堪重负的现实情况，提升公共服务能力、改善民生。

第二章

北京市及城六区人口现状

第一节 北京市人口现状

北京市人口现状有如下特点：

一、北京市人口规模持续增长，近年来增速有所下降

根据《北京统计年鉴》的数据测算，北京市人口规模持续增加。从2000年到2016年，常住人口规模不断增加，在2016年达到峰值2195.4万人。常住人口从2000年的1363.6万人增长到2016年的2195.4万（见图1），16年间增长831.8万人，年均增长51.99万人，增长率为3.81%。其中户籍人口从1107.5万人增长到1362.9万人，增加了255.4万人，年均增长15.96万人，年均增长率为1.44%；外来人口从256.1万人增长到858.8万人，增长了602.7万人，年均增长37.67万人，年均增长率为14.71%。

但自2011年之后，人口增速出现大幅下降态势。其中常住人口增速由2011年的2.89%，下降为2015年的0.88%；户籍人口增速则从1.6%下降为1.09%；外来人口增速从5.32%下降为0.48%。

从2017年开始，北京市常住人口、户籍人口、外来人口增速均出现负增长。一直到2021年，北京市常住人口与外来人口增速均为负增长，分别为-0.02%和-0.57%；只有户籍人口有轻微正增长，为0.91%。

表 4　2000—2021 年北京市人口变动情况

年份	常住人口（万人）数量	增长%	户籍人口（万人）数量	增长%	外来人口（万人）数量	增长%
2000	1363.6	—	1107.5	—	256.1	—
2001	1385.1	1.58%	1120.5	1.17%	264.6	3.32%
2002	1423.2	2.75%	1136.3	1.41%	286.9	8.43%
2003	1456.4	2.33%	1148.8	1.10%	307.6	7.22%
2004	1492.7	2.49%	1162.9	1.23%	329.8	7.22%
2005	1538.0	3.03%	1180.7	1.53%	357.3	8.34%
2006	1581.0	2.83%	1197.6	1.43%	383.4	7.30%
2007	1633.0	3.29%	1213.3	1.31%	419.7	9.47%
2008	1695.0	3.80%	1229.9	1.37%	465.1	10.82%
2009	1755.0	3.54%	1245.8	1.29%	509.2	9.48%
2010	1961.9	11.79%	1257.8	0.96%	704.7	38.39%
2011	2018.6	2.89%	1277.9	1.60%	742.2	5.32%
2012	2069.3	2.51%	1297.5	1.53%	773.8	4.26%
2013	2114.8	2.20%	1316.3	1.45%	802.7	3.73%
2014	2151.6	1.74%	1333.4	1.30%	818.7	1.99%
2015	2170.5	0.88%	1347.9	1.09%	822.6	0.48%
2016	2195.4	1.15%	1362.9	1.11%	858.8	4.40%
2017	2194.4	−0.05%	1359.2	−0.27%	855.5	−0.38%
2018	2191.7	−0.12%	1375.8	1.22%	848.2	−0.85%
2019	2190.1	−0.07%	1397.4	1.57%	843.5	−0.55%
2020	2189.0	−0.05%	1400.8	0.24%	839.6	−0.46%
2021	2188.6	−0.02%	1413.5	0.91%	834.8	−0.57%

资料来源：根据历年《北京统计年鉴》《北京市国民经济和社会发展公报统计》整理

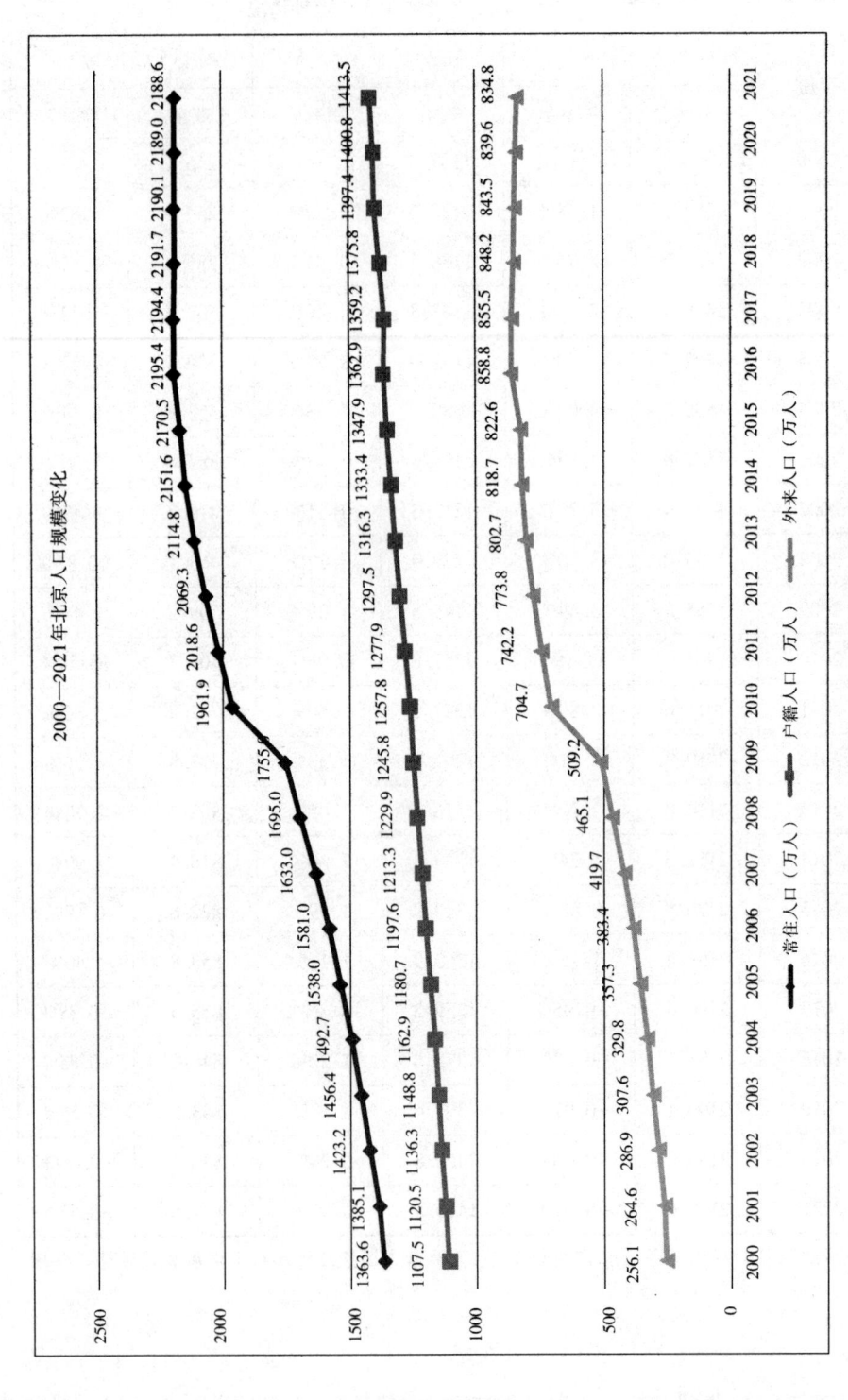

图 1 北京市 2000—2021 年北京市人口规模变化情况

第二章 北京市及城六区人口现状

2001—2021年北京市人口增长情况

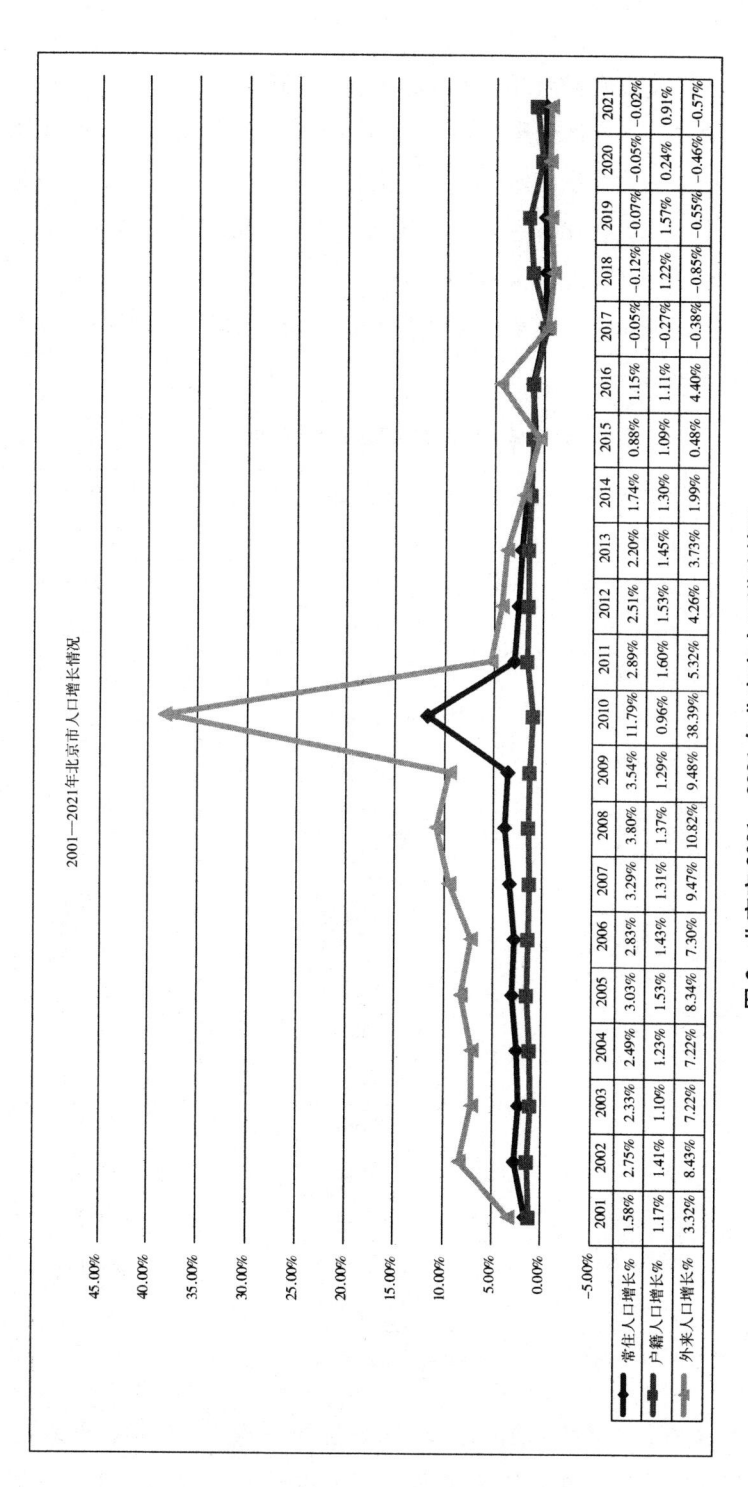

	2001	2002	2003	2004	2005	2006	2007	2008	2009	2010	2011	2012	2013	2014	2015	2016	2017	2018	2019	2020	2021
常住人口增长%	1.58%	2.75%	2.33%	2.49%	3.03%	2.83%	3.29%	3.80%	3.54%	11.79%	2.89%	2.51%	2.20%	1.74%	0.88%	1.15%	-0.05%	-0.12%	-0.07%	-0.05%	-0.02%
户籍人口增长%	1.17%	1.41%	1.10%	1.23%	1.53%	1.43%	1.31%	1.37%	1.29%	0.96%	1.60%	1.53%	1.45%	1.30%	1.09%	1.11%	-0.27%	1.22%	1.57%	0.24%	0.91%
外来人口增长%	3.32%	8.43%	7.22%	7.22%	8.34%	7.30%	9.47%	10.82%	9.48%	38.39%	5.32%	4.26%	3.73%	1.99%	0.48%	4.40%	-0.38%	-0.85%	-0.55%	-0.46%	-0.57%

图2 北京市2001—2021年北京市人口增速情况

二、北京市人口高度在城六区，尤其是核心区聚集

北京市人口高度在城六区聚集，但集中程度在不断下降。自2005年至2009年，北京市城六区人口占北京市比重在61.5%以上；自2010年至2015年，北京市城六区人口占全市比重在59%左右。从2016年至今，城六区人口占比下降明显，至2022年城六区人口占比下降为50.11%，与2005年相比，下降了约12%。

尽管如此，由于城六区土地面积仅为全市的8.3%。因此，北京市人口仍然在城六区聚集明显（见表5）。

表5 北京城六区常住人口占全市比重

年份	北京市常住人口（万人）	城六区常住人口（万人）	城六区占比
2005	1538.0	953.2	62.0%
2006	1581.0	979.7	62.0%
2007	1633.0	1012.3	62.0%
2008	1695.0	1043.9	61.6%
2009	1755.0	1080.0	61.5%
2010	1961.9	1172.0	59.7%
2011	2018.6	1201.4	59.5%
2012	2069.3	1228.0	59.3%
2013	2114.8	1253.0	59.2%
2014	2151.6	1276.0	59.3%
2015	2170.5	1283.0	59.1%
2016	2195.4	1264.7	57.6%
2017	2194.4	1226.7	55.9%
2018	2191.7	1190.1	54.3%
2019	2190.1	1147.6	52.4%
2020	2189.0	1098.5	50.2%
2021	2188.6	1097.2	50.1%
2022	2184.3	1094.5	50.1%

资料来源：根据历年《北京区域统计年鉴》计算整理

从人口密度来看，全市人口密度自2005年至2016年不断增加，至2016年达到峰值为1337人/平方公里，比2005年人口密度937人/平方公里，增加了

40人/平方公里；从2017年人口密度开始下降，一直至2022年，全市人口密度为1331人/平方公里。

城六区人口密度自2005年至2015年不断增加，至2015年达到峰值为9375人/平方公里，比2005年人口密度6966人/平方公里，增加了2409人/平方公里；城六区人口密度从2016年人口开始下降，一直至2022年，全市人口密度为7999人/平方公里。

新城地区人口密度自2005年至2022年不断增加，至2022年达到峰值为725人/平方公里，比2005年人口密度389人/平方公里，增加了336人/平方公里。

城六区人口密度远远高于全市的人口密度和新城的人口密度。以人口密度高峰时的2015年为例，全市人口密度为1323人/平方公里，城六区人口密度为9243人/平方公里，新城地区人口密度为590人平方公里。城六区人口密度是全市的7倍，是新城地区的16倍。

虽然自2015年以来，城六区人口密度在下降，新城地区人口密度在不断提升，但2022年城六区人口密度远远高于全市与新城地区，是全市的6倍，是新城地区的11倍（见图3）。

从2005—2022年北京市四个城市功能区人口密度来看，首都功能核心区从2005—2014年人口密度不断增加，至2014年人口密度达到峰值，为23953人/平方公里；之后人口密度不断下降，至2022年人口密度为19526人/平方公里。

城市功能拓展区人口密度自2005年至2015人口密度不断增加，至2015年达到峰值，为8327人/平方公里；之后，人口密度开始下降，至2022年人口密度为7164人/平方公里。

城市发展新区与生态涵养区人口密度从2005年至2021年一直在增加。城市发展新区人口密度从2005年的654人/平方公里，增加到2021年的1389人/平方公里；生态涵养区人口密度从2005年的198人/平方公里，增加到2021年的248人/平方公里。2022年城市发展新区与生态涵养区的人口密度分别比2021年下降了1人/平方公里（见图4）。

2005—2022年北京市人口密度情况

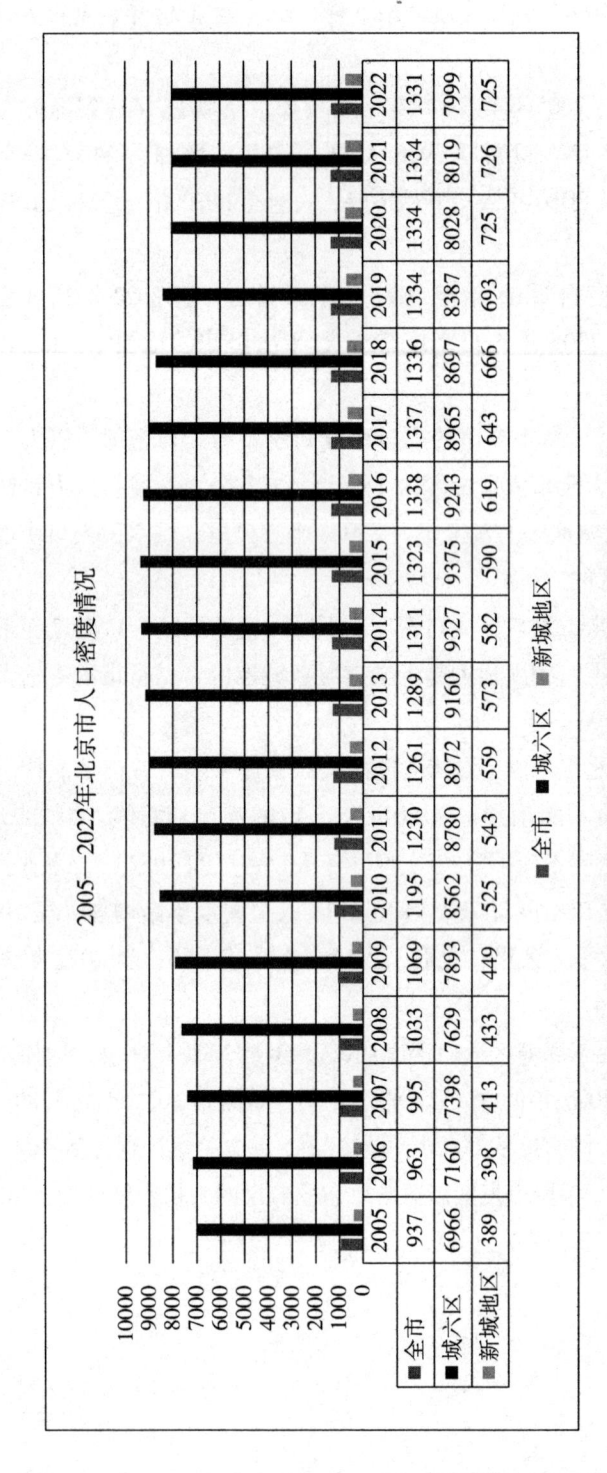

	2005	2006	2007	2008	2009	2010	2011	2012	2013	2014	2015	2016	2017	2018	2019	2020	2021	2022
全市	937	963	995	1033	1069	1195	1230	1261	1289	1311	1323	1338	1337	1336	1334	1334	1334	1331
城六区	6966	7160	7398	7629	7893	8562	8780	8972	9160	9327	9375	9243	8965	8697	8387	8028	8019	7999
新城地区	389	398	413	433	449	525	543	559	573	582	590	619	643	666	693	725	726	725

图3 2005—2022年北京城六区与新城地区常住人口密度（人/平方公里）

第二章 北京市及城六区人口现状

2005—2022年北京市四个功能区人口密度情况

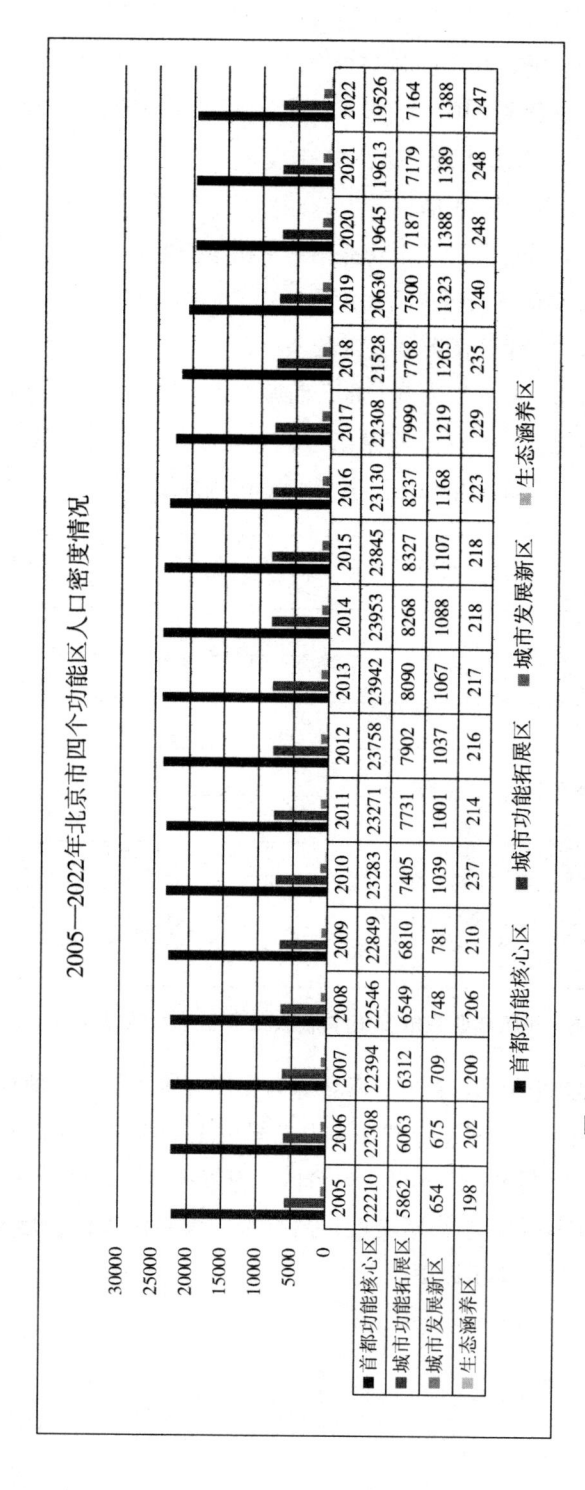

	2005	2006	2007	2008	2009	2010	2011	2012	2013	2014	2015	2016	2017	2018	2019	2020	2021	2022
首都功能核心区	22210	22308	22394	22546	22849	23283	23271	23758	23942	23953	23845	23130	22308	21528	20630	19645	19613	19526
城市功能拓展区	5862	6063	6312	6549	6810	7405	7731	7902	8090	8268	8327	8237	7999	7768	7500	7187	7179	7164
城市发展新区	654	675	709	748	781	1039	1001	1037	1067	1088	1107	1168	1219	1265	1323	1388	1389	1388
生态涵养区	198	202	200	206	210	237	214	216	217	218	218	223	229	235	240	248	248	247

图 4　2005—2022年北京市四个城市功能区人口密度（单位：人/平方公里）

以城六区人口密度高峰的2015年为例,首都功能核心区常住人口密度为23845人/平方公里,城市功能拓展区常住人口密度为8327人/平方公里,城市发展新区常住人口密度为1107人/平方公里,生态涵养发展区常住人口密度为218人/平方公里。首都功能核心区人口密度最大,是城市功能拓展区的2.86倍,是城市发展新区的21.54倍,是生态涵养发展区的109.38倍。北京市人口主要集中在城市功能核心区和城市功能拓展区构成的城六区。

2022年,首都功能核心区人口密度是城市功能拓展区的2.73倍,是城市发展新区的13.87倍,是生态涵养发展区的79.05倍。

从16区来看,以2015年为例,东、西城人口密度最高,人口密度在2万层级,朝阳区、海淀区、丰台区、石景山区在七八千层级,通州区、顺义区、大兴区、昌平区人口密度在1千以上,其他远郊区则在1千层级以下。

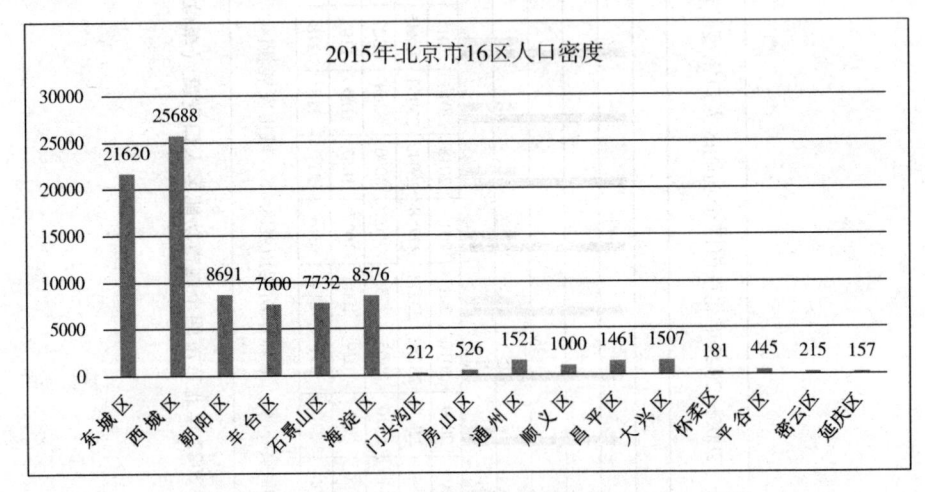

图5　2015年北京市16区常住人口密度（人/平方公里）

2022年与2015年相比,城六区各区人口密度有所下降,其他远郊区人口密度有所增加。东城区人口密度仍然在2万层级以上,西城区人口密度从2万多到了1万多层级,朝阳区、海淀区、丰台区、石景山区人口密度在六七千层级。通州区调控密度超过了2千,顺义区、昌平区、大兴区人口密度在1千以上,其他远郊区人口密度在1千以下。

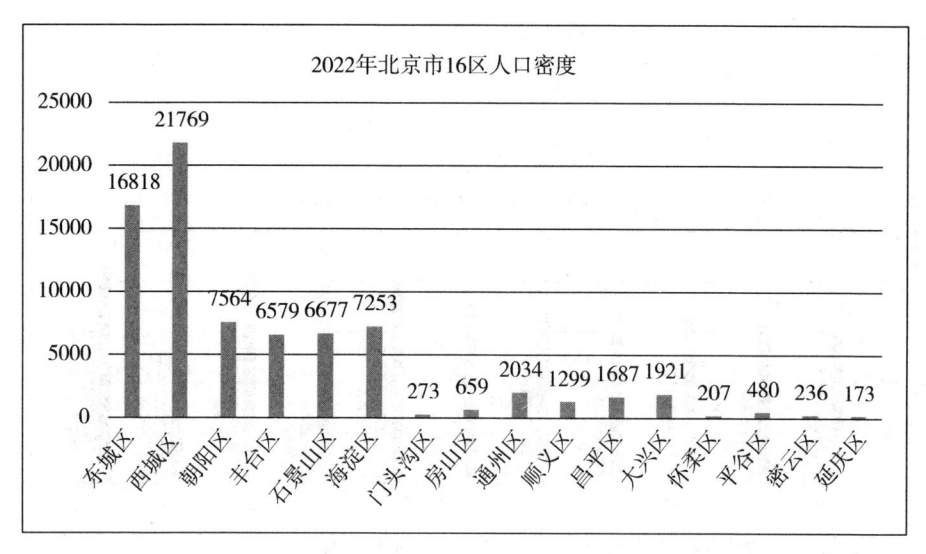

图 6　2022 年北京市 16 区人口密度（人/平方公里）

第二节　北京城六区人口现状

北京市城六区人口现状有如下特点：

一、城六区人口规模不断增加，但增速低于全市

北京市城六区人口规模不断增加，一直到 2015 年达到峰值。城六区人口规模从 2005 年的 953.2 万人，增加到 2015 年的 1282.8 万人。但是城六区人口增速均低于全市。2006 年全市人口增速为 2.8%，城六区人口增速为 2.78%，新城地区人口增速为 2.31%。2015 年全市人口增速为 0.88%，新城地区为 1.42%，城六区为 0.51%。2015 年城六区人口不仅低于全市人口增速，还低于新城地区人口增速（见图 7、图 8）。

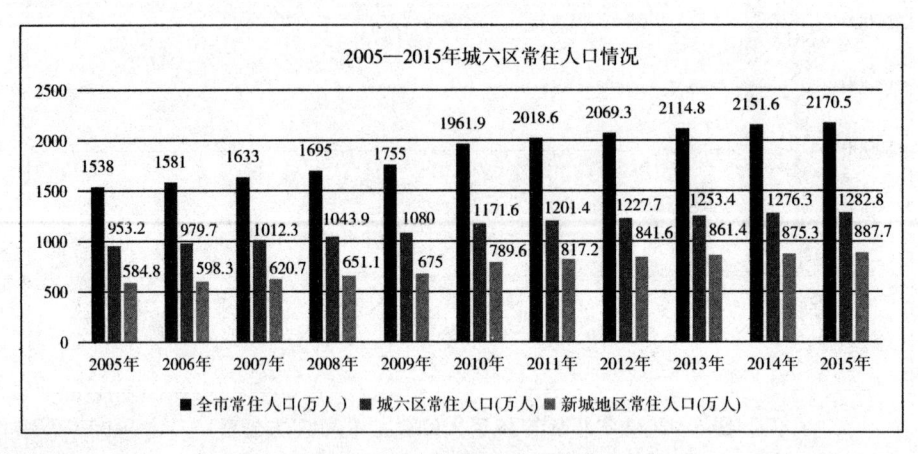

图7 2005—2015年北京城六区常住人口情况

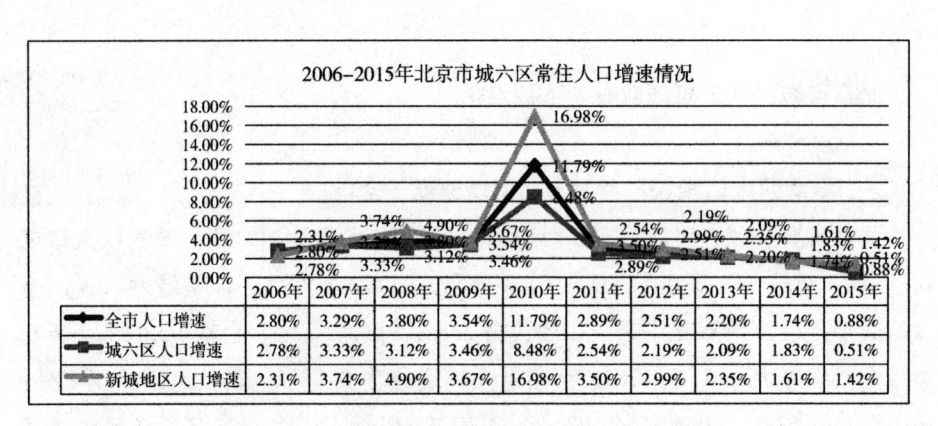

图8 2006—2015年北京城六区常住人口增速情况

表6 2005—2015年北京市人口密度变化情况

区域	项目	2005年	2006年	2007年	2008年	2009年	2010年	2011年	2012年	2013年	2014年	2015年
全市	土地面积（平方公里）	16410.54	16410.54	16410.54	16410.54	16410.54	16410.54	16410.54	16410.54	16410.54	16410.54	16410.54
	常住人口（万人）	1538	1581	1633	1695	1755	1961.9	2018.6	2069.3	2114.8	2151.6	2170.5
	占全市人口比重（%）	100%	100%	100%	100%	100%	100%	100%	100%	100%	100%	100%
	人口密度（人/平方公里）	937	963	995	1033	1069	1195	1230	1261	1289	1311	1323
中心城区	土地面积（平方公里）	1368.32	1368.32	1368.32	1368.32	1368.32	1368.32	1368.32	1368.32	1368.32	1368.32	1368.32
	常住人口（万人）	953.2	979.7	1012.3	1043.9	1080	1171.6	1201.4	1227.7	1253.4	1276.3	1282.8
	占全市人口比重（%）	61.98%	61.97%	61.99%	61.59%	61.54%	59.72%	59.52%	59.33%	59.27%	59.32%	59.10%
	人口密度（人/平方公里）	6966	7160	7398	7629	7893	8562	8780	8972	9160	9327	9375

续表

区域	项目	2005年	2006年	2007年	2008年	2009年	2010年	2011年	2012年	2013年	2014年	2015年
首都功能核心区	土地面积（平方公里）	92.39	92.39	92.39	92.39	92.39	92.39	92.39	92.39	92.39	92.39	92.39
	常住人口（万人）	205.2	206.1	206.9	208.3	211.1	216.2	215	219.5	221.2	221.3	220.3
	占全市人口比重（%）	13.3%	13.0%	12.7%	12.3%	12.0%	11.0%	10.7%	10.6%	10.5%	10.3%	10.1%
	人口密度（人/平方公里）	22210	22308	22394	22546	22849	23283	23271	23758	23942	23953	23845
城市功能拓展区	土地面积（平方公里）	1275.93	1275.93	1275.93	1275.93	1275.93	1275.93	1275.93	1275.93	1275.93	1275.93	1275.93
	常住人口（万人）	748	773.6	805.4	835.6	868.9	955.4	986.4	1008.2	1032.2	1055.0	1062.5
	占全市人口比重（%）	48.6%	48.90%	49.30%	48.90%	49.50%	48.7%	48.9%	48.7%	48.8%	49.0%	49.0%
	人口密度（人/平方公里）	5862	6063	6312	6549	6810	7405	7731	7902	8090	8268	8327

续表

区域	项目	2005年	2006年	2007年	2008年	2009年	2010年	2011年	2012年	2013年	2014年	2015年
新城地区	土地面积（平方公里）	15042.22	15042.22	15042.22	15042.22	15042.22	15042.22	15042.22	15042.22	15042.22	15042.22	15042.22
	常住人口（万人）	584.8	598.3	620.7	651.1	675	789.6	817.2	841.6	861.4	875.3	887.7
	占全市人口比重（%）	38.02%	37.84%	38.01%	38.41%	38.46%	40.25%	40.48%	40.67%	40.73%	40.68%	40.90%
	人口密度（人/平方公里）	389	398	413	433	449	525	543	559	573	582	590
城市发展新区	土地面积（平方公里）	6295.57	6295.57	6295.57	6295.57	6295.57	6295.57	6295.57	6295.57	6295.57	6295.57	6295.57
	常住人口（万人）	411.6	424.7	446.2	470.8	491.7	603.2	629.9	653.0	671.5	684.9	696.9
	占全市人口比重（%）	26.80%	26.90%	27.30%	27.30%	28.00%	30.7%	31.2%	31.6%	31.8%	31.8%	32.1%
	人口密度（人/平方公里）	654	675	709	748	781	1039	1001	1037	1067	1088	1107

续表

区域	项目	2005年	2006年	2007年	2008年	2009年	2010年	2011年	2012年	2013年	2014年	2015年
生态涵养发展区	土地面积（平方公里）	8746.65	8746.65	8746.65	8746.65	8746.65	8746.65	8746.65	8746.65	8746.65	8746.65	8746.65
	常住人口（万人）	173.2	176.6	174.5	180.3	183.3	186.4	187.3	188.6	189.9	190.4	190.8
	占全市人口比重（%）	11.3%	11.2%	10.7%	10.6%	10.4%	9.5%	9.3%	9.1%	9.0%	8.8%	8.8%
	人口密度（人/平方公里）	198	202	200	206	210	237	214	216	217	218	218

资料来源：根据历年《北京区域统计年鉴》计算整理

二、城六区常住人口密度不断增加，但 2011 年以来增速趋缓

北京市城六区人口密度自 2005 年以来不断增加，由 2005 年的 6966 人/平方公里，增加到 2015 年的 9375 人/平方公里。10 年来中心城人口密度增速为 3.03%，大多数年份在 2% 以上。增速在 2010 年达到高峰，增速为 8.48%；之后增速开始下降，2014 年增速降到 2% 以下，2015 年增速为 0.51%，达到历史最低。见图 9。

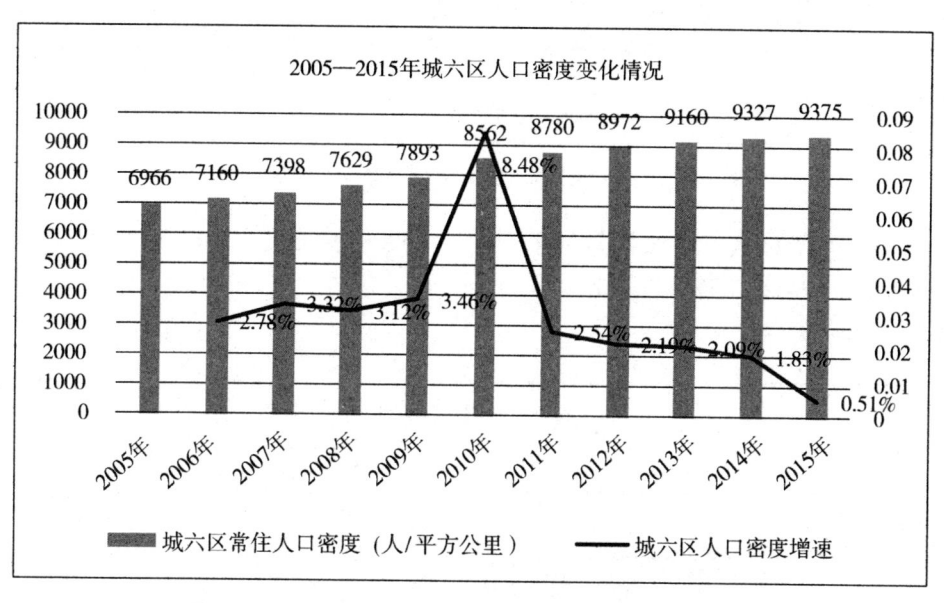

图 9 2005—2015 年北京城六区常住人口密度变化情况

三、增量户籍人口仍在城六区聚集

北京市户籍人口 2005 年为 1180.7 万人，2015 年为 1345.2 万人，10 年间，北京市户籍人口增加了 164.5 万人。城六区户籍人口 2005 年为 721.0 万人，2015 年为 841.4 万人，10 年间户籍人口增加了 120.4 万人，占全市户籍人口增量的 73.19%。

绝大多数户籍人口增量仍在城六区聚集。2010 年城六区户籍人口增量占全市的 82.5%，之后比重开始下降，2015 年城六区户籍人口增量仍然占到全市的 60.17%。见图 10。

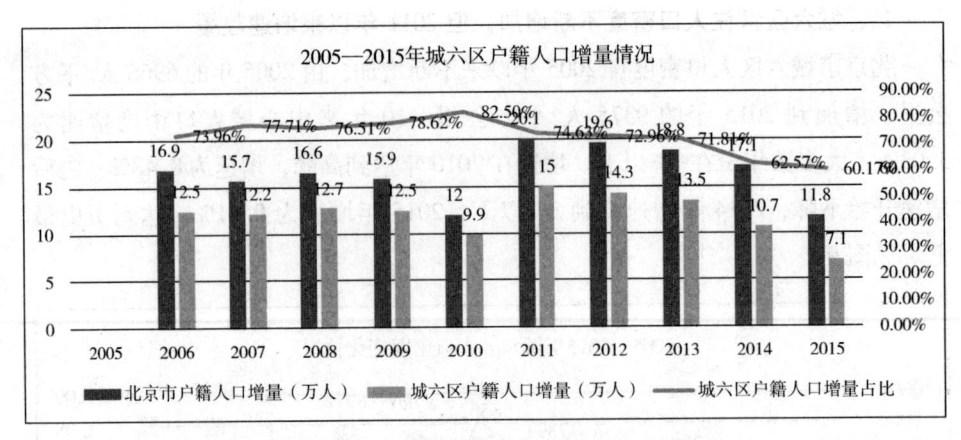

图 10　2005—2015 年北京城六区户籍人口增量变化

城六区户籍人口增速在 2011 年达到 1.28% 的峰值之后，增速开始下降，2015 年为 0.85%。见图 11。

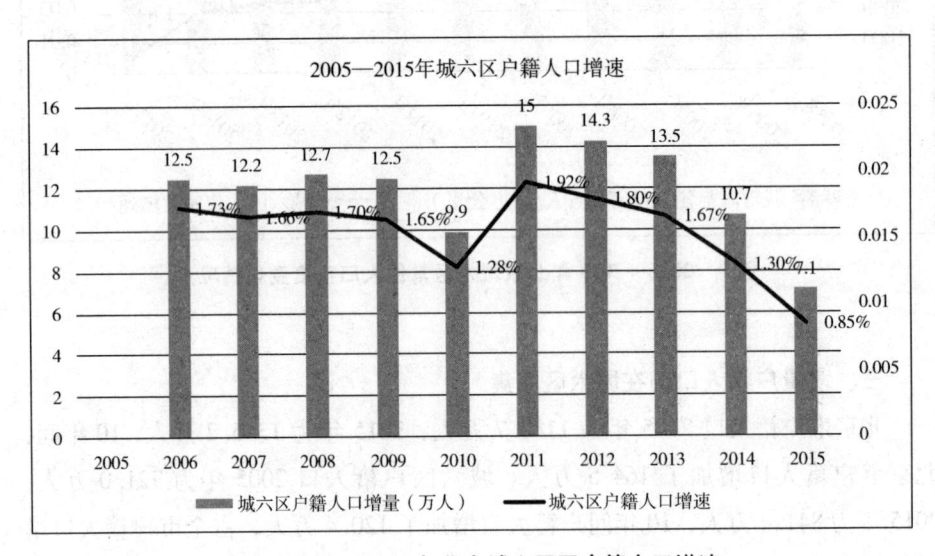

图 11　2005—2015 年北京城六区区户籍人口增速

第二章 北京市及城六区人口现状

表7 2005—2015年北京城六区户籍人口变化情况

年度	2005	2006	2007	2008	2009	2010	2011	2012	2013	2014	2015
全市户籍人口（万人）	1180.7	1197.6	1213.3	1229.9	1245.8	1257.8	1277.9	1297.5	1316.3	1333.4	1345.2
全市户籍人口增量（万人）		16.9	15.7	16.6	15.9	12.0	20.1	19.6	18.8	17.1	11.8
城六区户籍人口（万人）	721.0	733.5	745.7	758.4	770.9	780.8	795.8	810.1	823.6	834.3	841.4
城六区户籍人口增量（万人）		12.5	12.2	12.7	12.5	9.9	15.0	14.3	13.5	10.7	7.1
城六区户籍人口增量占全市比重		73.96%	77.71%	76.51%	78.62%	82.50%	74.63%	72.96%	71.81%	62.57%	60.17%
城六区户籍人口增速		1.73%	1.66%	1.70%	1.65%	1.28%	1.92%	1.80%	1.67%	1.30%	0.85%

资料来源：根据历年《北京统计年鉴》计算整理

四、新增常住人口和外来人口有半数多落在城六区

1. 新增常住人口变化

在2015年前，新增常住人口大部分都落在了城六区。2005—2014年平均每年新增常住人口的53.7%都落在了城六区。尤其在2008年，北京市新增95万常住人口的70.21%落在了城六区。到2015年，城六区新增常住人口占全市比例大幅下降为34.39%。见图12。

图12　2005—2015年北京城六区常住人口变化情况

城六区新增常住人口在2008年达到峰值66.7万人之后，新增常住人口不断下降，到2015年降到新增常住人口6.5万人。增速由2008年的最高6.49%，降为2015年的0.51%。见图13。

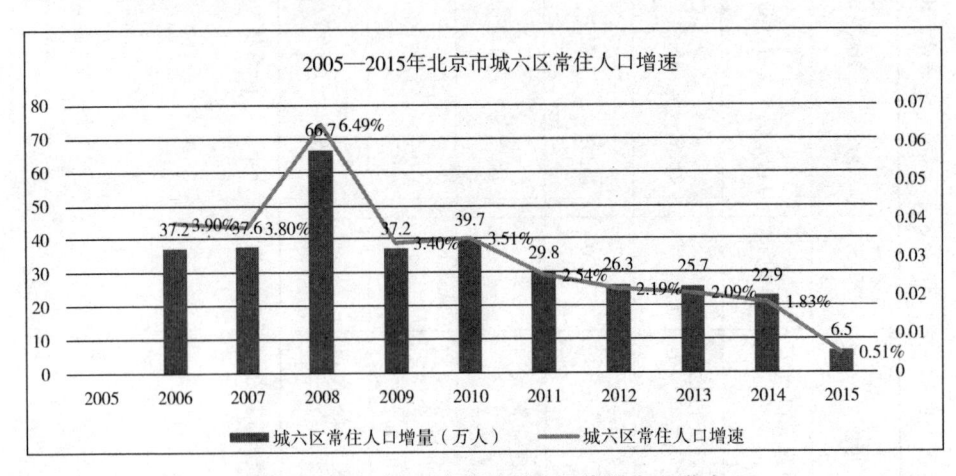

图13　2005—2015年北京城六区常住人口增速

第二章 北京市及城六区人口现状

表8 2005—2015年北京城六区常住人口变化情况

	年度	2005	2006	2007	2008	2009	2010	2011	2012	2013	2014	2015
北京	常住人口（万人）	1538	1601	1676	1771	1860	1961.9	2018.6	2069.3	2114.8	2151.6	2170.5
	常住人口增量（万人）		63	75	95	89	101.9	56.7	50.7	45.5	36.8	18.9
城六区	常住人口（万人）	953.2	990.4	1028	1094.7	1131.9	1171.6	1201.4	1227.7	1253.4	1276.3	1282.8
	常住人口增量（万人）		37.2	37.6	66.7	37.2	39.7	29.8	26.3	25.7	22.9	6.5
	常住人口增速		3.90%	3.80%	6.49%	3.40%	3.51%	2.54%	2.19%	2.09%	1.83%	0.51%
	常住人口增量占全市比重		59.05%	50.13%	70.21%	41.80%	38.96%	52.56%	51.87%	56.48%	62.23%	34.39%

资料来源：根据历年《北京统计年鉴》计算整理

(2) 城六区外来人口变化情况

在2014年前，新增外来人口大部分都落在了城六区。2005—2014年平均每年新增外来人口的52.37%都落在了城六区。尤其在2009年，北京市新增614.2万常住人口的57.59%落在了城六区。到2014年，城六区新增常住人口占全市比例仍为56.25%。但是，到2015年，城六区新增外来人口出现负增长。见图14。

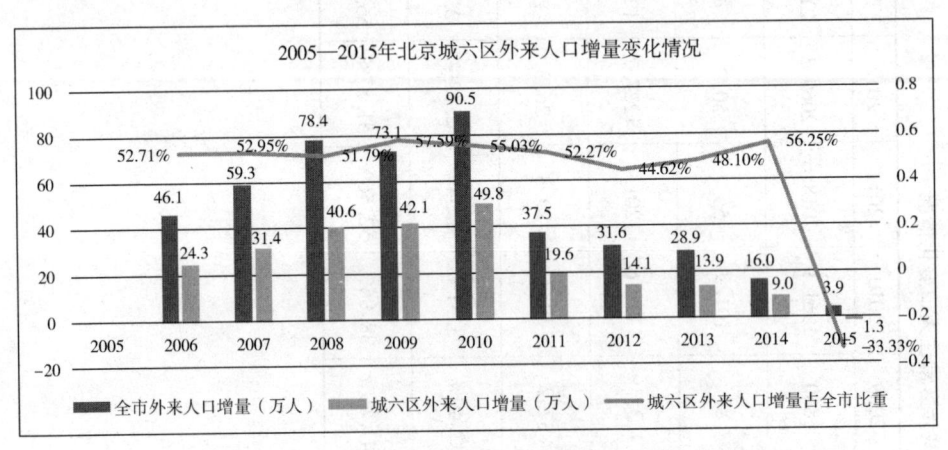

图14 2005—2015年北京城六区外来人口增量变化情况

城六区新增外来人口在2010年达到峰值49.8万人之后，新增外来人口不断下降。到2015年出现负增长。增速由2008年的最高13.47%，降为2014年的1.87%。直到出现2015年0.27%的负增长。见图15。

图15 2005—2015年北京城六区外来人口增速

表9 2005—2015年北京城六区外来人口变化情况

区域	年度	2005	2006	2007	2008	2009	2010	2011	2012	2013	2014	2015
北京市	全市外来人口（万人）	357.3	403.4	462.7	541.1	614.2	704.7	742.2	773.8	802.7	818.7	822.6
	全市外来人口增量（万人）		46.1	59.3	78.4	73.1	90.5	37.5	31.6	28.9	16.0	3.9
中心城区	城六区外来人口（万人）	245.6	259.2	280	298.2	323.1	433.8	453.4	467.5	481.4	490.4	489.1
	城六区外来人口增量（万人）		24.3	31.4	40.6	42.1	49.8	19.6	14.1	13.9	9.0	-1.3
	城六区外来增量占全市比重		52.71%	52.95%	51.79%	57.59%	55.03%	52.27%	44.62%	48.10%	56.25%	-33.33%
	城六区外来人口增速		9.89%	11.63%	13.47%	12.31%	12.97%	4.52%	3.11%	2.97%	1.87%	-0.27%

第三章

人口调控的相关理论基础

第一节 人口迁移机制理论

新古典主义学者提出了人口迁移理论。指出人口迁移的影响因素既有宏观的结构性因素,也有微观的个体选择因素。宏观因素主要是相对价格差异形成的生产要素的地域分布差异。当劳动力和资本在地域上出现不均衡分布时,人口迁移便会发生;微观因素强调迁移过程同时也是个体理性选择的过程,迁移目的在于在迁移目的地获得比迁移成本更高的劳动报酬。主要是利用"效用最大化""预期净收益""生产要素流动性""工资差"等经济学概念进行解释。其中 Petty 提出不同生产部门的利益差别导致社会劳动者从低收益部门流向高收益部门,比较利益差异是人口流动的直接原因;Herberle 提出人口迁移是由一系列"力"引起的,包括促使一个人离开一个地方的"推力"和吸引他到另一个地方的"拉力";Burge 提出人口迁移的推拉模型(push and pull theory),较为全面的概括了影响人口迁移的推力因素和拉力因素,指出迁出地的消极因素(推力)和迁入地的积极因素(拉力)对迁移者的决策有着直接的影响。

北京人口不断聚集的原因就是北京市,尤其是城六区、核心区收入较高对人口的吸引力较大所致。

第二节 城市空间结构演化规律

自20世纪90年代以来,北京和许多中国大城市的空间演化表现为城市建成区向外扩展和城市内部空间重整的双重过程①。内部空间的重组与建成区的拓展又是紧密联系、互为因果的。城市内部功能调整,如工业用地外迁,为新兴功能的进入并替代原有功能创造了条件,同时也推动了建成区的向外拓展。城市内部空间重整表现在城市内部空间结构形成多核心模式(the multiple model),城市土地利用围绕这若干核心进行空间组织②。北京市自20世纪90年代开始建设金融街、中央商务区、中关村西区和奥运匹克公园等重点功能区,改变了新中国成立以来以天安门广场为单中心的圈层结构,形成了东部以东二环的东环广场、中央商务区和燕莎国际区为核心;西部以金融街为核心;西北以中关村为核心;北部以奥运村为核心的功能区带动城市空间向外拓展的格局。这种力量推动建成区拓展到四环、五环以外,并推动工业、居住等功能跨越市区外围而在远郊落地,如亦庄经济技术开发区和通州建设的居住区。

北京的城市功能成长具有国际城市和国家中心城市的特点。这一特点是:随着我国综合实力和国际地位的提升,随着我市经济发展从要素推动逐渐向创新推动转变,北京作为国家中心城市和国际交往中心,对外服务的首都职能和经济管理中心、生产服务中心的功能日益强化,并以乘数效应带动对内服务的城市功能的升级。这些对外服务的功能在哪里落地,就在哪里形成城市空间拓展的极点,带动对内服务的居住、交通等功能在相邻的区域产生。这是北京区域经济和城市功能成长的主要动力。

在上述城市空间结构演化过程中,北京城市空间结构与城市整体功能的运行产生了不协调。一是内外不协调;二是南北不协调。内外不协调是指市区与远郊,也即中心城与新城不协调。城市的增长极点具有连接国际和服务全国的

---

① 这是周一星、唐子来、吴志强、张庭伟等多位学者的一致观点。引自张庭伟:1990年代中国城市空间结构的变化及其动力机制,《城市规划》,2001年第7期,第7-13页。
② 同1,是唐子来及其引用的 Harris 和 Ullman(1945)的观点。

功能，是带动经济和空间几何级增长的动力，现在已经全部落地在中心城，促使中心城功能高度叠加，规划中依旧把城市的核心职能全部落地在中心城；新城承接的不是核心功能的疏解，而是内部服务功能的疏解，这就加剧了中心城的功能叠加，致使新城承担了中心城的居住配套功能，阻断了新城的功能性成长。南北不协调是指城市南部和北部不协调。城市对外服务的功能以重点功能区形式基本落到了北部，不仅造成了南部地区缺少就业中心和居住功能过强，而且使城市与国际对接的功能强化，与国内区域对接的功能弱化，辐射和带动京津冀和中原地区的功能难以发挥，形成北京高地效应和周边低谷效应，从而进一步加剧人口向高地的聚集。

第三节 城市化发展规律

1979年美国地理学家R. 诺瑟姆（Ray M. Northam）提出，各国城市化进程所经历的轨迹可以概括成一条稍被拉平的"S"型曲线。这就是通常所谓的城市化进程的阶段性规律。如下图：

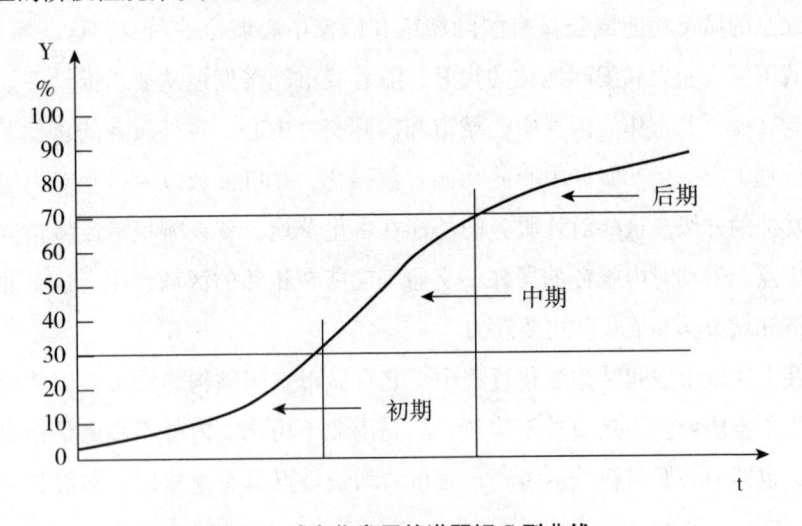

图16 城市化发展的诺瑟姆S型曲线

曲线表明，城市化的初级阶段，城市化水平低，城市人口增长缓慢，超过10%以后逐渐加快；当城市化率超过了30%，到了中期阶段，城市化加速，这种趋势一直持续到城市化率到70%；此后到了后期阶段，城市化又缓慢发展。整个曲线像条被左右拉平的S型曲线。

一般认为，在城市化的初级阶段，农业生产率比较低下，能提供的商品粮有限，社会的资金积累也有限，科学技术水平低下，因此加工工业的发展受到很大限制，工业化也处在初级阶段，推动城市发展的动力不足，所以城市发展缓慢。

进入城市化中期阶段，农业劳动生产率提高，大量农业剩余劳动力离开土地，工业化进入起飞阶段，大量劳动力进入城镇、城市，特别是进入大城市，进入工厂就业，进入城市的各类服务业，促使城市化进入高速成长期。

到了城市化后期阶段，工业已由劳动密集型过渡到资本密集型和技术密集型，对劳动力的需求相对甚至绝对减少，原来进入工业的一部分劳动力逐渐向第三产业转移。农业基本实现现代化，农业剩余劳动力转移也已经大致完成，没有更多的劳动力可以进入城市，城市化从而进入缓慢发展和注重提高城市质量的时期。

我国1978年城市化率只有17.9%，2016年已达57.35%（见图17），正处在诺瑟姆S型曲线的中期阶段之初，即进入高速成长阶段。按照国外经验：城市化率处于40%~65%是一个加速发展期，农业剩余劳动力将大量转移到城市；而北京市2016年城市化率为86.5%，处于城市化的后期，北京市农业剩余劳动力转移已大致完成，但由于首都北京的优势，全国农业剩余劳动力有向北京转移的倾向，北京还承担着全国剩余劳动力转移的重任，因此，造成北京人口膨胀。

2022年，北京城市化率增长至87.6%，全国城市化率为65.2%，仍然处于城市化的中期阶段。

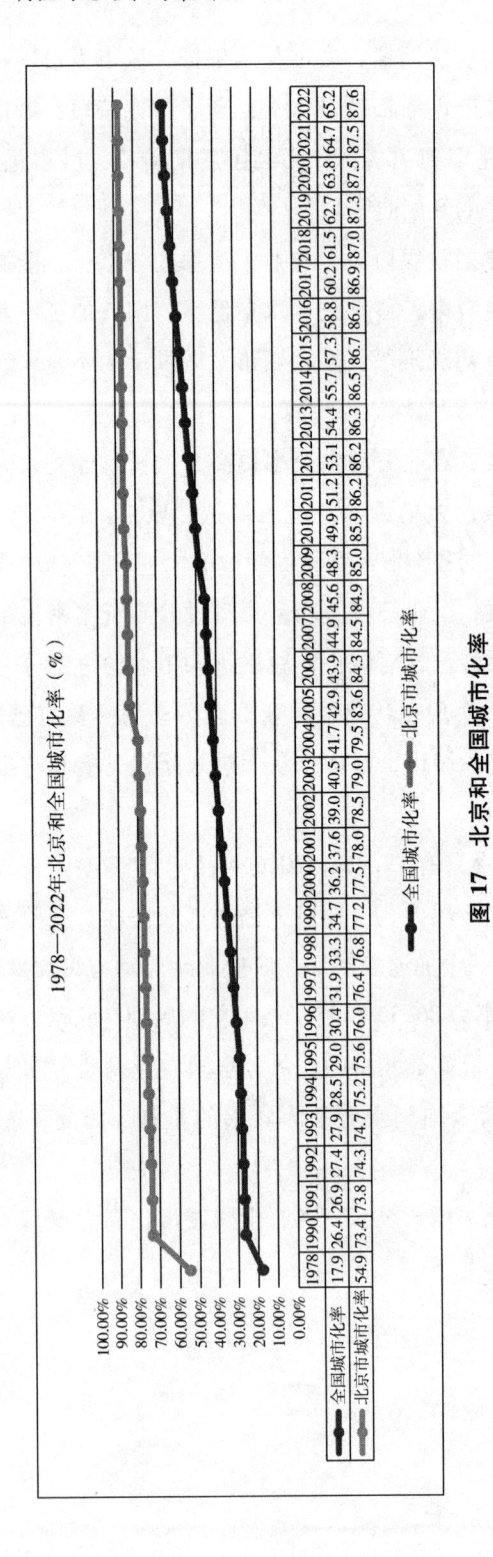

	1978	1990	1991	1992	1993	1994	1995	1996	1997	1998	1999	2000	2001	2002	2003	2004	2005	2006	2007	2008	2009	2010	2011	2012	2013	2014	2015	2016	2017	2018	2019	2020	2021	2022
全国城市化率	17.9	26.4	26.9	27.4	27.9	28.5	29.0	30.4	31.9	33.3	34.7	36.2	37.6	39.0	40.5	41.7	42.9	43.9	44.9	45.6	48.3	49.9	51.2	53.1	54.4	55.7	57.3	58.8	60.2	61.5	62.7	63.8	64.7	65.2
北京市城市化率	54.9	73.4	73.8	74.3	74.7	75.2	75.6	76.0	76.4	76.8	77.2	77.5	78.0	78.5	79.0	79.5	83.6	84.3	84.5	84.9	85.0	85.9	86.2	86.3	86.3	86.5	86.5	86.7	86.9	87.0	87.3	87.5	87.5	87.6

图 17 北京和全国城市化率

第四节　城市郊区化与逆城市化

　　城市功能和人口过度集中，会造成大城市病——交通拥堵、环境污染等。大城市病使人们不愿住在城市中心区，20世纪后半叶，发达国家几乎无一例外地出现大城市的郊区化，首先是中产阶级以上的有钱人逐渐搬出城市中心区，居住到市郊或卫星城镇去。接着一些工业企业也由于原来城市中心区办厂条件的恶化，从中心区外迁到郊区，随之，商业、服务业也跟着工厂和居民向郊区扩散，这就是所谓的"城市郊区化"（suburbanization）现象。城市郊区化并不意味着大城市的衰落，因为城市的建成区仍在扩张，只是扩张的方式以分散化或低密度蔓延为特点。住在郊区的人几乎都拥有小轿车，进出市中心十分方便，因而它们一方面可以享受郊区的宁静和新鲜空气，另一方面也照样享受城市的文明。

　　"逆城市化"（counterurbanization）的概念是美国城市规划师贝利首先提出来的。其主要内涵指的也是中心城市的衰退、城市郊区化、大城市分解为众多中小卫星城等。随着人们对环境质量要求的提高、交通和通信技术的高度发达、小轿车普遍进入家庭，从而使得城市化水平高的国家大城市中心区吸引力不断下降，导致经济活动和人口持续不断地由城市中心向外围扩散，由大城市向大城市周边的中小城市扩散。值得注意的是，大城市郊区化和所谓的"逆城市化"，并不意味着城市化水平的下降，并不意味着从城市回到原来意义的乡村去，它只是城市化采取了分散扩张形式，导致城市化新格局的出现，推动城市化更广泛地传播，因此并不影响城市化的水平。所以，未来世界的城市化将由集中走向分散，由单个城市走向簇群城市，走向城市圈、城市群。典型的如美国第二大城市洛杉矶，市中心只有300多万人口，而周边1万平方公里范围内却有80多个中小城市，构成大洛杉矶，总人口近1000万。城市虽然分散了，但城市作为集中居住和社会经济活动中心的作用没有下降。

　　我国大城市自上个世纪90年代已经出现郊区化的趋势。北京目前的城市化率为87.6%，已经处于诺瑟姆的S型曲线的城市化后期，人口和功能过度集中以及使城市病日益突出，城市郊区化和逆城市化的趋势已露出端倪。但城市集聚效应仍然发挥着很大的吸引力，向城六区集聚的力量还是大于城六区疏解的力量，因此，还需要因势利导，使城六区的功能、产业向外拓展，以吸引人口向新城转移。

第五节 规模经济与聚集经济理论

规模经济与聚集经济是城市形成与发展的动力。规模经济（Economics of Scale）是城市形成的一个基本经济力量。可以说，多数城市的出现均源于大规模活动的经济利益。所谓规模经济，是指当技术和要素价格不变时，等比例投入的增加带来更大产出的经济现象（在既定的技术和投入要素价格下，长期平均成本降低）。规模经济的存在为人口和经济活动的地理集中提供了市场动力。大规模集中生产会同时吸引工人、其他相关产业和企业家的空间聚集。工人为了节省通勤费用，提供原材料、中间品或中间投入品的行业为了节省运输费用，都自然会向某一地域集中；同样，为上述产业、工人提供服务的产业和人口也会向其靠近；市场区内的居民为了以较低的价格获取相关商品也会向其靠近，从而导致城市的产生和发展。

聚集经济为城市的形成提供了直接推动力，它是多样化的厂商、居民及相关组织单位得以聚集，推动城市形成并使之不断膨胀的根本力量。所谓聚集经济（Agglomeration Economies），是指因企业（或活动）设址接近另一个企业（或活动）而产生的经济活动中的成本节约。聚集经济一般可区分为两种类型：地方化经济（Localization Economes）和城市化经济（Urbanization Economies）。前者是指一定有限区域内随着某一产业总产出的增加而引起的该产业内企业生产成本的降低。后者是指"当经济活动集中于城市地区时，产生的成本节约"。聚集经济的产生原因可概括为以下几方面：（1）空间集中所产生的规模经济利益。企业、人口的空间集中不仅可以节约运输、洽谈等交易费用，而且可以产生诸如道路、排水系统、管理等方面的规模经济，从而降低有关社会经济活动的成本。（2）空间集中所产生的大数法则（the Law of Large Nunbers）利益。具有异质性的多个行为个体（居民和企业）从其活动的空间聚集，使任何一项活动都会有足够多的个体与之相适应，从而可以减弱由社会经济活动波动所带来的损失。例如，众多具有不同消费偏好的居民的存在，毫无疑问会减少需求和生产波动给厂商造成的损失；众多社会经济活动可以给具有不同工作能力的居民提供多种就业机会，等等。(3) 空间集中的互补性利益。众所周知，很多社会经济活动都具有很强的互补性，居民就业也存在很强的互补性（如男、女的职业选择），因此地域上的聚集会产生互补利益。(4) 空间集中所产生的信息传送利益（Communication Economies）。人口、企业及相关社会经济活动的空间集中，大大便利了信息交换和技术扩散，同时也刺激着新知识、新观念的产生。正是由于上述聚集经济利益，人口、企业不断地趋于地理上的集中，从而推动了城市的形成、发展和扩大。

也正是由于规模经济与聚集经济的存在，北京市的人口和功能会高度集中在中心城区，导致北京的中心城区像摊大饼一样不断扩张，由二环到三环、四环，甚至五环、六环。

第六节 不平衡发展理论

法国经济学家弗朗索瓦·佩鲁（Francois Perroux）经过对发达国家不平衡发展的深入研究，创立了增长极理论，提出了"经济空间"和"增长极"的概念，对不平衡发展从经济上予以解释。他认为，"极"是经济活动的聚集地，增长的发动机，"增长并非同时出现在所有地区，而是以不同的强度出现在增长点或增长极，然后通过不同的渠道扩散，对整个经济具有不同的终极影响"。他指出，以推进型企业为重心的产业综合体在地域上集中起来，就产生了具有巨大增长能力的增长极，增长极从创新和示范效应、规模效应、外在经济和集聚经济四个方面对地区经济增长产生重要的作用，拉动地区经济发展。

法国经济学家布代维尔把抽象的经济空间转换为地理空间，认为增长极是若干推进型企业在地域上的聚集，主张在经济落后地区建立大型推进型企业，并以此为增长极带动周围地区的发展。后来，法国的地区发展战略多是以此为依据制定的。

美国经济学家约翰·弗里德曼（John Friedman）结合城市中心论，提出经济空间发展经历只存在一些孤立的区域性中心，以中心点为基础形成了一些区域中心城市，以中心城市为极核向周围地区扩散形成第二级城市，中心城市和第二级城市相辅相成形成现代化的城市体系和完整的空间点轴网络系统四个阶段。其政策主张是围绕城市建立区域发展计划，使城市成为所在地区的增长极。

美国经济学家赫尔希曼（A·O·Hirschman）把发达地区（中心城市）的增长对落后地区的有利影响称为"涓滴效应"，不利影响称为"极化效应"。他认为经济发展初期"极化效应"占主导地位，但从长期看地理上的"涓流效应"大于"极化效应"，可以缩小地区间的差异。这一理论比较符合大多数国家发展演进的一般过程，所以该理论在发达国家和发展中国家普遍得到认可。但是，不平衡发展战略必然会扩大地区之间的发展差距，因此，如何在不平衡发展中不断缩小地区差距，最终实现各地区的共同发展、共同富裕就成为长期困扰发展经济学家的重要课题。

纵观世界各国，在经济快速增长的过程中在空间上都不是平衡发展的，不平衡发展在各国经济发展中是一种常态，是一个具有普遍性的发展规律。

我国的改革开放政策也是一种不平衡发展政策，邓小平同志一开始便提倡"让一部分地区、一部分人先富起来，逐步实现共同富裕"的政策。所以我们国家的东西部、南北部发展的差异比较大。北京也不例外，北京一直把发展的重点放在城六区，因此，造成现在城六区与新城地区的不平衡发展现状。

第七节　公共物品与市场失灵理论

公共物品是可供社会成员共同享用的物品。它具有非竞争性和非排他性，往往具有外部经济性，很难避免"免费搭车"现象。因此，公共物品的存在，会导致市场失灵。其表现就是公共物品有大量的需求，但因为收费困难，没有市场供给。正因如此，公共物品需要由政府直接提供或制定鼓励政策间接引导私人提供。教育、医疗、卫生、交通等公共资源本身就是公共物品，单靠市场机制是满足不了社会需求的，尤其在新城还没有形成产业、功能、人口聚集情况下，很难产生聚集效益，因此，新城的公共资源需要由政府来配置或政府制定政策引导公共资源的配置，尤其要注意优质公共资源的均衡配置。

第八节　首都圈发展理论

首都圈是一种特殊的都市圈，其涵盖的城市中以首都为中心城市或次中心城市，其理论基础源于都市圈理论。都市圈是城市化发展到一定阶段的产物，是在城市群进一步发展的基础上，城市之间的功能集聚、协同运作而形成的空间结构布局的城市区域。

法国地理学家戈特曼于1957年首次提出"大都市带"这一城镇群理念，并预言这一城市空间分布形态是21世纪人类文明的标志。此后，狄更斯和木内信藏提出城市地域分异学说，他们认为大城市是一个圈层结构，包括中心地域、周边地域以及远郊腹地三个部分，这一思想为后来的"都市圈"理念奠定了基础。卡斯特里斯等学者基于以信息为核心的新技术角度对城镇的空间演化进行研究，他们认为，城市的蔓延与都市区的形成与演化的根本动力是新技术。弗里德曼认为城市参加国际经济社会活动的程度、调控与支配资本的能力代表了其地位和作用，城市职能与其在经济活动中的地位分工相关。在经济全球化的过程中，都市圈的核心城市与其他区域之间的联系更加紧密，需要在全球范围内集聚与整合资源，一个城市只有全方位地与周边地区进行跨越行政界线的经济合作，才能够提高城市竞争力。因此，不同城市之间的分工与协作对于推动都市圈的发展壮大具有重要促进作用。首都圈的门户城在加强区域间的经济贸易联系、社会文化交流以及腹地的辐射作用重大。门户城市在首都圈的形成与发展过程中承担着通道调节作用，是全球城市网络中的主要节点，是全球战略资源、通道与产业发展的控制中心，在城市交往体系中具有超越国界的影响力，是推进整个首都圈走向世界的关键。

北京作为首都，在京津冀首都圈中发挥着重要作用，研究京津冀首都圈的协同创新机制，带动京津冀城市群协同发展，对北京市及城六区人口调控非常重要。

第四章

国内外人口调控的相关经验

第一节 国外经验借鉴

一、美国人口疏解经验

自1920年,美国城市人口超过农村人口、完成城市化之后,城市发展开始以外延扩展为主,城市向郊区化扩展,"二战"后更呈现出规律性的逐年上升趋势。1950年,美国大都市区人口的59%在中心城市,41%在郊区,到1990年,这个比例正好反了过来,60%人口在郊区,40%人口在中心城市。其中1970年是一个标志性的年份,这年,美国郊区人口首次超过了中心城市人口,美国成为一个以郊区人口为主的国家。尽管20世纪90年代中期以来一度出现"回到城市"的趋势,但总的看来,前往郊区的人仍多于回到城市的人。

美国郊区化的主要原因是由于中心城的推力和郊区的拉力共同作用的结果。在1940年之前,中心城作为人口居住和经济发展的主要场所,其繁荣发展吸引了国内外大量的投资和移民,但其负面影响已日益彰显,不仅居住人口拥挤、交通堵塞,而且民族结构因大量外来移民的到来变得日益庞杂,社会贫富的两极化刺激了贫民区的膨胀,贫困与社会犯罪问题丛生。20世纪40年代上半期,政府为赢得战争胜利而在城市进行的大规模投资又吸引了成千上万的农村人口涌进城市,进一步加大了对城市住房、交通、教育、医疗和其他城市服务的需求。当1945年战争结束时,城市住房已经达到饱和或超负荷状态,"二战"后,又有成千上万的黑人从美国南部农村地区纷纷来到全国各地城市,大批拉美裔移民及20世纪60年代大批亚洲移民纷至沓来,其中下层劳工就业难度大,失业率高，在加上白人的种族歧视，出现了遍及美国的种族暴乱。在这种形势下，郊区基础设施的日益完善以及政府政策支持使居住与工作在郊区成为可能。

美国人口向郊区迁移的主要原因如下：

1. 交通工具和通讯事业的发展起了催化作用

汽车的广泛使用使人们的日常生活范围空前扩大，人们可以在不影响就业的前提下，在任何地方居住；电视与电话的普及，使人们足不出户就能够及时获取信息，保持与外界的联系，使企业和居民对中心城区的依赖程度大大降低。

2. 制造业、零售业向郊区大规模迁移是美国郊区化的动力

郊区成为制造业和零售业的大本营，中心城市逐渐"空心化"。据统计，1960年，美国制造业劳动力的67%集中在中心城市，但到1980年，下降为25.8%；1992年，每1000美元零售业所得中郊区占728美元，中心城市只占272美元，从1982年到1992年10年间，80个最大的大都市区郊区在零售业所占比例增长了77%。制造业向郊区迁移的主要原因是：（1）大量国防工业在政府主导下落户郊区。在"二战"期间，在联邦政府的资助下，使一些大型飞机制造公司、军火工厂、飞机场和军营等以现代化高科技为主要特征的国防工业从一开始就落户在郊区，为日后吸引更多的民营工业投资奠定了基础。战后，联邦政府仍继续实施偏袒郊区、抑制中心城市发展的政策。（2）出于比较利益大量制造业向郊区迁移。中心城区高层建筑密集，平面空间有限，既不利于对横向空间要求比较高的生产流水线的发展，也不利于生产原料和商品的批量储藏、装卸和运输；而郊区空间开阔，地价和税收相对比较低，在郊区还有大量廉价的劳动力，有利于节省成本。（3）零售业随服务对象的迁移也向郊区迁移。商品零售业的服务对象主要是周边的居民，这种特性决定了其区位不能远离居民区，同时，规模经营提高效率的规律，又使其必须选择在居民稠密、驱车进出方便的外置，在这种情况下，在郊区形成了购物城。

3. 优越的教育、文化、交通等基础设施是郊区化的重要保障

政府在郊区基础设施建设方面发挥着重要作用，不仅政府在郊区的基础设施方面有大量的投资，而且对投资于城市基础设施项目的私人资本给予企业所得税的减免，并广泛实行 BOT（建设［Built］—经营［Operate］—移交［Transfer］）和 TOT（移交［Transfer］—经营［Operate］—移交［Transfer］）的建设方式，以便吸引私人投资。在郊区，无论是师资质量和教学手段，还是图书资料和设备等，中心城市远逊于郊区。1994年，纽约市郊区每个学生平均

每年为每个学生支出达9688美元，而中心城市为8205美元；郊区学校平均每名学生配备的图书数量平均为20本，中心城市为9.4本。1996年，59%的郊区学生可上互联网，中心城市的比例只有47%。

高速公路的建设缓解了城市交通拥挤的窘况，为居民和产业脱离中心城市提供了便利条件。国会曾多次颁布法案，加强城市公路的建设，二战联邦政府拨巨款兴建高速公路。其中影响最大的是1956年的法案，该法案决定投资数百亿美元，在全国修建长达6.4万英里的高速公路网络，其中有8530多英里位于大都市区内。被誉为"金字塔之后的最大公共工程"的州际高速公路计划，彻底改变了美国城市的空间结构布局。该计划的初衷是希望建立城市间的"无信号灯"的长途交通，使车辆能够快速进出城市，以解决城市中心的交通堵塞问题，但原本为长途旅行建造的"城市外围环路"却逐渐演变成市郊的"交通干道"。环路周边的廉价农地成了建设郊区住宅、商场、工业园区和停车场的理想场所，引发了城市中心区的人口和就业向郊区转移。

4. 政府的住宅政策对美国的郊区化发挥了重要的推动作用

在郊区风景秀丽的地方，拥有一套独立而阔绰的住房，远离城市的喧嚣和纷扰，安享恬静舒适的生活，是美国梦的象征，也是白人中产阶级逃避城市问题的避风港。联邦政府制定的住宅建设、居民购买住宅的政策对居民的郊区化发挥了重要的推动作用。战后以来，联邦政府在建造低档共有住房的过程中，将其中的70%以上集中在中心城市，使低收入阶层别无选择，只好蜗居在中心城市。同时，联邦政府通过退伍军人管理局、联邦住宅放款银行系统、联邦全国抵押协会，对退伍军人和普通居民在郊区购买住宅给予了大量资金帮助，对中高收入者鼓励在郊区贷款建房，使居民在郊区买房的月供额比市区住宅的租金还低，郊区住宅成为中产阶级的首选；1968年的《新城开发法》规定，联邦住房和城市建设部可向新城的私人开发者给予信贷保证，开发者因此可以获得长期的私人资本，1970年的《住房和城市发展法》将私人开发者的贷款保证的总额提高至5亿美元。

5. 获得比较利益是居民前往郊区居住的动力所在

在美国历史上，城市居民的收入一向高于郊区居民，直至1960年，城市居民平均收入还高于郊区居民5个百分点，但到1973年，这一比例倒了过来，城市居民收入低于郊区4个百分点，1980年，这一差距扩大到11个百分点，1989年再达到17.5个百分点。这一年，中心城市人均收入为14069美元，郊区为

17051美元。郊区居民的收入高于城市居民是居民前往郊区的动力。1990年,大都市区人口中有60%住在中心城区,40%在郊区,中心城市的贫困率为18%,而郊区仅为8%。中心城区居民的平均收入远低于郊区,但失业率却是后者的70%以上。

二、法国巴黎的旧城人口疏散经验

1852—1870年,法国巴黎进行了历时17年的大规模旧城改造。通过旧城改造,更新了60%的旧巴黎的房屋,拓宽了道路,建造了新的供水和排水系统,修建了了大批公共建筑、公园、广场和公寓住宅,疏散了城市人口,改变了城市人口结构,使城市面貌焕然一新,巴黎市民的居住环境越来越好,是通过旧城改造疏散人口的典范。

1. 巴黎的旧城改造过程及其效果

巴黎的改造过程可以分为三个阶段:(1)第一阶段,1853—1858年。主要任务是以建设两条南北、东西向主干道为契机,对市中心进行梳理、整治。包括拆除一些老旧的建筑,对拥挤的街道进行拓宽,打通南北通道和建设一些十字路口等;(2)第二阶段,1858—1868年。主要任务是巴黎中心城区面积扩大后,通过开辟林荫大道及主干道,打开城市空间,把原来郊区的范围与巴黎市区整合起来;(3)第三阶段,1868—1870年。主要任务是道路建设与大型公共工程的建设。

历时17年的巴黎城市改造基本上完成了一个老巴黎向新巴黎的转变。(1)城市面貌焕然一新。新的城区变得更加规整,同时也带动了更多的不动产的投资。道路的延长和街区的改造使得主要的沿街的建筑物的外观都得到极大的改观,城市的面貌一新,巴黎市民的居住环境变得更好。(2)改造后城市地价急剧上涨。据统计,经过旧城改造,巴黎的不动产价值由26亿法郎上涨到61亿法郎(新建筑价值为20亿,老建筑价值为26亿,经过改造后老建筑升值15亿)。地价的变化是:经过改造的市中心地价最高,其次是环境好的近郊,再到远郊。1880年巴黎市中心区域和塞纳河右岸土地价格较高,市区外围的土地价格普遍低于市中心。改造后,中心区的人口密度降低了。(3)城市中心产业结构的变化和人口分布发生了变化。地价大幅度上涨,直接促进了城市产业结构的提升,巴黎成为法国工业革新的中心。因为市区地价的上涨,一些规模较小、劳动密集型的传统企业不得不从市区搬到郊区甚至外省(如制衣织),市区仅成为商业、服务业中心。一方面，市中心的产业基本上以服务业和商业为主，产业工人和资本家（老板阶层）人数人少。而自然环境和生活设施好的近郊则成为资本家（老板阶层）的主要居住地，工人阶层则只能迁往地价较低的城市的外围。另一方面，当时由于交通方式的制约，工人一般住在离工厂较近的地区，所以这张图也反映了：改造后，工业企业已很少安置在市中心，近郊或远郊由于地价相对较低，交通条件也较以前大为改善，工业企业大部分集中到城市的外围。

但与此同时，改造也在某种程度上加剧了城市居民的两极分化。改造后城市的中心地带地价大幅上涨。因此，只有富人才可能住在市中心并享有完善的生活设施，而穷人则只能向城市的外围扩散。

1980年巴黎贫民分布密度图 单位：100%

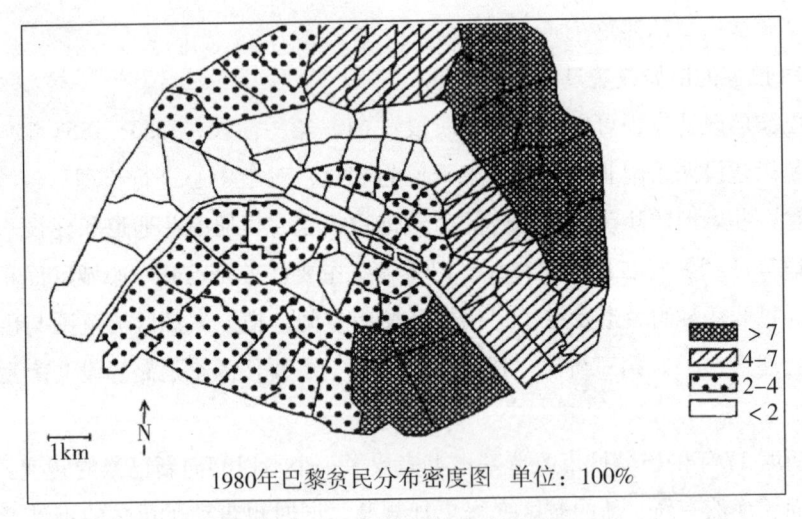

图18 1880年巴黎贫民分布密度图

2. 巴黎旧城改造的经验

（1）有铁腕人物的坚持。1853年奥斯曼被任命为省长后，巴黎的城市改造即正式开始。不管遇到多大的障碍，奥斯曼都坚持自己的主张，对中心城区进行整治。

（2）有专门的管理机构负责。1853年，奥斯曼把原来权力很大的巴黎道路局分开为两个部门：第一个部门设在巴黎公共道路警察局内，主要负责改造的安全保障、道路监察以及稳定巴黎的秩序。下设12个路政监察处和两个路政监察局，同时负责所有的建筑师的人事任命。第二个部门负责总体规划的制定。奥斯曼本人亲自负责第二个部门的全部工作。早在1783年巴黎就制定了城市规划。1859年为适应新的城市规划，成立了巴黎规划管理处，代替了原来的巴黎道路局成为新的管理机构。规划管理处下设三个部门：地形测绘部门、路政部门和道路监察局。

（3）有相应的法规制度。早在1783年巴黎就制定了城市规划。1859年颁布了新的城市规划条例。把郊区的很多地方划归为巴黎，新的巴黎市区面积从3288公顷变成7088公顷，人口从120万增加到170万。

（4）采取多样化融资手段。巴黎旧城改造资金的筹措主要来源以下几个方面：①财政拨款和发行公债。工程的第一阶段，资金主要来源于财政拨款和发行公债。②借贷和基金。1858年，市政府成立一个公共事务基金。基金吸纳民间资金，在工程完工后把钱还给投资者。基金满足了短期的资金需求。也提供了一个吸收闲散资金的窗口。民众对这个基金非常信任，成为巴黎商人最钟爱的一个投资渠道。1863年以后银行等金融机构开始介入，方法是承建公司把承建工程的合同书拿到银行或第三方作抵押，从而获得现金。1863年，政府抵押银行同意贷款给政府，支付承建公司工程款；土地信贷银行也同意帮助政府支付所有到期工程款。③转卖土地和承包商介入。1858年之前，通过转卖一些尚未开发的土地来筹备他的工程款。市政府在整个工程中充当总承包商的角色。后来，私人建筑公司对承建改造工程很感兴趣，开始介入旧城改造项目。根据一般的新道路改造合同，承建者先要对所改造的路进行拆迁并对住户和租户进行补偿，拆迁后再进行建设，最后交付给市政府的是一条改造好的新街道。而工程款只有全部完成或指定部分完成后才能拿到，而且还是分期偿还，最多达8年。根据这样的合同条件，承建方需要有充足的资金，但一般的公司并没有这样的实力。

（5）积极引入社会力量。巴黎市政府的做法是：市政府出资51%的股份，与私营公司合资成立一个从事旧城改造的专业化投资公司，政府为该公司提供信用担保，该公司从银行贷款取得主要改造资金，向建筑物所有者购买房屋和土地后实施改造，待改造完成后以较高价格在市场上进行销售。对于销售利润，市政府将其应分得的收益全部用于该区域的市政和公益事业。

三、英国伦敦的旧城人口疏解经验

伦敦作为英国的政治、经济、文化、金融中心。"大伦敦"地区（Greater London），包括33个自治市，总面积约1579平方公里。其人口在1939年达到高峰的860万人，之后的近50年里伦敦人口一直呈下降趋势，到1988年，伦敦人口达到最低点673万，成功把人口疏散到新城地区和郊区。

1. 立法保障

不管是旧城改造还是人口疏解，英国政府都进行了相应的立法保障。1882年制定了《古迹保护法》，指定了21项受国家管理的古迹。1890年该法的修正案将保护内容扩大到住宅、庄园等有历史意义的建筑。1913年颁布了《古迹维护和修缮条例》。1933年的《城市环境法》将古迹的四周500米的范围划为保护区。1944年制定了《城市规划法》，引入具有特殊建筑或历史意义的古建筑综合名单，并明确了英国古建筑分三个等级予以保护的规定。1953年的《古建筑及古迹法》授权环境大臣在古建筑委员会的顾问之下批准重要古建筑修理、维护的经济资助，并可以为国家购置或协助地方政府购置这些建筑。1967年颁布了《城市文明法》，将有特别建筑和历史意义的地段划为保护区，此后，在许多项条例中对历史建筑保护区的定义做了不少修改，使历史建筑保护区的概念得到进一步深化，成为英国城市历史文化保护最普遍的形式。1969年的《住宅法》中确定巴斯等4个历史古城为重点保护城市，授权地方政府提供费用的50%资助（最高不超过1000英镑）以改进不合标准的老住宅（进行结构维修及卫生设备更新）。从1974年12月起又将资助比例提高到75%。

为防止伦敦无限制蔓延，英国政府通过了一系列立法，缓解大伦敦地区人口高度集聚、城市功能过度集中的问题。1937年，英国政府成立了"巴罗委员会"，负责伦敦地区的规划，1938年又颁布了《绿带法》，该法规定，在伦敦周围保留宽13—24公里的绿带，绿带范围内不准建工厂和住宅。1946年《新城法》通过，掀起了新城建设运动。

2. 非政府组织主导的旧城改造模式

英国旧城改造的特色为非政府组织主导的旧城改造模式。非政府组织主导是指协会、住宅合作社、社团、基金等负责领导或组织实施，非营利机构是旧城改造的主体。其在旧城改造时以公益性为目标，在整合社会资源等方面具有其他主体无可比拟的优势，是政府机构的有益补充；可以针对某一特定目标（比如保护传统民居式四合院）整合各类社会资源；克服了政府机构受职责限制，无法充分整合社会资源的劣势。但其也需要政府的支持，尤其是资金支持；政府仍然是风险的最终承担者，并且要求法律基础相对完善，一般不需要制定针对性的政策措施；对协会等非营利性机构的要求较高，需要有完善的运作模式及组织形式；多是小规模渐进式推进。受资金限制，非营利机构主导的旧城改造一般不可能大规模、迅速展开，大多是通过滚雪球式的方式推进改造。

英国住宅协会是英国最大的一家非营利住宅开发机构，政府每年给予该组织一定比例的经济援助，以支持该协会完成住宅开发。住宅协会用这笔款项购买内城废旧住宅和废弃住宅，重新修复后出售给当地居民，补偿住宅造价与售价之间的差额，提供廉价住宅。政府资金的主要来源是出售土地获得的部分资金，有时也从地方税收中抽取一部分资金来补偿成本价和出售价之间的差额。英国住宅行动计划托管会专门负责内城衰落地区旧住宅的更新改造。具体工作包括对旧城居住环境的改善，提供必需的社区服务设施等。一旦这类工作完成，住宅行动计划托管会就将改造好的住宅区转交给住宅协会或其他住宅开发机构管理该住区，负责出售或出租。

1990 年以来在英国城市复兴中，合作伙伴关系成为解决城市问题的一个关键概念。以之为基础的合作伙伴组织成为英国城市复兴的主要工具。在经济合作与发展组织 1990 年报告中对"合作伙伴组织"一词进行了如下定义：合作伙伴组织是正式的合作体系，是建立在受法律约定或非正式的理解上的组织，它们存在相互合作的工作关系：组织内一定数量机构间的计划被相互采用。在一定的时间内，合作伙伴介入政策与进度的制定，分担并分享责任、资源、风险和利益。几乎所有的英国复兴提案都基于地方政府、商业组织和志愿组织之间的合作伙伴关系。作为复兴的主要组织工具，这些合作伙伴组织的效益。清晰地看出不同层次的合作伙伴组织在构成机构、工作范围以及内容方面的差异。无论哪种方式的合作伙伴组织都在城市居住、就业、社会服务等诸多方面发挥了重要作用，对城市复兴有非常积极的成效。

英国的伦敦、利物浦、曼彻斯特、格拉斯哥等都是城市复兴的成功案例。其中伦敦和格拉斯哥的复兴非常具有代表性。

3. 旧城改造的资金来源多样化

（1）实行财政补贴制度

在英国的城市更新中，财政补贴是英国政府推行更新改造计划的重要举措。从 1982 年至 1990 年的 13 项与旧城保护相关的重要法令或法规中，有一半以上明确规定了保护资助费用的来源，而且对中央和地方政府的资助比例也有明确规定。以英国遗产保护协会为例，其 2000 年总收入中政府拨款占到了 79.1%。

根据财政补贴的形式不同，从 20 世纪 30 年代至今，大致可分三个阶段：

第一阶段，始于20世纪30年代的清除贫民窟运动以及二战后大规模的住房短缺，政府为大规模的住房拆迁重建提供住宅客体补贴，以消除住房短缺及提高市民的居住质量；第二阶段，始于20世纪60年代，住房政策转向住房整修和改善，这一阶段政府转向主体补贴，为需要住房改善的市民提供帮助；第三阶段，始于20世纪80年代，公共支出大幅减少，社会建房备受指责，住房政策转向私人提供。此外受郊区化的影响使内城逐渐衰落，为弥补城市建设资金的不足，将私人投资吸引到内城改造中来，英国成立了城市发展基金，主要用作计划内的改造项目补偿金，弥补改造收益的不足，带动私人投资的积极性。

（2）成立城市开发公司

英国政府于1980年组建了"英国城市开发公司"，负责全国内城废弃用地的再利用和旧住房的改造开发。中央政府财政预算是该机构的主要资金来源，仅1990年至1991年间，中央政府拨款达5.4亿英镑。1980年，为了解决内城衰退，实现内城复兴，伦敦成立城市开发公司，担负着吸引私人投资，改造内城地区，实现内城复兴的重任。公司每年度的发展计划必须经环境部批准后方可实施，并提供公共资金的支持，而且任命顾问小组评估公司的业绩。公司采取以市场为导向的战略，培育资本市场、土地市场和住宅市场等，利用国家公共资金的投入和一些优惠政策，刺激更多的私人资金注入到指定区。

（3）实施区划奖励制序和开发权转让制度

纽约市政府则在20世纪60年代先后创立了区划奖励制序（Incentive Zoning System）和开发权转让制度（Transfer of Development Right，TDR），成为鼓励私人部门参与旧城历史地段和建筑保护的有效手段。

区划奖励是指允许开发者兴建超出法定容积率之外的更多空间作为出售或出租之用，前提是开发者必须在开发项目内提供某些公共空间或进行公共利益开发，例如保护历史建筑、提供中低收入住宅和文化设施等。开发权转让则是允许某个地块上尚未使用的开发权利（表现为容积率形式）转让到其他地块上去，尤其普遍应用于旧城历史地段和建筑的保护当中。通过开发权转让，可以使受到保护条例限制的私人业主得到合理的补偿，从而有利于保护规划的实施。

（4）通过大规模新城建设疏解中心区人口

为了疏解伦敦中心区人口，伦敦开始了新城建设。根据1946年的《新城法》，伦敦新城发展政策开始实施。中央政府对负责新城建设的新城发展公司提供全额的贷款期限为60年的贷款支持。1959年，在财政部下又成立了一个新的独立性团体新城委员会,负责管理所有新城方面的事务。

按照时间顺序,伦敦进行了三代新城的建设。(1)1936—1950年第一代新城建设阶段。这一阶段规划了14个新城,主要是在新城进行公房的建设,住宅建筑密度较低,一般32~37人/公顷或10~12栋住房/公顷,比其他地区住房有明显的优越性,以吸引人们入驻。以哈罗新城为例,全城2500公顷,从内向外分为中心区、居住区、工业和郊区绿带。全城都有绿带点缀。(2)1955—1966年第二代新城建设阶段。这时期新城建设进入高潮,主要是为解决伦敦人口过多问题而兴建。这时期的特点是通过发展新城经济来增加对人口的吸引力。如斯文顿新城就是通过伦敦的工业企业迁入,以及优惠的住房政策来吸引人口入驻。(3)1967年以后第三代新城建设阶段。在这一阶段,在伦敦外围129公里周边范围内已分散了11个新城。11个新城的总人口达到180万,迁入2009个工业企业及其他公司,提供了18.8万个工作岗位。这时根据构建"反磁力吸引"的四线,新城规模扩大到15万至40万人。就业机会比过去大为增加,公共交通也大为改善。如米尔顿—凯恩斯新城,全城占地9000公顷,规划人口25万人。1970年开工建设,十年间,人口从4万人发展到十几万人。

四、国外旧城人口疏解经验借鉴

上述几个国家的旧城改造经验来看,有如下经验值得借鉴:

1. 要坚持政府主导

政府必须通过制定规划、建立政策体系、对实施过程进行监管等作为整个改造过程与人口疏解的责任主体。

政府财政资金必须有相应的投入,在许多国家,政府财政资金在旧城保护与更新中都起到主导性的作用。在法国,国家对列入"国家保护名录的建筑",补贴维修经费的50%;在英国,从1982年至1990年的13项与旧城保护相关的重要法令或法规中,有一半以上明确规定了保护资助费用的来源,而且对中央和地方政府的资助比例也有明确规定;在意大利,每年有20亿欧元的财政预算用于文物保护事业。1996年国家通过法律形式规定,将彩票收入的8‰作为文物保护资金,仅此一项每年就有15亿欧元左右的经费;日本的相关法律规定,对传统建筑群保存地区的补助费用,中央和都道府县(相当于我国的省级)地方政府各承担50%,对古都保存法所确定的保护区域,中央政府出资80%,地方政府负担20%。而由地方政府制定的城市景观条例所确定的保存地区,保护

47

经费一般由地方政府自行解决。

2. 要建立并完善旧城改造的法律法规体系

发达国家的经验说明，在旧城保护与更新工作中，建立法律法规是最为重要的制度建设。要通过立法，明确各级政府及其他相关主体在旧城保护与更新中所应承担的责任和具有的权利及义务，同时通过专门法规明确保护对象区域的范围、保护标准、保护资金来源以及政策激励措施等，使旧城改造与更新的各项工作都有明确的依据。

法国是世界上第一个制定对历史建筑和旧城保护相关法律的国家。早在1840年，法国就颁布了《历史性建筑法案》，这也是世界上最早的一部关于文物保护方面的法典。此后，1887年又颁布了《纪念物保护法》，该法明确重申了作为法国文化遗产的传统建筑的保护范围和标准，并组建了一个由建筑师组成的古建筑管理委员会，负责具体的选定及保护工作。法国现代旧城保护法律体系的核心，分别是1913年颁布的《保护历史古迹法》和1962年颁布的《历史街区保护法》（通常称《马尔罗法》）。这两部法律分别是文物建筑与历史街区两个层次内容的保护法的核心。前者规定了国家保护的权力，从而限制了房主的部分权利，还规定了房主有对其进行维修的责任。维修要在"国家建筑师"的指导下进行，并且可以得到政府的补贴。后者是要求把有价值的历史街区划定为保护区，制定保护和利用规划，纳入城市规划的严格管理。对区内建筑不得随意拆除，维修改建等也要经过国家建筑师的指导，符合规划要求的修缮可以得到政府的资助，并享受减免税赋的优惠。

英国也是较早就开始制定相关立法的国家，并在许多与城市的规划和建设相关的法律中都涉及对历史建筑及街区和古城的保护和改建。最早的立法是1882年的《古迹保护法》，规定无人居住的遗构及遗址可由国家收购或由国家监督，并指定了21项受国家管理的古迹。1890年该法的修正案将保护内容扩大到住宅、庄园等有历史意义的建筑。1933年的《城市环境法》将古迹的四周500米的范围划为保护区。1944年的《城市规划法》授权环境部编制古建筑名单，这是迄今为止受法律保护的古建筑、登录建筑名单的基础。1953年的《古建筑及古迹法》授权环境大臣在古建筑委员会的顾问之下批准重要古建筑修理、维护的经济资助，并可以为国家购置或协助地方政府购置这些建筑。1969年的《住宅法》中确定巴斯等4个历史古城为重点保护城市，授权地方政府提供费用的50%资助（最高不超过1000英镑）以改进不合标准的老住宅（进行结构维修及卫生设备更新)。从1974年12月起又将资助比例提高到75%。

美国的相关立法工作起步比欧洲要晚。1916年,美国颁布了《文物法》,1933年开始建立历史建筑登录制度。1966年颁布了《国家历史保护法》,开始对历史文化遗产进行登记,由国家公园管理局负责。其标准是:具有国家历史性的标志建筑、有历史意义的地区、遗址、建筑物和房屋,军事设施、军营、战场遗址,还有美国历史上伟人的住所与工作场所、杰出的设计和建筑物、体现民族生活特征的地方、考古遗址和不同民族崇拜的圣像和雕塑等。迄今,全国登记在册的历史文化遗址达8万多处,其中500个历史文化遗产是整个小区或城镇。凡被列入历史文化遗址,政府承认其历史文物的地位,享受"联邦政府财政优惠的荣誉地位"。列入历史遗址的私人财产并不影响其拥有者的使用。企业、开发商及个人对所拥有的被登记的历史遗址进行修缮,可以享受免除国家20%税收的优惠政策。此外,政府对1936年以前建造的建筑物,不论是否登记在册,都给予10%的免税优惠。

日本采用国家与地方立法相结合的方式,国家立法保护的对象一般只是确定由中央政府负责的全国历史文化遗产的最重要的部分,而更广大的地区由地方政府通过地方立法确立保护。以1996年颁布的《古都保护法》为例,其保护的对象限定为京都市、奈良市、镰仓市以及奈良县的天理市、樱井市、檀原市、班町和明日香村,京都市的非历史风土保存区域则不受《古都保护法》的保护,由京都市地方政府另行制定的法规如《京都风貌地区条例》进行补充。同样,其他城市的类似地区通过城市自己制定的《历史环境保护条例》《传统美观保存条例》等进行立法保护。这些被保护地区的名称、范围、保护方法、资金来源等都是由地方政府自行制定的地方法规予以确定。日本《文物保护法》中传统建筑群保存地区的情况也如此,地方政府可以自己设立传统建筑群保存地区,制定保护条例、编制保护规划,而国家在此基础上通过选择重要地区作为重要传统建筑群保存地区纳入中央政府的保护范畴。因此,日本的立法体系实质上是以地方立法为核心的,这是其重要特色之一。

3. 要设立专门的管理机构

法国的管理机构具有比较突出的特点。在中央政府层面,与旧城保护和更新有关的政府部门主要有文化部的建筑与文化遗产管理局、环境与国土治理部的自然与风景管理局,以及建设、交通与住宅部的城市规划总局。建筑与文化遗产管理局负责确定保护对象及其重要性排序,并与行政总局共同管理"国家建筑师"驻省代表处的工作。自然与风景管理局负责重点风景区的保护。城市规划总局负责空间规划与建设治理立法。

法国还有极具特色的"国家建筑师"制度。"国家建筑师"是专为保护历史遗产设立的,它从有一定工作经验的建筑师、规划师中招考,经过两年的专门培训,再通过国家考试后正式任命。现全法国共有"国家建筑师"360人,其中200人从事建筑遗产保护,160人从事空间规划。国家建筑师驻省代表处代表国家利益关注地方保护工作的实施,其重要工作之一是对建设项目参与意见,核查建设项目是否符合保护的法规和要求。对保护建筑的维修、《马尔罗法》规定的历史保护区范围内的建设活动,包括新建、维修、拆除等都需要"国家建筑师"的评估、咨询和同意。筑师"的评估、咨询和同意。

在英国,国家环境保护部和地方规划部门分别是中央和地方的历史建筑和旧城保护的行政机构。环境保护部负责有关保护法规、政策的制定,以及就保护问题向国家、地方和公众提供咨询意见。地方规划部门负责辖区内保护法规的落实及日常管理工作。此外还设有专门委员会以及公共保护团体组织论坛进行意见交流、商讨对策。

在日本,与历史建筑和旧城保护密切相关的行政管理主要由文物保护行政管理部门和城市规划管理部门两个相对独立、平行的组织机构体系负责。与文物保护直接相关的法律制度及管理事务主要由中央政府的文化厅负责,地方政府及下设的教育委员会主管行政辖区范围内的文物保护管理工作。与城市规划相关(《古都保存法》《城市规划法》及地方法规中确定的保护内容)的法律制定及管理事务主要由中央政府的国土交通省城市局、住宅局主管行政辖区范围内的保护规划管理工作。日本在地方政府机构中还设立法定的常设咨询机构——审议会,其作用是提供技术与监督,为政府决策提供咨询意见,使行政与学术有效地结合起来。如城市规划地方审议会、城市美观风致审议会、市町村传统建筑保存审议会等。

4. 要引入社会力量

各国政府都应通过一定的制度安排,引入社会力量。

巴黎市政府的做法是:市政府出资51%的股份,与私营公司合资成立一个从事旧城改造的专业化投资公司,政府为该公司提供信用担保,该公司从银行贷款取得主要改造资金,向建筑物所有者购买房屋和土地后实施改造,待改造完成后以较高价格在市场上进行销售。对于销售利润,市政府将其应分得的收益全部用于该区域的市政和公益事业。

纽约市政府的区划奖励制序和开发权转让制度对鼓励私人部门参与旧城历史地段与建筑保护发挥了重要作用。区划奖励主要在保护历史建筑、提供中低收入住宅和文化设施等方面发挥了重要作用,开发权转让则在旧城历史地段和建筑保护中发挥了重要作用。最近20年,开发权转让在美国超市得到了广泛的推广。

中国台湾、中国香港等土地空间狭小而又注重遗产保护的地区,也积极引入了开发权转让制度。

第二节 国内经验借鉴

一、香港的旧城人口疏解经验

1. 旧城改造经验

香港较大规模的市区重建始于20世纪50年代。1972年以前为零星试点阶段;1972—1987年为大规模改造阶段;1988—1999年为土地发展公司主导的市区重建更新阶段;1999年以来市区重建局主导旧城更新阶段。

香港旧城改造经验如下:

(1)旧城改造要有长期规划

香港负责旧城改造的专门机构市区重建局(其前身为土地发展公司),对旧城改造要制定长期规划。2001年,市区重建局的使命是在未来20年推行市区重建的计划,要求完成200个新的项目和土地发展公司留下的25个市区重建项目。

(2)旧城改造必须政府主导

1988年,港府成立了土地发展公司,专门负责市区重建工作。2001年,港府又将土地发展公司改为市区重建局。其运作的策略更加灵活,权限也有所增加。其职能为统筹规划、收购业权、集合地盘、进而通过公开拍卖的途径或招标向私人发展商出售土地,是政府调控土地一级市场的代表。但却是独立于港府之外的机构,虽然在运作上得到港府的支持,但港府并不直接干预其具体运作。

(3) 成立市区环境美化基金，提供低息或免息贷款支持

通过修订《建筑物条例》和《建筑物管理条例》，要求业主和业主立案法团定期检查楼宇，予以必要的修缮和保养。为解决经费的不足，政府动用5亿港元成立市区环境美化基金，向业主提供低息或免息贷款。其具体的重建流程见下图19。

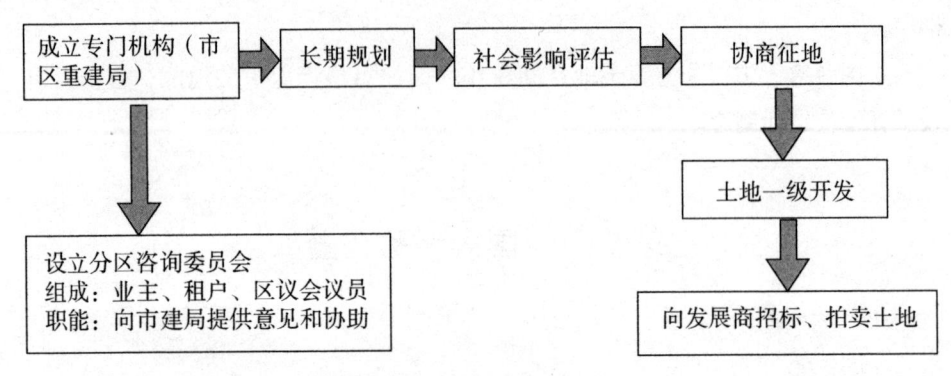

```
成立专门机构（市区重建局） → 长期规划 → 社会影响评估 → 协商征地
            ↓                                                ↓
设立分区咨询委员会                                      土地一级开发
组成：业主、租户、区议会议员                                  ↓
职能：向市建局提供意见和协助                        向发展商招标、拍卖土地
```

图19　香港区重建流程

(4)"以人为本"与"社会效益优先"

香港《市区重建策略》中明确规定，市区重建要落实"以人为本"的工作方针，目的是改善市区居民的生活质素。政府既会兼顾社会上各方人士的利益与需要，亦不会牺牲任何社群的合法权益。政府在进行市区重建时必须遵守的原则之一就是"受重建项目影响的居民应有机会就有关项目表达意见"。《市区重建策略》中规定，公众对市区重建有意见的，可根据《市区重建局条例》就发展项目提出反对，或根据《市区规划条例》就发展计划提出反对。

在重建目标区内，市建局要设立分区咨询委员会，就市区重建项目向市建局提供意见和协助，分区咨询委员会由市建局董事会委任，在区内具有代表性，成员包括业主、租户、区议会议员以及其他关注区内市区重建的非政府机构代表。这使得居民有合法的渠道来表达旧城改造过程中的意见。对不满香港的市区重建必须进行社会影响评估，评估分两个阶段进行。在政府审报公布建议项目前，市建局要进行多种项目的评估；在政府审报公布建议项目后，还要就受项目影响的居民人口特点、社会经济特点、安置需要、住屋意愿、就业状况、工作地点、社区网络、子女的受教育需要、长者的特殊需要、弱能人士的特殊需要、单亲家庭尤其是有年幼子女的单亲家庭的特殊需要等项目进行详细的社会影响评估。

(5) 专职社会工作者介入

在香港，社会工作者是作为一门职业，专门为社会弱势群体服务，争取其应有的权利。其《市区重建策略》规定，市建局在重建目标区内，要分别设立市区重建服务队，以便为受市区重建项目影响的居民提供协助和意见。各种非政府资助的社会工作者在市区重建过程中更是以多种形式开展社区服务，以帮助发展社区内的社会资本；一些高校的城市规划的学生也和当地的社区组织一起，发动居民认清本社区的特点，做出规划，发动居民参与市区重建。通过这样的措施，尽量减少市区重建给居民造成的负面影响。

(6) 联系地盘的做法是旧城改造的重要策略

在地尽其用的原则下，香港选择高密度发展的模式。规划控制和商业利益的矛盾，公众利益和个体利益的矛盾，社会、环境和经济效益之间的矛盾是市区重建中长久探讨的话题。联系地盘是将市区重建的无利润项目和新区开发的有利润项目捆绑在一起，做到各方利益兼顾，这种"肥瘦搭配"的方式值得我们借鉴。

2. 新城承接人口转移经验

香港从20世纪70年代以来通过推行大规模的新市镇建设计划，从根本上改变了城市人口的分布状况，有力地解决了城市人口迅速增长且分布过分集中的问题，推动了城市的进一步发展。

香港的新市镇建设计划是适应香港人口快速增长和住房的严重短缺而推行的。二次世界大战之后，香港经历了一个长达几十年的人口迅速增长时期。仅在1945—1946年短短一年间，香港人口便由65万人剧增至155万人，增加了近百万人。1946—1961年间，香港人口的平均年增长率高达4.8%。从60年代起，香港的人口平均每10年增加100万人。到1973年，香港人口已经增加到400万人。人口的迅速增长使香港成为世界上人口最为密集的地区之一。早在1951年，香港的整体人口密度已高达每平方公里1955人，这比1979年时上海的人口密度还高（每平方公里1830人）。1971年其人口密集度已达每平方公里3754人。然而，香港的整体人口密度还远未反映其人地矛盾的尖锐程度。由于多山地形和港口集聚效应的影响，香港人口分布极不均衡——人口在港岛和九龙、尤其是维多利亚港两岸高度集中。1961年时全港人口密度为2916人，而港岛人口密度为13303人，九龙地区为84816人，在港岛北部的上环和湾仔，人口密度更分别高达每平方公里238025人和209179人。70年代初，港九地区作为香港的中心城区，仅占全港面积12%，竟然容纳着85%的人口。

为应付人口的增长，满足庞大的住房需求，香港政府于1973年开始规划建设了9个新市镇，荃湾、沙田和屯门是香港的第一代新市镇；元朗、粉岭/上水、大埔，是香港的第二代新市镇；将军澳、天水围和东涌是第三代新市镇。经过30多年的发展，2008年，全港人口697.77万人，目前居住在新市镇的人口为327.85万人，占到全港人口的47%；居住在港九地区的人口为33.378万人，占到全港人口的47.8%。这意味着35年间香港新增了297万人口，而新市镇所在地区的居民由35年前的50万增加到现在的327.85万人，增加了277.85万！即35年间香港的新增人口，几乎（新市镇新增人口占全港新增人口的93.55%）全都被不断兴建的新市镇"消化"了。

香港新市镇中最为成功的例子即是沙田新市镇。其设计理念强调均衡发展、自给自足。沙田火车站地区是沙田新市镇的中心地带，既是交通中心，也是购物、娱乐中心，更是市镇的公共服务中心。火车站与大型商场"新市镇广场"连为一体。"新市镇广场"是一个超规模的建筑群，里面不仅商铺鳞次栉比，而且食肆星罗棋布，还有多家电影院。它横跨铁路，出了广场就是汽车总站，公共汽车、出租车和小巴可把乘客带到新市镇的每个角落。广场往西是沙田政府，而往东依次有法院、图书馆、大会堂、酒店、博物馆和公园。

沙田原是城门河的河谷，在规划中依托城门河设计成带状发展的格局，城门河把整个新市镇分为东西两块。城门河作为沙田休憩用地的中枢，设置了公园、长廊、自行车道和其他康乐设施；全港最大的赛马场就坐落在城门河畔，每当赛马日，这里总是人声鼎沸。靠近河道的是高密度的"公屋"，楼层一般比较高，但交通便利；而分布在半山腰的则是一些低密度的私人楼宇，虽离中心稍远，但林木环绕，环境更佳。一些中小型的工业厂房主要集中在新市镇的火炭区。全港闻名的大医院——威尔斯亲王医院，为新市镇的居民提供周到的服务。这个新市镇还拥有一所大学——香港中文大学。按2008年的最新统计数据，沙田新市镇现有人口42.77万人，预计2018年人口将达到47.29万人，未来10年人口的增长率为11.2%，每年的增长率为1.12%。

沙田等新市镇建设成功的主要经验如下：

(1) 大量公屋建设对新市镇的成功建设起着决定性作用

1961年香港人口普查时，全港仅有20%的住户居住于全座房屋、石屋、全屋独立住宅单位或全层唐楼之中，近半数（47.1%）的住户居住于楼房或板房，其余住户只能居住于一些临时建筑、废船、天台木屋、骑楼（露台）、竹棚、铁皮屋之中，甚至仅拥有一个床位。在1971年时有媒体报道，九龙一间小屋里曾经住着50个人，每个人平均的居住面积仅为0.9平方米。严峻的住房问题，迫使香港政府为居民在市区以外寻找更多的居住空间。这一因素是直接导致新市镇建设的最主要因素。根据香港1972年的"10年建屋计划"，在10年内要为180万人建造廉价居所——公屋。而这些"公屋"绝大部分都建造在9个新市镇。在新市镇中，公营房屋与香港房地产商自行开发的私人楼宇的比例，一般为6:4，部分新市镇差不多是一半对一半（各新市镇的房屋情况见表8）。港府在公屋的配房政策上规定，每个申请人可选3个地区的"公屋"，但是轮候核心市区"公屋"的时间一般较长，而新市镇"公屋"则往往能够更快地入住。因此"公屋"成为港府调节人口密度的一个杠杆。港府通过在新市镇建设"公屋"，在解决众多民众居住问题的同时，也保证了新市镇的基本规模。随着越来越多的市民入住新市镇的"公屋"，地产商们也转而投资新市镇的房地产业。新市镇的住宅开发是以政府主导，发展商配合来完成的。

香港以公共房屋建设为主导的新市镇发展模式在人口分布上发挥了重要作用。在新市镇建设之前，1972年，香港新界公共房屋的入住人口仅为27.64万人，占香港公屋入住人数的16.6%，占香港总人口的比例为6.8%；但在近20年之后的1991年，新界公共房屋的入住人数已达14.05万人，占全港公共房屋入住人数的比例已达52.3%，占全港人口的比例达到25.9%。香港总人口增加了15.69万人，增幅为38.6%，而居住在新界公共房屋的人口增加了112.87万人，增幅高达408%。这实际上意味着在此期间全港增加的人口中有71.9%为新市镇的公共房屋所吸收。1991年，新市镇建成的住宅已达691864套，其中62%为公共房屋，新市镇人口中有67%居住于公共房屋之中。

表10 沙田等新市镇发展情况

区域	划定新市镇的年份	土地面积（公顷）	发展土地（公顷）	1991人口（万人）	1992人口（万人）	1991人口（%）私人住宅	1991人口（%）公共房屋	1991住屋数目	房屋种类（%）私人住宅	房屋种类（%）公共房屋
荃湾	1961	3631	2435	70.9	71	38	62	219698	42	58
沙田及马鞍山	1973	3601	2005	52.3	58	29	71	163527	38	62

续表

区域	划定新市镇的年份	土地面积（公顷）	发展土地（公顷）	1991人口（万人）	1992人口（万人）	1991人口（%）私人住宅	1991人口（%）公共房屋	1991住屋数目	房屋种类（%）私人住宅	房屋种类（%）公共房屋
大埔	1979	3540	1153	20.3	24	36	64	66455	39	61
粉岭/上水	1975	792	736	13.8	15	25	75	46721	31	69
屯门	1975	2222	1487	37.7	43	26	74	121141	33	67
元朗	1975	562	523	12.6	16	62	38	44519	64	36
将军澳	1982	1809	1078	8.55	11	6	94	29803	7	93
天水围	1982	453	—	—	0	—	—	0	—	—
总数		16610	9870	216	237.9	33	67	691864	38	62

资料来源：香港政府规划署《香港城市规划的基本数据》，1992年

（2）配套设施完备是新市镇建设成功的一个重要条件

新市镇的配套设施均按"自给自足"的规划理念进行设计、配置，以充足的购物、社区、康乐及休憩设施，满足住户在新市镇内的各项生活需求，形成居民对新市镇的归属感。新市镇内分布有政府机构、商业设施、社区活动设施、学校、休憩用地、康乐设施以及交通运输设施等，为居民工作、求学、医疗、游憩、购物提供多元化服务。所有的配套设施都按照《香港规划设计标准与准则》设计。例如，在教育设施方面，平均每32.5名6~11岁儿童要设一间全日制学校教室，一个拥有30间教室的标准学校占地面积最少为6200平方米，宽度最少为65米。在康乐及休憩用地方面，每人平均拥有1平方米的邻舍休憩用地（即住宅小区内部的休憩用地），一个小区内的用地面积至少为500平方米。在初具规模的将军澳，目前拥有20所小学、15所中学和2所特殊学校，几公里外就是香港科技大学。社区设施方面，已拥有2座社区会堂，1个消防局，1个救护车站，2所普通科诊所，774张病床，1个警署，3个邮政局和10个街市，地区休憩用地面积则多达9公顷。沙田等新市镇的配套设施情况见表11。一项在沙田的调查表明，80%以上的被调查者是在沙田区内购物的，44.8%在区内消遣、娱乐（另有22.9%认为在区内区外差不多），68.9%在区内看医生。被调查者对沙田的购物、公共设施、文娱康乐设施等也均无不满意的表示。这说明，

这里的社区设施基本上满足了居民的日常需要,达到了"自给自足"的目标。

在公共配套设施方面,从制定量化的标准到具体规划、预留土地,从招标兴建到监督工程进度和质量,港府主动参与,而不是由私人机构包办。这无疑是香港新市镇成功的重要原因,避免了新住宅区启用之初的"就学难""寄信难""看病难""买菜难"等通病。

表11 沙田等四个新市镇配套设施情况

配套设施的数量(个)	沙田	屯门	大埔	粉岭/上水
儿童及青年中心	17	18	10	7
社区会堂/社区中心	10	9	7	2
消防局	4	4	2	2
救护车站	3	2	1	2
医院病床	2580	1606	1662	706
分科诊疗所/专科诊疗所	1	2	0	1
普通科诊疗所/健康院	4	2	2	3
警署	6	4	1	1
文娱馆	2	1	1	1
图书馆	2	3	1	2
裁判法院	1	1	0	1
大球场/运动场馆	2	1	1	1
游泳池场馆	3	2	1	2
室内康乐中心	5	5	4	3
老人宿舍/中心	22	7	18	5
邮政局	12	6	3	3
街市	26	17	8	9

资料来源:香港规划署网站,数据截止于2001年。

(3) 四通八达的公共交通系统建设是新市镇建设成功的有力支撑

新市镇的崛起与交通网络的发展呈双向互动。香港政府积极改善公共交通、修筑地铁,提供大容量快速公交,建立了安全、有效、便捷、全覆盖的公共交通网络。1972年，香港地铁配合"十年建屋计划"，与新市镇开发同时兴建。轨道交通是既环保又有效率的公共运输工具，优先发展轨道交通，是香港客运交通的既定方针。截至2021年，香港共有1条机场快线和9条地铁行车线（不含轻铁路线），即观塘线、荃湾线、港岛线、东涌线、将军澳线、东铁线、屯马线、南岛线和迪士尼支线，全长245.3km，车站96座，日载客量240万人，成为世界上最繁忙的地铁线路。这些四通八达的铁路和快速公路网络已基本覆盖香港的港九中心城区和新市镇的联系。大部分香港市民可从住地步行一小段路直接搭乘地铁出行，无需中转。

纵观香港轨道交通的路线规划，大多数都遵从一个模式，那就是以中心城区为始点，以新市镇为终点，从而最有效地发挥轨道交通的流通效应。便捷的交通增强了新市镇的吸引力。同时在新市镇，轨道交通站点的设置往往和城市公共活动中心区相结合，形成快速轨道交通车站综合体，为新市镇的繁荣与发展带来了契机。这种设计利用城市步行空间体系合理连接轨道交通车站场效应辐射范围内的建筑，形成以轨道交通车站为核心的网络型车站综合体。利用建筑架空层、建筑退让形成的灰空间、穿插于建筑的有顶过街桥与过街楼等形式，不仅使各类建筑更具吸引力和亲和力，更使得原本松散的建筑单体连结成以轨道交通车站为核心的网络型车站综合体。从车站涌出的大量人流与路面交通形成良好的分流，减少了人流对原本狭窄路面的交通影响，人们更可以在购物、办公、与普通居住建筑间悠闲的穿行，感受步行空间独有的人性关怀，从而减少了人们对于机动车的依靠和使用。该设计理念是一种以商养路的经济理念，大力发展轨道交通车站上盖物业，形成以轨道交通车站为核心的集约型车站综合体。在兴建轨道交通的同时，港铁公司邀请地产商合作发展沿线车站及车场上盖的物业。上盖物业的类型包括住宅、办公楼和商业。地铁公司除负责治理落成后的物业，还会选择保留商用物业作为投资，并使用现有的资产及技术开拓新的商业。负一层设置巴士总站和公共车场。这样设置的目的使上盖物业的开发与经营和地铁运营达到了双赢。以九龙地铁车站综合体为例，整个发展计划称为U-nion Square，分7期发展。第1至4期是住宅项目：漾日居、擎天半岛、凯旋门和君临天下。第5期至第7期是商业项目，第7期是建成后全香港最高的香港环球贸易广场，整个项目建筑面积高达1000000m^2。所以在建设九龙地铁站时，先期开发的是住宅和车场，而后才是商业及相关配套设施。

（4）规划先行、民主决策是新市镇建设成功的制度保障

在新市镇的规划、建设中，至少有3类图纸："分区计划大纲图""分区发展大纲图"和"详细蓝图"。其中，"分区发展大纲图"和"详细蓝图"都是政府部门的内部图则，属于执行类图则；"详细蓝图"，是发展工程施工的参考。地位最高的"分区计划大纲图"，是根据香港《城市规划条例》的规定，在城市规划委员会的指导下制订，属于法定图则。它根据各个地区的不同情况，把不同的土地规划作住宅、工业、商业、政府、社区等不同的用途，同时也对区内发展的密度如"地积比"等进行限制。这一法定图则是政府监管公共发展和私人发展计划的重要依据，土地一旦被列入法定图则，其使用方向就要依照法律加以管制。《城市规划条例》《城市建筑条例》《发展密度分区制》《机场高度限制》等条例，就城市建设的规划、建筑密度、高度等等做出了非常明确的规定，令整个规划工作有法可依。

新市镇的开发，吸引了大批香港地产商。他们不仅看到自己参与竞投的住宅用地的规划，从道路设施到电力系统、排水渠、垃圾站，从政府机构到商业设施、公园、医院，所有相关设施的规划也都一清二楚。

为了保证规划科学化，城市规划委员会不仅要不断地听取房屋署、教育署、运输署、水务署、教育署等各方意见，还要广泛接受市民咨询，听取市民的意见。任何一个市民，任何一个团体，都能够对土地的用途提出自己的疑问，并要求进行修改。如果市民觉得规划的草图影响了他们的利益，可以在两个月的咨询期内写信给城市规划委员会提出他的反对意见。有关的争议最高可送到特区行政长官和行政会议的桌面之上。根据《香港2001》记载，2001年城市规划委员会共接到4263份反对书，初步审议了3281份反对书。由于预先广泛征求了各方的意见，新市镇规划既保证了科学性——优化利用每一块土地，也有效平衡了各个阶层的利益。

（5）均衡发展、职住平衡是新市镇持续发展的基本条件

香港的新市镇建设还与战后其城市功能的转化有关。20世纪50年代后，香港失去了其在转口贸易上的地位而开始发展工业。但工业的发展一开始也受到了老市区空间不足的限制。极度挤迫的市区已没有更多的空间可以用于兴建厂房。用地紧张导致的高地价和高地租给工厂企业的发展带来了沉重的负担，土地密集型的工业所受到的影响尤为明显。在此背景之下，为工业发展提供用地成为香港发展新市镇的另一重要因素。香港的第一代、第二代新市镇都强调均

衡发展，希望在区内解决居民的就业问题，所以都留有工业土地。制造业在新市镇提供就业机会上起了十分重要的作用。据统计，1988年分布在新市镇内的工厂已达16399家，占全港工厂总数的32%。同年新市镇制造业职业数已达279390人，占全港制造业工厂人数的33%。与此同时，其他各业也在新市镇获得了一定的发展并提供了部分就业机会。

二、上海的旧区人口疏解经验

上海在《物权法》出台后，推出了事前征询制试点，加强了拆迁过程中的公众参与，使居民对涉及自身重大利益的事务拥有了一定的决定权，减少了拆迁工作中的矛盾和对抗。

上海的事前征询制也叫"二次征询制"。所谓二次征询，一是就是否愿意旧区改造征询居民意愿，二是就房屋拆迁补偿安置方案的签订征询居民意愿。在此过程中，成立征询工作小组（以下简称工作小组）和征询评议小组（以下简称评议小组）。工作小组由土地储备机构牵头，街道办事处配合，旧区改造和房屋拆迁管理部门指导，拆迁实施单位参加，主要负责宣传动员、调查摸底、制定方案、组织签约、公示结果等工作。评议小组由街道办事处牵头，居委干部、社会公信人士参加，主要负责咨询、监督、统计等工作，对居民提出的相关问题进行调查核实。二次征询制的具体实施程序如下：

旧区改造试点地块（中心城区拟采取土地储备方式实施改造的二级旧里以下房屋地块）确定以后，首先由试点项目所在地街道办事处在地块范围内张贴征询公告，逐户发放征询意见书（包括拟改造方式、国家和本市房屋拆迁政策等），并公示征询改造意愿的结果，即一次征询。愿意改造居民户数超过规定比例的（原则上不低于90%，由各区政府确定比例），土地储备机构凭街道办事处出具的愿意改造居民户数比例证明和相关申请材料，办理项目立项、规划等手续。愿意改造居民户数未达到规定比例的，暂停改造。

土地储备机构在取得试点项目建设用地规划许可证后，开展房屋拆迁补偿安置方案征询工作，即二次征询。在此阶段，首先由旧区改造管理部门在试点地块范围内，公告改造范围、土地储备机构名称、房屋拆迁征询方式和时限、工作小组和评议小组组成人员及联系方式等。工作小组宣传法律法规及政策，进行改造动员，并对试点地块内房屋情况和居民家庭情况组织调查摸底。在此基础上，工作小组根据房屋拆迁补偿安置的法律规定，制定房屋拆迁补偿安置方案。补偿安置方案的主要内容包括：被拆除房屋类型和建筑面积的认定标准和方法；补偿安置方式、标准和计算方法；安置房源基本情况和选购方法；房屋拆迁评估机构选定方法和候选名单；搬迁期限和奖励标准；特殊困难家庭认定办法和补助标准；附生效条件的房屋拆迁补偿安置协议的签订方法、签约期限；实施和停止改造的条件和要求；补偿安置结果公开的说明等。补偿安置方案制定完成后，由工作小组予以公示，公示期为15天。在公示期内，居民对补偿安置方案有异议的，书面反馈至评议小组。工作小组、评议小组根据居民的意见优化完善补偿安置方案，并予以公示。此后，土地储备机构可办理试点项目用地、房屋拆迁许可等手续。

土地储备机构在取得房屋拆迁许可证后，根据补偿安置方案与居民签订房屋拆迁补偿安置协议。协议中附加生效条件，即"在签约期内，签约户数达到规定比例的（原则上不得低于居民总户数的三分之二，由各区政府确定），本协议生效"。工作小组会同评议小组统计并公示签约结果，并公开房屋拆迁补偿安置结果。在签约期限内（一般为两个月，由各区政府确定），签约户数未达到规定比例的，可进入签约附加期（一般为一个月）。在签约附加期内，未签约居民仍可与拆迁人签订房屋拆迁补偿安置协议。在签约期满后（包括签约附加期），签约户数如果未达到规定比例的，则暂停改造工作；如果达到规定比例，拆迁双方当事人履行房屋拆迁补偿安置协议，按照法律规定和协议约定实施房屋拆迁。

从上海试点推行的实践来看，第一次意愿征询还是很容易高比例通过的。因为旧区居民的居住环境普遍较差，改造意愿普遍来说非常高。例如浦东塘一塘二为87.7%，闸北桥东二期为98.17%，卢湾区390地块为96%，黄浦区东元坊为96%，虹口区虹镇老街为95.98%，地块平均比例为94.77%。

在二次征询中推行中，首先将补偿安置方案（草案）予以公示。公示期间，通过对旧区居民的集体征询与单独征询，不断优化完善补偿安置方案，以求最终确定公布的正式补偿安置方案能够最大限度地反映民意，最大程度地体现公平性。例如：闸北桥东二期，在15天的补偿安置方案公示期间，召开了8个座谈会进行集体征询，通过登门入户的重点宣传等单独征询的方式广泛征求被动拆迁居民意见，最终收到93份书面意见。在经过动拆迁方与旧区居民的充分讨论后，动拆迁方吸纳旧区居民提出的意见对方案进行优化，然后再次公示3天，最终的动拆迁补偿安置方案才确定下来。

从上海试点推行的实践来看，只要对补偿安置方案的征询做到充分，征询中能够通过解释与沟通消除旧区居民的疑虑，做到一视同仁，基本上都能够在规定的时间内达到67%的签约比例，甚至提前达到。比如：卢湾区390地块只用了28天，签约率就达到了67%，签约期满时，签约率达到100%；闸北桥东二期在签约期满时，签约率达到86.4%；浦东塘一塘二地块比计划时间提前2天，达到规定的75%的签约率；黄浦区东元坊地块签约期满时，签约率达到96.1%；虹口区虹镇老街地块签约期满时，签约率达到77.3%。

二次征询制与以往拆迁在制度上的最大不同在于确立了程序保障机制，使居民能够参与拆迁事务并表达意愿，并且居民的意愿和行为能够决定拆迁程序的启动与继续，也就是说，居民的意愿和行为可决定其居住地块是否进行拆迁以及拆迁能否实际得以实施。从该制度及其实践来看，其作用具体体现在：

(1) 从制度上保证了某一地区决定拆迁是该区域绝大多数居民的意愿；(2) 在制度上保证了所采用的补偿安置方案能够实现居民改善自身居住条件的愿望。补偿安置方案的初定是在对居民情况进行调查摸底的基础上制定的，制定后予以公示，并有15天的时间听取居民的优化意见。在听取居民意见的基础上进行补偿安置方案的修改，然后将正式的补偿安置方案再行公示。公示的程序能够在一定程度上保证方案中体现居民的意见。更具有约束力的制度是，补偿安置协议是按照公开的补偿安置方案签订的，协议也完全予以公开，并且在规定的期限内必须达到三分之二多数协议才能生效，否则该基地的拆迁工作即暂停一定的年限。上述做法尽可能保证了补偿安置方案的公平、合理。此外，对于具有特殊困难情形的被拆迁居民，也在制度内规定了公开的解决方案。安置补偿方案中包含了特殊困难家庭认定办法和补助标准，一般是由评议小组讨论决定，然后将决定结果予以公开，防止了以往假借困难补助暗箱操作的现象。

(3) 在组织上保障二次征询制能确实反映居民的意愿，保证征询结果的公信力。征询工作小组和评议小组均由多方人员参加，尤其是评议小组有居委会干部以及社会公信人士参加，负责监督、统计工作，增强了公信力。在实际运作中，有的旧区改造基地从组织机制上进一步提高居民的参与度。例如卢湾区390地块，成立了四个工作组，其中一个工作组为社区联络组，由街道社区党员、拆迁公司党委书记、居民代表组成。390地块共有五个居民小组，原计划推选15名代表，由于居民比较踊跃，最后产生了17名代表。通过居民代表与拆迁方的座谈沟通，更好地体现居民的意愿。评议小组由人大代表、政协委员、房地产管理局、民政局的工作人员、居民代表（由社区联络组推选）组成，在统计投票结果时，居民代表参与邀请公证处参加。

另外在确定拆迁补偿安置方案时充分发动居民参与。具体做法是，初步方案由拆迁方制定后，通过各种形式发动居民参与讨论，充分反馈意见。反馈意见可以采取书面形式，如果认为交流不充分，则采取座谈会的方式面对面交换意见，对居民疑惑或不满的问题进行说明解释。听取居民意见后，看居民对初步方案不满的理由是否具有可行性，能否在拆迁补偿安置方案中涵盖。然后推出最终的拆迁补偿安置方案。在补偿安置方案的确定与执行中，明确的指导方针是，人性化要体现在补偿安置方案中，操作要刚性。这样既采纳了居民的合理意见，又避免了执行中的随意性。同时在组织居民参与工作中，注意信息的公开，充分的公开保证了居民参与的真正落实。无论是采取投票表决还是填表式表决，所有的材料都应保存并可公开查询。

此外，征询制的实施还产生了居民之间自觉进行说服工作的效果。由于每个人出发点的不同，一部分同意拆迁的居民在签约期内仍未签订补偿安置协议。当签约数临近生效比例而签约期快要结束时，已经签约的部分居民担心签约数达不到规定的比例导致拆迁工作暂停，会主动说服其相熟识的未签约居民签订协议。

实行征询制的试点地块启动以后，取得了不错的效果。表现在因拆迁引起的上访明显减少，个别上访反映的问题也不是以往集中的拆迁补偿实体问题以及拆迁暗箱操作问题，拆迁的进度明显加快等方面。

上海二次征询制的关键在于实行全过程的信息公开。在征收与补偿过程中，试点单位都做到了"五公开"：

（1）动拆迁意愿征询过程及情况公开

在试点推行中，不但将征询结果公开，而且在意愿征询中要求采用实名制的方式。首次探索实名制投票方式的是虹口区虹镇老街。虹镇老街在征询中将每张记名选票都逐一上墙公布，这样征询结果也就一目了然，不存在任何"暗箱操作"的可能，这打消了被动迁居民的疑虑，极大地提高了意见征询的效率，只用了5天的时间，就顺利地完成了意愿征询工作。

（2）基本情况信息公开

基本情况主要是指被拆迁房屋的面积及户籍人口等基本信息情况。这些基本信息，由动拆迁小组上门与动拆迁户逐一核实后，予以公开，旧区改造地块范围内的居民都可以翻阅、查询。

（3）补偿安置方案公开

公开的补偿安置方案包括动拆迁方最初制定的方案、根据征询居民意愿不断优化的方案以及经过公示，旧区居民认可确定的最终方案。补偿安置方案的内容，不但包括旧房屋的市场评估价格、补偿的方式及计算标准，还包括房屋拆迁费用、居住面积、动迁费、集体奖、名码补贴、廉租户补贴、住房托底保障金额等等。

（4）签约情况公开

旧区居民签订的附生效条件的安置补偿协议不仅会一一公布上墙，而且协议签订统计情况也会适时更新公布。旧区居民能够随时清楚地知道已有多少户签约，哪些户已经签约，签约比例达到多少，全过程地了解签约情况。

（5）补偿安置结果公开

补偿安置结果的全面公开，使得居民不但能够知道自己补了多少，也能够知道邻居补了多少，同等条件的其他人家补了多少。对于每一户动迁家庭来说，动迁补偿安置费用，都不再是笔"糊涂账"。例如：闸北区桥东二期，对已签约1169证动迁补偿安置结果全部公开。有异议的有关人员可以申请查阅补偿安置的协议和相关材料，并承诺拆迁补偿在尺度的把握上保持一致，拆迁房屋补偿安置前后一致，绝对杜绝"早走吃亏，晚走实惠"情况的发生。

此外，为了将全过程信息公开置于全体旧区居民的监督之下，上海在试点推行中，将相关的法律规范与政策，如《城市房屋拆迁管理条例》、《上海市城市房屋拆迁管理实施细则》《关于贯彻执行〈上海市城市房屋拆迁管理实施细则〉若干意见的通知》《被拆迁房屋建筑面积认定办法》《动迁安置款购买配套商品房的办法》《住房保障托底对象认定办法》等提供给全体旧区居民，作为法律制度的保障。2010年6月，本市住房保障房屋管理局、市监察局已经发布了《关于房屋拆迁补偿安置结果公开的实施意见》，从制度规范角度完善结果公开的具体要求。

三、成都的旧城人口疏解经验

1. "政府主导，市场化运作"

首先成立市危旧房屋改造指挥部及其办公室，强化政府在旧城改造中的决策行为及作用，以确保旧城改造的公益性、公正性和最广大人民群众的利益，并促进生态环境的改善和历史文化的保护;二是强调在具体项目的运作中必须依照市场规律,注重完善政策法规、规范化服务,严格监督,正确引导各利益主体参与旧城改造。

由危旧房屋改造指挥部统一组织实施城区范围内的大规模危旧房屋改造、拆迁安置用房建设等项工作;在管理体制上实行政府和拆迁人分离,即将市住房保障中心确定为危旧房屋改造项目的业主,担任城市运营商的角色。这样取得了被拆迁人对改造工作的信任,为解决拆迁问题打下基础;便于与金融部门对接,获得银行授信,实施项目融资。政府与拆迁人分离,既避免了政府在拆迁工作中既当"裁判员"又当"运动员",规范了政府在改造过程中的权力,依法维护了拆迁各方的合法权益,对拆迁工作的顺利开展起到了很大推动作用。

2. "化零为整、组合成群、成片改造"

20世纪90年代末以来,成都采取了大规模、集中推进的方式,一次性拆迁就达400多万平方米(约占应改造面积的80%)。这是因为,成都城市规模小,道路狭窄,河流污染严重,危旧房屋多,公共设施陈旧落后,小范围改造很难适应经济建设、改善投资环境和提高城市居民居住条件的需要。但大规模改造如果规划和准备不足,容易损害居民利益、引发群体事件,反而欲速不达。为此,成都市政府采取三条有力措施:一是做好城市改造和建设的总体规划,使大规模的改造有明确的指引,例如把总量为410万平方米的危旧房屋划分为45个片区,以每个片区作为一个项目实施整体成片拆迁;二是采取小区配套形式做好新房屋储备,使被拆迁户有新房保障;三是建立市一级的危旧房屋改造指挥部和市住房保障中心,由这两个政府机构直接负责危旧房屋的拆迁工作。这三条措施也是成都旧城和危旧房屋改造能够大规模顺利推进并取得良好效果的基本经验。

3. 阳光拆迁、阳光补偿

政府通过公开招标投标对土地进行拍卖,实行典型的开发模式和规范的市场运作进行旧城改造。在拆迁过程中遵循"十公开、三统一、三不准"的原则,即《房屋拆迁许可证》、房屋拆迁公告、拆迁法规规章、安置房平面图等十个方面的内容公开;在拆迁工作中实行"统一政策、统一标准、统一管理";所有工作人员严格遵守"不准预留一套安置房屋、不准批转条子、不准徇私情",形成了一套"阳光拆迁"模式。

《成都市城市房屋拆迁补偿评估管理实施办法》把被拆迁人的利益放在首

位，让政府服务态度"软"下去，服务质量"升"上来，坚持房屋拆迁补偿评估模式多样化、人性化，估价机构公开邀请并现场抽签确定，对评估结果不服可申请裁决，提供多种补偿形式供被拆迁人自由选择，实施拆迁听证制度，保证拆迁程序规范化、社会化，形成了一个阳光拆迁补偿体系。

通过旧城改造，成都大批市民通过拆迁补偿安置改善了居住条件，从无房户变成了私房主。最新统计数据显示，被拆迁居民人均住房面积从拆迁前的14.1平方米增加到了25.4平方米，户均面积从拆迁前的42.4平方米增加到了76.5平方米，住房成套率从拆迁前的35.6%提高到100%。

4. 有选择地保护城市历史建筑

根据旧建筑中承载的历史文化和生活方式的深厚程度加以原址保护、异地保护或拆除。选择适当地点，新建有特色的古代建筑群落和街区，重现历史建筑风貌。

5. 总体授信、项目贷款、专户管理、封闭运行

在改造中，政府主导充分体现在资金筹集上，主要不是依靠财政拨款，而是土地运作，将政府垄断的土地资源通过"招、拍、挂"转化为旧城改造资金。

四、国内旧城人口疏解经验借鉴

开发商主导的旧城改造模式已经不适用于有深厚文化积淀的历史名城，各城市的旧城改造在重视历史风貌保护的同时，都采取了"政府主导、市场化运作"的模式，并注意完善相关政策，积极发挥政策引导作用，并充分发挥了法律法规的保驾护航作用。主要体现在以下三个方面：

一是财政经费的长期和持续性投入。通过财政资金发挥杠杆和放大效应，撬动银行贷款、基金、信托等其他社会资本；二是要有重点地保护和分类控制。旧城改造的成功经验在于根据地区实际，进行分类引导和控制，选择了重点区域和重点建筑，进行重点保护，切实做到了点和面的兼顾；三是要有优惠政策体系的支持。通过手续办理、投资支持、规划调整、税费返还、配套减免等组合式优惠政策，吸引更多的力量通过各种方式和渠道，参与旧城改造，形成旧城改造的合力。

第五章

人口调控机制分析

人口调控的机制有两个,即市场调节和政府引导。市场调节和政府引导都很重要,既要发挥市场调节这只看不见的手的作用,也要发挥政府引导这只看得见的手的作用。

市场机制是资源配置的基础,也应该是进行人口调控的基础,居民、企事业单位的迁移、选址,是市场调节的结果,也是企业、个人、家庭进行利益比较的结果;政府主导在人口调控中也起着举足轻重的作用,政府的优惠政策、重大项目的配置、优质公共资源的提供等都会在人口调控中起着重要的引导作用。

第一节 市场调节

一、获得比较利益是人口调控的市场机制的核心内容

市场机制在人口迁移中的作用表现为:居民是否前往某一个地区,取决于其迁入某地的收益与成本的比较。如果某人迁入某地能使其收入增加,增加的收入大于其迁入的成本,则他会迁入该地;否则,不会搬迁。在迁入地能找到比较好的工作、有比较好的收入,是迁入某地的动力所在。美国郊区化形成的一个重要原因也是到郊区工作的收入较高。

北京人口规模不断增加,人口密度不断加大的一个主要原因就是在北京工作、居住,比在河北、天津收入高。根据国家统计年鉴数据,北京市2014年居民可支配收入44488.57元,天津居民可支配收入为28832.29元,河北居民可支

配收入为 16647.40 元。北京市居民可支配收入是河北居民收入的 2.67 倍，是天津的 1.54 倍。

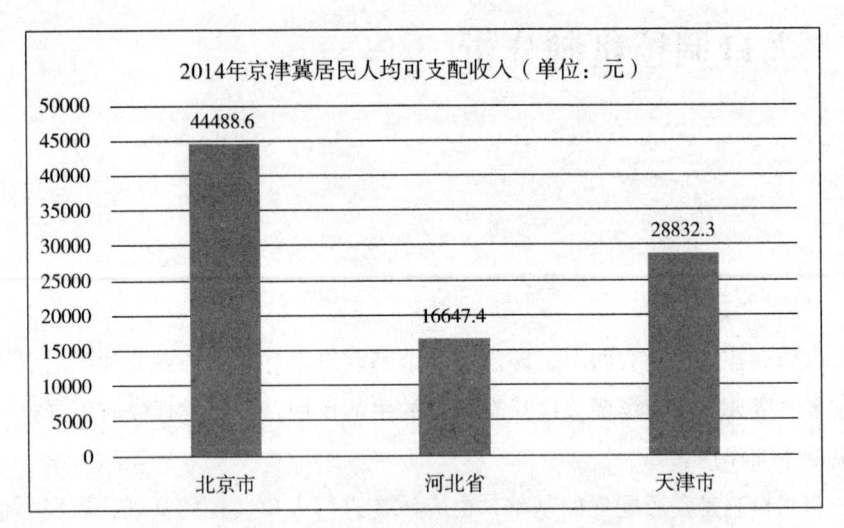

图 20　2014 年京津冀三地居民人均可支配收入比较

2022 年，北京市居民可支配收入为 77415 元，天津市为 48976 元，河北省为 30867 元。北京市居民可支配收入是河北的 2.51 倍，是天津的 1.58 倍。见图 21。

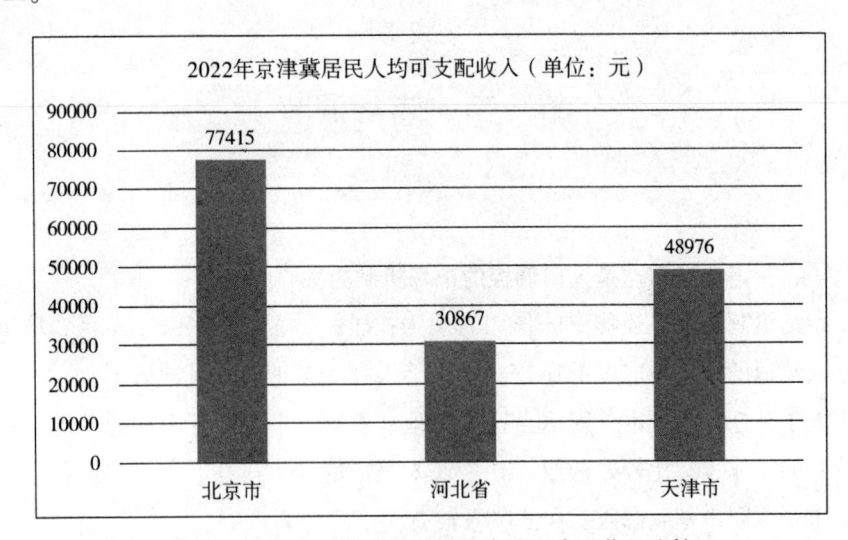

图 21　2022 年京津冀三地居民人均可支配收入比较

北京人口高度在城六区聚集的一个主要原因，就是在城六区上班的职工工资收入高于新城地区。根据《北京区域统计年鉴》，2014 年全市职工工资平均为103400元，城六区在职职工平均工资为119878元，新城地区则为72284元，城六区职工工资为全市的1.2倍，为新城地区的1.4倍。新城地区的工资只有城六区的60%。

企业的选择，也不例外。同样要对其迁入某地的收益与成本进行比较。企业迁入郊区，会导致其运输成本增加、房租成本降低等各项成本的变化，经过成本与收益的综合比较，企业会做出一个理性的选择。综合比较收益与成本，企业会做出自己的选址。如果郊区比较收入高，则选址在郊区；如果城六区比较收入高，则选址在城六区。

二、房价、地价是人口调控的重要市场机制

市场机制的核心是价格机制。房地产的价格与区位密切相关。不同的区位，房价、地价会不一样。房价是优质公共资源的反映。中心城由于有较好的交通、商业、教育、医疗等配套，房价、地价较高。离中心城越远的郊区，由于配套设施较差，其房价、地价较便宜。根据需求规律，价格与需求量成反比。价格越便宜，则需求量越大。因此，尽管郊区会有交通等各种不便，还是会因为价格便宜，而吸引一部分居民和企业到郊区居住与生产。

根据北京市统计局发布的数据，2014年末，北京市居住在五环外的人有1098万，占北京全市的51.1%。这与五环外房价较低是有密切关系的。

根据云房数据库统计，2015年北京二手住宅成交多在五环以外，如顺义、望京、天通苑、黄村、北苑。主要原因是由于城六区房价过高。外来务工及新毕业人群租住的区域也在五环外，如顺义、回龙观、望京、北苑。原因也是因为这些区域房租便宜。

在没有进行住房限购时，房地产交易情况最能反映人们需求的意愿。2010年6月北京市房地产交易网上的存量房网上签约数据显示，成交量最高的为60万元以下的住宅，占比达到40%，可见，房价是影响人们购房区位选择的决定因素。

表12 北京市2010年6月存量房网上签约销售情况统计

住宅总价（万元）	60万以下	60~90	90~120	120~150	150~200	200万以上	总计
成交套数（按成交价格）	6275	1889	1214	548	565	686	11177

续表

住宅总价（万元）	60万以下	60~90	90~120	120~150	150~200	200万以上	总计
成交套数占比（%）	56.14	16.9	10.86	4.9	5.06	6.14	100
成交面积（平方米）	507371	201751	125762	63362	71860	283458	1253564
成交面积占比（%）	40.47	16.09	10.03	5.05	5.73	22.61	100

资料来源：北京市房地产交易管理网

房价、地价同样也是吸引企事业单位到新城落户的一个主要因素。随着城六区城越来越繁华，配套设施越来越齐全，城六区的房租越来越高，企事业单位为了降低房租成本，会选择到郊区办公。这是导致企事业单位迁到郊区的一个主要原因。

昌平大学城的地价市场价为6万元/亩，但对于迁出单位可享受1.7万元/亩的优惠，因此吸引了部分高校迁到到昌平大学城。山东威海也是利用土地政策，允许高校免费使用土地5年，吸引了高校的入驻。

第二节 政府主导

一、优质公共资源配置在人口调控中举足轻重

人口迁移的一个重要因素是各种优质公共资源的吸引，包括交通、教育、医疗、文化、商业等。我国古代便有孟母三迁的例子。现在学区房远远高于一般住房的价格，就是由于学区房能让孩子到教学质量较高的学校就读。有些保障房出现空置，也是由于教育、医疗等配套设施不完善所致。

根据2010年赵秀池主持的《加快推进优质公共资源均衡配置 促进中心区人口和功能疏解》课题的调研结果，83.58%的中心城居民不愿到远郊区县就业，77.56%的中心城居民不愿到远郊区县居住，主要原因就是因为郊区优质公共资源短缺。居民认为教育、公交和医疗是最需要配置的公共资源。将三者作为首选要素的居民分别占34.91%、34.18%和12.36%，三者合计占81.45%。

而绝大多数（88.98%）中心城的企业不愿搬到远郊区县，主要理由是客户来源（45%）和交通（39%）问题。

二、城市规划与产业布局是人口调控的源头

城市规划是城市未来发展的合理布局和综合安排。城市规划描绘了城市未来的发展方向，产业结构、空间布局。城市规划分总体规划和详细规划。总体规划是城市性质、发展方向、规模大小等都市"总体布局"的规划，一般以20年为规划期。总体规划又可分为数期的"近期建设"，规划期一般为5年。总体规划确定了规划期内城市人口和用地规模、辖区内城镇体系的布局、城市用地的范围，并划分城市用地功能分区，综合安排工业、交通（内外）运输、商服金融、仓库、生活居住、学校、科研单位、绿化用地。详细规划则是城市规划的具体化。要对近期建设规划范围内的建筑物、公共事业（水电）、公园绿地等细部设施作具体的布置。确定道路红线、道路断面、小区范围、街坊及专用地段主要特别的坐标和标高；确定居住建筑、公共建筑、公共绿地、道路广场、工业、仓储等项目的具体位置和用地。

因此，有什么样的城市规划就有什么样的产业布局和空间布局，也就决定了人们生产生活的空间，进而决定了相应的人口分布布局。

政府通过引导重大项目落户新城，在人口调控中起着非常重要的作用。英国伦敦道克兰码头金融区、日本都市副中心、巴黎拉德芳斯、上海浦东新区、深圳等新区开发，以及各国的新城建设，都是政府力量干预功能聚集、引导功能与人口疏解的典型范例。东京的人口和功能疏解，得益于其三次实施的"副中心"战略。1958年，为了缓解市中心区的过度拥挤引发的地价、交通、环境等问题，东京提出了"首都圈整备计划"，主要内容是建设新宿、池袋、涩谷3个副中心；1982年，东京为了进一步疏解市中心的商务功能和商务压力，提出了"东京都长期计划"，建议将生活、周转功能和教育、研究设施向东京外围地区疏散，建设大崎、上野—浅草、锦糸町—龟户3个副中心；1987年，为了进一步扩展商务办公空间以满足东京日益增多的国际商务活动的需求，同时建设信息化和智能化的东京电讯港，东京制定了"临海副中心开发基本构想"，开始规划建设临海副中心。现在东京共有7个副中心，每个副中心既是所在地区的公共活动中心，同时也承担东京作为国际城市的某些职能。在功能疏解的过程中，人口也不断往副中心疏解。

北京的新国展项目、机场项目落户顺义，带动了顺义新城及其周边发展，解决了顺义新城的职住分离问题。第二机场落户大兴，也必将带动大兴新城的发展。在安排重大项目时同步安排交通等基础设施建设也非常重要，否则，就会阻滞新城新增产业功能的引入与人口的聚集。

三、土地规划与房地产规划是人口调控的最大供给侧

土地规划、房地产规划是最大的供给侧。有什么样的土地利用规划，就有什么样的土地供应；有什么样的房地产规划，就有什么样的房地产供应。进而有不同类别、不同比例的住宅、商业、工业、教育、医疗等多元化房地产供应，从而引导形成相应的人口分布。

各地如火如荼的新城建设，便是这样的例子。上海过去流传的"宁要浦西一张床，不要浦东一间房"，在浦东新区有力的规划实施情况下，这种说法早已成为过去，目前浦东已经聚集了大量的人口居住、就业。黄金地段商业地产的租金比浦西还要贵，比浦西更有吸引力。

四、政府财税金融等优惠政策对人口调控有非常重要的引导作用

优惠政策支持是政府调控人口的重要手段。通过政府优惠的产业政策、税收政策、人才政策的吸引，可以成功疏解城市中心区的人口和功能。各开发区、科技园区的成功无一不是由政府制定优惠政策推动的。比如，丰台科技园区自1999年以来，各项经济指标均以40%以上速度快速增长，形成了电子信息、生物医药和光机电一体化三大产业格局。2015年总收入达4004.2亿元，同比增长8.2%；实现出口总额16.2亿美元，同比增长22.7%；实现利润总额219.4亿元，同比增长36.4%，成为丰台区经济发展的重要力量，作为区域经济发展增长极的效应非常明显。其成功也是得益于一系列的优惠政策吸引：（1）高新技术企业所得税减免政策。企业自注册之日起，前三年免征，第四到第六年减按7.5%的税率征收；出口产品的产值达到当年总产值40%以上的，所得税减按10%的税率征收；高新技术企业以出让方式取得土地的，免征固定资产投资方向调节税；出让金按75%征收；城市基础"四源费"和大市政费，减半征收；软件和系统集成企业，三年内所缴纳的企业所得税，以上一年为基数，属地方收入的新增部分由财政返还，专项用于企业的研究与发展；（2）优惠提供创业用房政策。对科技含量大、市场前景好的企业，丰台园"国际企业孵化器"将

无偿提供一年或以最低优惠提供创业用房";(3)人才引进政策。高新技术企业和高新技术成果产业化项目所需的外省市专业技术和管理人才,经人事部门批准,给予工作居住证,享受本市市民待遇。工作满三年者,经用人单位推荐、有关部门审核批准,办理户口进京手续。

  望京创业园区自规划以来吸引了很多人才入住。就得益于其制定的产业扶持政策和人才引进政策。在产业扶持方面:每年1000万元的扶持资金,用于企业房租补贴、人才引进、创业项目资助、市场推广等项目;每年300万元的创业投资引导资金,用于短期缓解企业融资难题;每年3000万元的高技术产业资金,用于对朝阳区内优秀项目产业化的扶持。优秀的产业项目一般可以申请到100万元到500万元不等的产业项目资助;入驻园区的优秀企业,在享受低于市场租金基础上,前三年可再享受60平方米、36平方米和18平方米的房租减免。在人才引进方面除国家"千人计划"外,园区会优先推荐企业内的海外高层人才申报北京市"海聚工程"(海外高层次人才聚集工程)和朝阳区"凤凰计划"(引进海外人才项目),创业类人才可分别活动100万元和70万元的人才奖励;园区设有博士后工作站总站,企业可以申报建立分站,设站并引进博士后的企业可享受一次性10万元的补贴;园区设有大学生毕业就业实习基地,园区内企业每年引进新进毕业生,可享受不长于6个月的每人每月700元的实习补贴。

第六章

北京市目前调控人口的手段及其问题

近年来,北京市一直在利用以业引人、以房控人、以证管人、城市综合整治来调控人口。

第一节 以业引人

近年来,北京在不断淘汰低端产业,尤其拆除了一批批发市场,把工业等一些产业转移到河北等地,同时实施产业目录,不断根据京津冀协同发展要求调整新增产业的禁止和限制目录,坚决清理低端产业,已经收到了一定效果。2014年以来,北京市工业向河北转移项目近百个,总投资额上千亿元,今后将有序引导呼叫中心等劳动力密集的后台服务功能从三环以内整体迁出。2015年拆除、清退升级改造市场233个,涉及建筑面积251万平方米,商户3.3万户。与此同时,北京市高精尖产业发展势头良好,制造业、建筑业、批发等禁限行业新增市场供给同比大幅下降,而金融业、科技服务业增速明显增长。但是人口疏解是一个漫长的过程,疏解的效果还有待观察。

根据《北京统计年鉴》,2014年北京市在职职工为7087922人,城六区为5107765人,新城地区为1980147人。城六区在职职工占全市的72%,仍然集中了绝大部分就业人口。

由于产业高度在城六区聚集,所以出现了大量就业人口在城六区,而居住人口在新城地区的现象,职住分离严重。根据北京市区域统计年鉴计算,2014年,全市从业人员为7558601人,城六区从业人员为5496573人,占全市的73%;而新城地区的从业人员为2062028人,只占全市的27%。而常住人口城六区与新城地区的比重为59%和41%。全市的职住比为0.35,城六区的职住比为

0.43，首都功能核心区更是高达 0.73；而新城地区只有 0.24。职住比最低的房山区、昌平区只有 0.15，通州也只有 0.17，所以"睡城"特征明显。

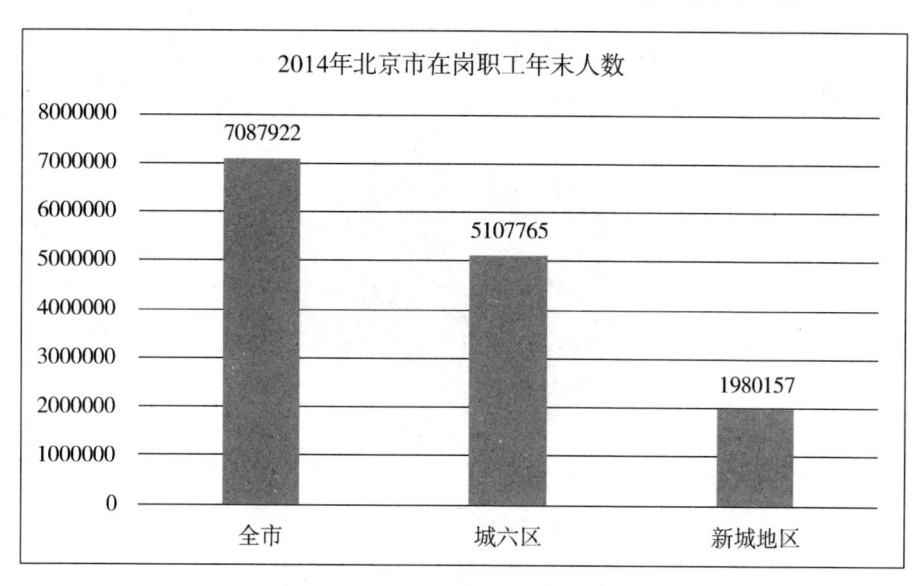

图 22　2014 年北京市在职职工情况

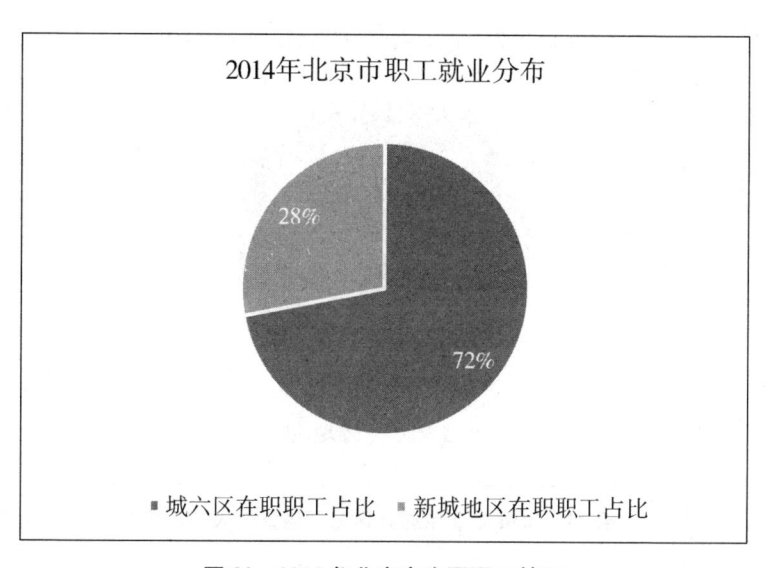

图 23　2014 年北京市在职职工情况

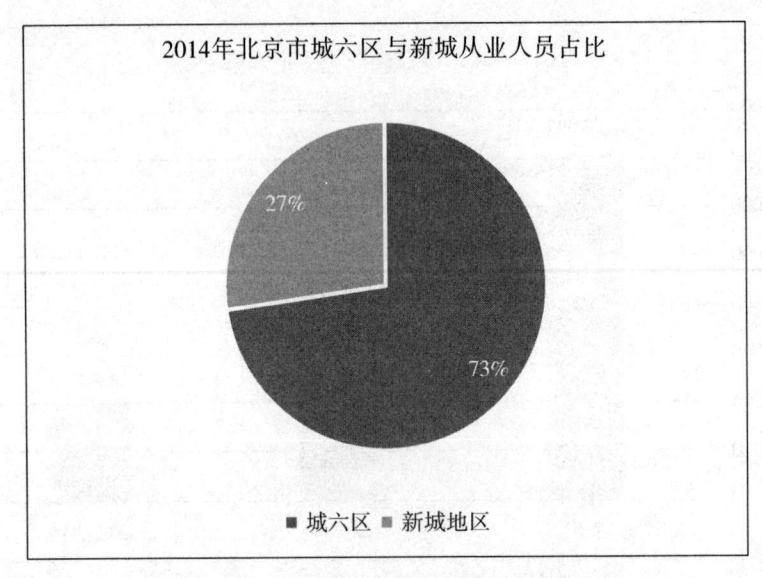

图24 2014年北京城六区与新城从业人员占比

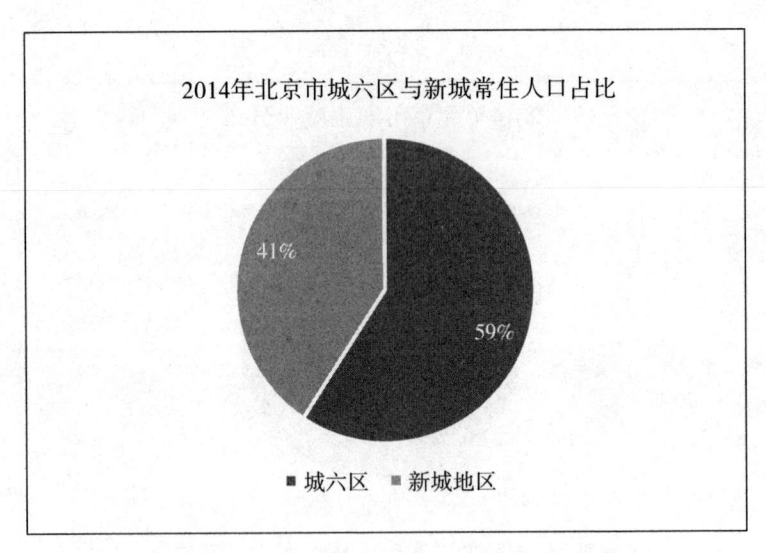

图25 2014年北京城六区与新城常住人口占比

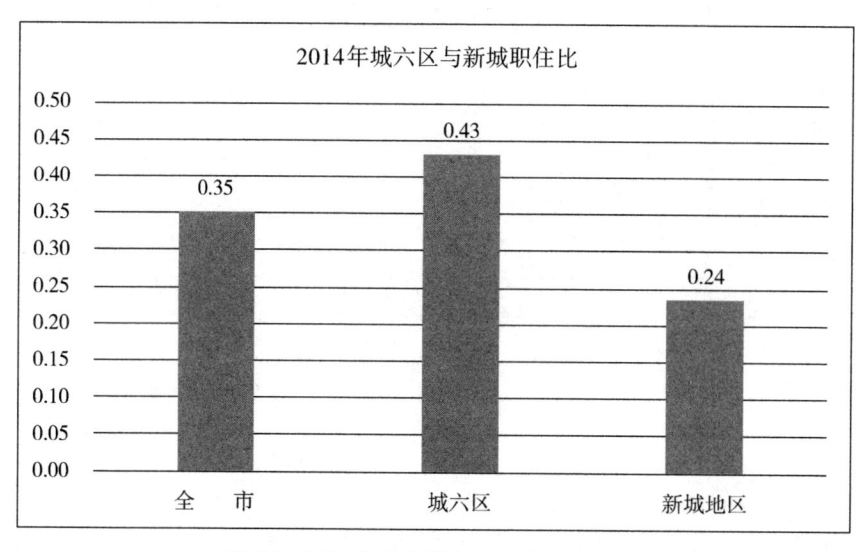

第六章 北京市目前调控人口的手段及其问题

图26 2014年北京城六区与新城职住比

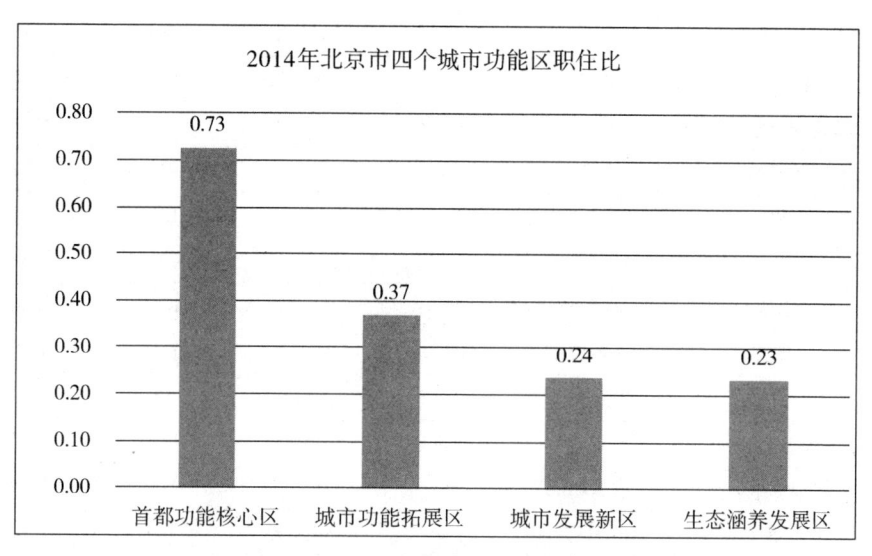

图27 2014年北京市四个城市功能区职住比

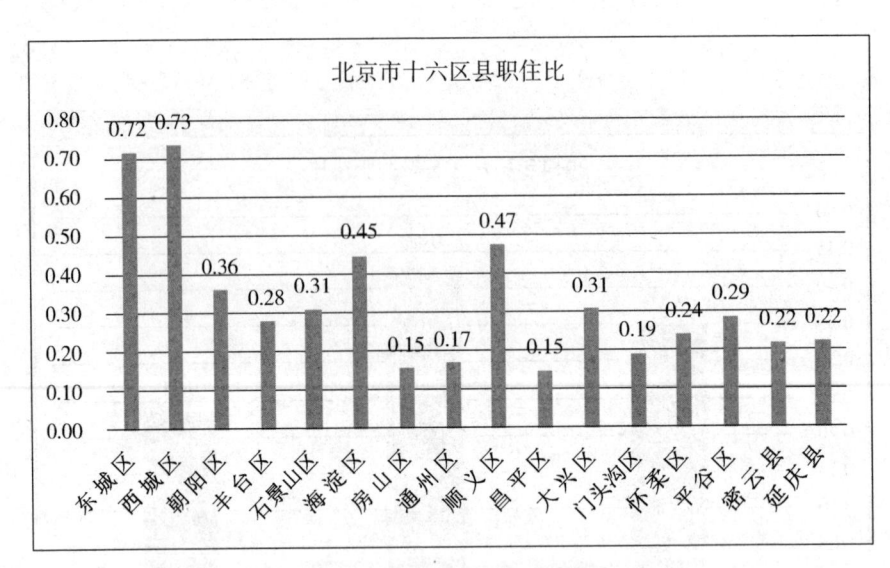

图28 2014年北京市16区县职住比

表13 2014年北京市职住比情况

区域	从业人员 人数	占比	常住人口 人数	占比	职住比
全 市	7558601	100%	21516000	100%	0.35
城六区	5496573	73%	12763000	59%	0.43
首都功能核心区	1604880	21%	2213000	10%	0.73
东城区	651405	9%	911000	4%	0.72
西城区	953475	13%	1302000	6%	0.73
城市功能拓展区	3891693	51%	10550000	49%	0.37
朝阳区	1407970	19%	3922000	18%	0.36
丰台区	639057	8%	2300000	11%	0.28
石景山区	200521	3%	650000	3%	0.31
海淀区	1644145	22%	3678000	17%	0.45
新城地区	2062028	27%	8753000	41%	0.24
城市发展新区	1617112	21%	6849000	32%	0.24
房山区	160552	2%	1036000	5%	0.15
通州区	228131	3%	1356000	6%	0.17
顺义区	474187	6%	1004000	5%	0.47
昌平区	282392	4%	1908000	9%	0.15

续表

区域	从业人员 人数	从业人员 占比	常住人口 人数	常住人口 占比	职住比
大兴区	471850	6%	1545000	7%	0.31
生态涵养发展区	444916	6%	1904000	9%	0.23
门头沟区	58423	1%	306000	1%	0.19
怀柔区	91434	1%	381000	2%	0.24
平谷区	120678	2%	423000	2%	0.29
密云县	104123	1%	478000	2%	0.22
延庆县	70258	1%	316000	1%	0.22

第二节 以房控人

近年来北京人口调控的政策之一就是"以房控人"。尤其把拆除违法建设作为贯彻落实中央精神的重要举措，试图通过拆除违法建筑减少低端产业，迁移流动人口。2015—2017年，拆除既有违法建设数量逐年提高，2015年全市共拆除1818万平方米，是历年来规模最大的一年。下大力气重点拆除了一批低端产业违法建设，其总量较2014年增加了46%，疏解了大量非首都功能。集中整治了一批以西城区榆树馆西里为代表的历史遗留的脏乱差地区，彻底消除了消防、治安等隐患。将违建治理与城市综合管理深度结合，2015年，全市通过拆除违法建设减少或迁移流动人口近32万。

2015—2017年全市一共拆除了4611万平方米的既有违建设。2016年拆除3000万平方米既有违法建设，实现新生违法建设"零增长"。2017年全市拆除违法建设数量将再创历史新高，力争达到5000万平方米，其中，城六区将拆除1771万平方米。

尽管近年来拆除违法建设取得了一定成效，迁移了部分人口，但是距离城六区人口疏解191.445万的目标，还相差很大。更重要的是"以房管人"不应仅仅停留在拆除违法建设、违建治理上，更应该从源头上关注大量合规的房地产的供应。房地产是人们生产、生活的重要载体，住宅、商业、工业、教育、医疗等多元化物业的供应数量决定了人口的容纳数量。应从大量合规的房地产的供应数量抓起。

近年来北京市及城六区的商品房的供应一直在不断增加。尽管2015年以来城六区商品房供应增速有所下降，但不管是商品房施工面积还是商品房竣工面积数量仍然在增加。2015年全市商品房施工面积为13095.0万平方米，城六区为5063.8万平方米，占全市的39%；商品房竣工面积为2631.5万平方米，城六区为826.2平方米，占全市的31%；而城六区的土地面积仅占全市的8%，所以导致城六区人口居高不下。

表14 北京市2014—2015年商品房施工与竣工面积

各 区	商品房施工面积（万平方米）		商品竣工面积（万平方米）	
	2015	2014	2015	2014
全 市	13095	13641.5	2631.5	3054.1
城六区	5063.8	5636.8	826.2	1324.5
占比	39%	41%	31%	43%
首都功能核心区	335.4	319.5	134	72.8
东城区	140	144.8	17.1	50.1
西城区	195.5	174.6	116.9	22.8
城市功能拓展区	4728.4	5317.3	692.2	1251.7
朝阳区	2087.5	2543	313.5	778.9
丰台区	1383.3	1410.9	156.3	175.2
石景山区	303	351.5	27.5	70.8
海淀区	954.6	1011.9	194.9	226.8
新城地区	8031.2	8004.8	1805.3	1729.6
占比	61%	59%	69%	57%
城市发展新区	6883.4	6909.2	1532.2	1519
房山区	887.4	906.5	146	214.2
通州区	1727.3	1510	425.6	317.9
顺义区	1268.9	1263.6	277.5	201.4
昌平区	1428.3	1302.7	341.3	244.9
大兴区	1107.3	1392.1	251.9	466.1
北京经济技术开发区	464.2	534.4	89.9	74.6

续表

各 区	商品房施工面积（万平方米）		商品竣工面积（万平方米）	
	2015	2014	2015	2014
生态涵养发展区	1147.8	1095.6	273.1	210.6
门头沟区	445.6	341	59.2	55.2
怀柔区	108.9	125.3	29.1	28.4
平谷区	262.4	327	101.1	64.5
密云区	279.9	242.5	48.0	45.1
延庆区	50.9	59.8	35.6	17.3

资料来源：根据2016年《北京区域统计年鉴》计算整理

第三节 以证管人

北京市以证管人的经验来自于顺义区。顺义的经验就是在产业发展上，提高各类市场准入门槛，对吸附大量流动人口的小企业实行清理，奖励企业吸纳本区劳动力；在证件管理上，对农民工按工期办暂住证，对从事废品回收等工作的人员只办理3个月短期证件；在房屋销售上，提高开发档次标准，对区外人员购房实施调控措施。同时，将流动人口规模调控纳入经济发展考核内容，实行"一票否决"制。这种流动人口服务模式效果已经显现。据相关部门统计，顺义区居住半年以上的流动人口数，与其他几个区位、面积、经济总量、人口数量大体相当的远郊区相比，流动人口数仅相当于其他区的1/3或1/2。

但是，就北京而言，北京经济社会环境发展越来越好，各种优质公共资源较集中，对人口的吸引力很大，北京的外来人口仍然在不断增加。加上户籍制度改革的不断推进、居住证、积分落户制度的实行，外来人口的调控难度很大。

从图3可以看出，2014年前，外来人口的历年增速都远远高于常住人口与户籍人口的增速。2000—2014年外来人口的平均增速为8.95%，常住人口的平均增速为3.34%，户籍人口的平均增速为1.33%。外来人口成为北京人口增长的主要原因。

常住人口中外来人口与户籍人口的比例逐渐上升。这一比例在2000年为1∶4.32，2015年为1∶1.64。

外来人口占常住人口的比重也不断上升，从2000年的19%，上升为2015年的40%。

表15 2000—2015年北京市外来人口占比

年份	户籍人口与外来人口之比	外来人口占常住人口的比重
2000	4.32	19%
2001	4.23	19%
2002	3.96	20%
2003	3.73	21%
2004	3.53	22%
2005	3.3	23%
2006	3.12	24%
2007	2.89	26%
2008	2.64	27%
2009	2.45	29%
2010	1.78	36%
2011	1.72	37%
2012	1.68	37%
2013	1.64	38%
2014	1.63	38%
2015	1.64	40%

资料来源：根据历年《北京区域统计年鉴》计算整理

据统计，目前城乡结合部地区流动人口达323.2万人，占全市流动人口总数的43.3%，全市城乡结合部的67个街乡镇有45个人口倒挂。在行政村层面，人口倒挂比例最高的达1∶30以上。

2015年城六区外来人口占全市的59.5%，新城地区外来人口占全市的40.5%。城六区中，外来人口比重最多的是朝阳和海淀，达到全市外来人口的

22.4%和18.1%，丰台也在10%以上，朝阳外来人口则占常住人口的比重高达46.5%。

表16 2015年北京市各区外来人口情况

各 区	常住人口	外来人口	外来人口占常住人口比重	各区外来人口占全市比重
全 市	2170.5	822.6	37.9%	100.0%
城六区	1282.8	489.1	38.1%	59.5%
首都功能核心区	220.3	51.7	23.5%	6.3%
东城区	90.5	20.7	22.9%	2.5%
西城区	129.8	31	23.9%	3.8%
城市功能拓展区	1062.5	437.4	41.2%	53.2%
朝阳区	395.5	184	46.5%	22.4%
丰台区	232.4	83.8	36.1%	10.2%
石景山区	65.2	21	32.2%	2.6%
海淀区	369.4	148.6	40.2%	18.1%
新城地区	887.7	333.5	37.6%	40.5%
城市发展新区	696.9	302.2	43.4%	36.7%
房山区	104.6	27.4	26.2%	3.3%
通州区	137.8	55.9	40.6%	6.8%
顺义区	102	40.2	39.4%	4.9%
昌平区	196.3	102.6	52.3%	12.5%
大兴区	156.2	76.1	48.7%	9.3%
生态涵养发展区	190.8	31.3	16.4%	3.8%
门头沟区	30.8	4.8	15.6%	0.6%
怀柔区	38.4	10.5	27.3%	1.3%
平谷区	42.3	5.3	12.5%	0.6%
密云区	47.9	7.1	14.8%	0.9%
延庆区	31.4	3.6	11.5%	0.4%

资料来源：根据2016年《北京区域统计年鉴》计算整理

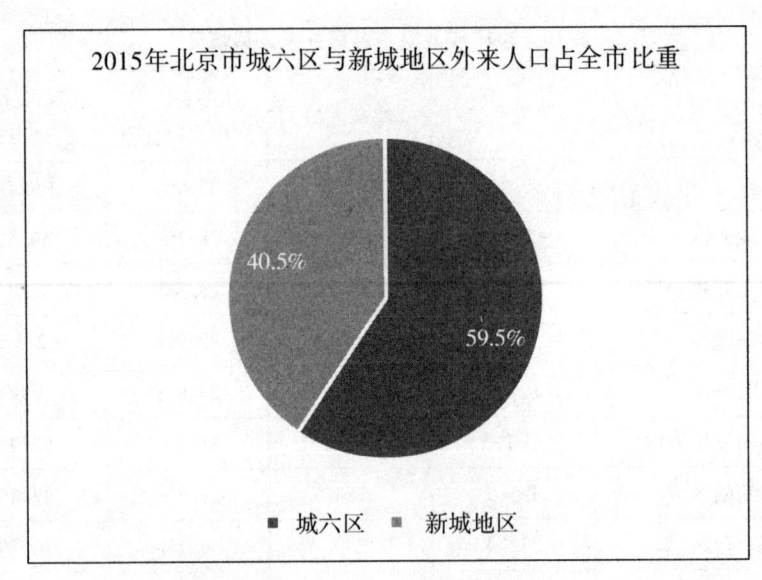

图29 2015年北京城六区与新城外来人口比重

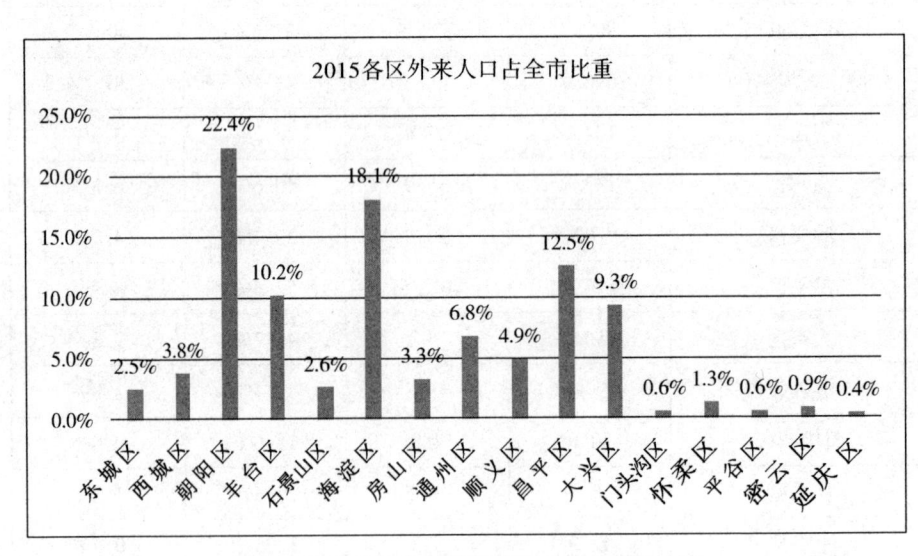

图30 2015年北京市各区外来人口占全市比例

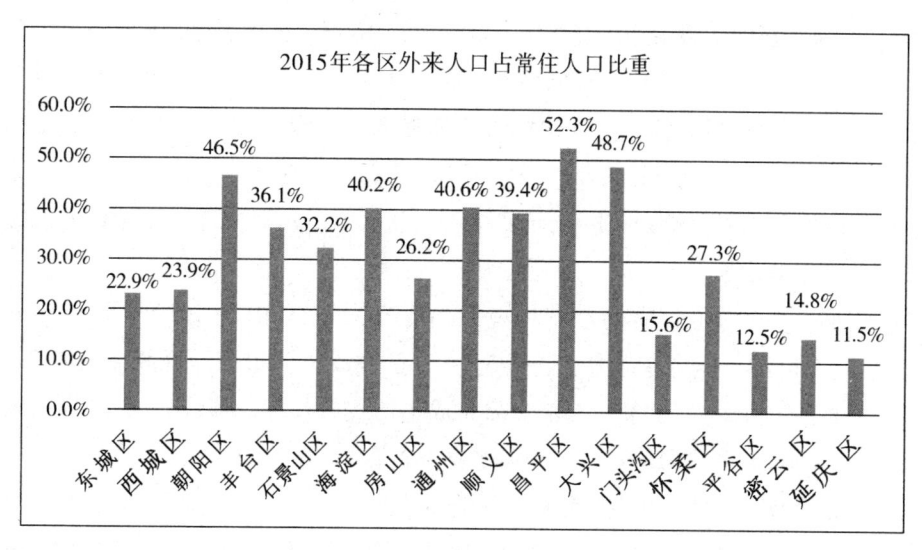

图 31　2015 年北京市各区外来人口占常住人口比重

第四节　城市综合整治

近年来北京人口调控的一个重要手段就是城市环境综合整治。通过综合整治，控制和减少了违法建设、抑制了低端产业发展、规范了房屋出租行为等，促进了人口疏解，收到了一定成效。

2016 年 5 月以来，北京市以 100 个市级挂账整治重点地区为重点，开展城乡结合部重点地区公共安全隐患问题综合整治工作。已拆除违法建设 160 万平方米，关停取缔违法违规生产企业 330 余家，关停拆除安全隐患突出的出租大院 190 余个，登记流动人口由整治前的 112 万人减少到了 95.3 万人。

未来北京将实施"两个专项整治"方案。至 2017 年 4 月底前，100 个市级挂账重点地区内市属企业土地上 38.5 万平方米违建将被拆除，这将涵盖朝阳、海淀、丰台、大兴、昌平、房山 6 个区的 18 个重点地区，2 万流动人口将有序疏解。

此外，100 个市级挂账地区内集体土地上的 800 余个出租大院也将完成"关停拆除一批、腾空清退一批、规范管理一批、升级改造一批"的综合整治，目前，这 800 余个出租大院居住了 10 万余流动人口。两项专项整治有望疏解 12 万流动人口。

根据市政府报告，2015 年北京市拆除违法建筑超过 3000 万平方米，清理地下空间1400多处，整治违法群租房1.56万间，清理无证无照经营3.3万户。

据《北京市"十三五"时期城乡一体化发展规划》，北京将在"十三五"期间全面完成城乡结合部三年行动计划，疏解人口50万。

从2013年起，北京市每年将城六区100条背街小巷环境整治提升列入市政府为民办实事工程，提升了区域环境品质，改善了市民居住环境，得到了市民的好评。但整治难度还很大，问题还很多。

根据《首都核心区背街小巷环境整治提升三年（2017—2019年）行动方案》，北京市核心区共有背街小巷2435条，已完成整治提升需巩固加强的761条，需整治提升的1674条，三年全部完成整治提升任务。预计2017年将完成567条，2018年完成615条，2019年完成492条。

北京市核心区背街小巷环境整治提升的内容为"十无一创建"。"十无"即无私搭乱建、无开墙打洞、无乱停车、无乱占道、无乱搭架空线、无外立面破损、无违规广告牌匾、无道路破损、无违规经营、无堆物堆料。"一创建"即开展以公共环境好、社会秩序好、道德风尚好、同创共建好、宣传氛围好为主要内容的文明街巷创建活动，打造一批文明示范街巷。通过背街小巷的环境整治，确实美好了环境，减少了低端人口和产业的聚集，有利于北京市的人口调控和非首都功能疏解。

第七章

制约北京市有效调控人口的主要因素

尽管北京市采取了各种政策在进行人口和功能疏解，想办法疏解城六区人口。但是到 2015 年之前，城六区的人口还在不断聚集。2015 年全市户籍人口还在机械增加，净迁入 75497 万人，比 2014 年多了 843 人；城六区户籍人口净迁入 56373 人，占全市的 75%。

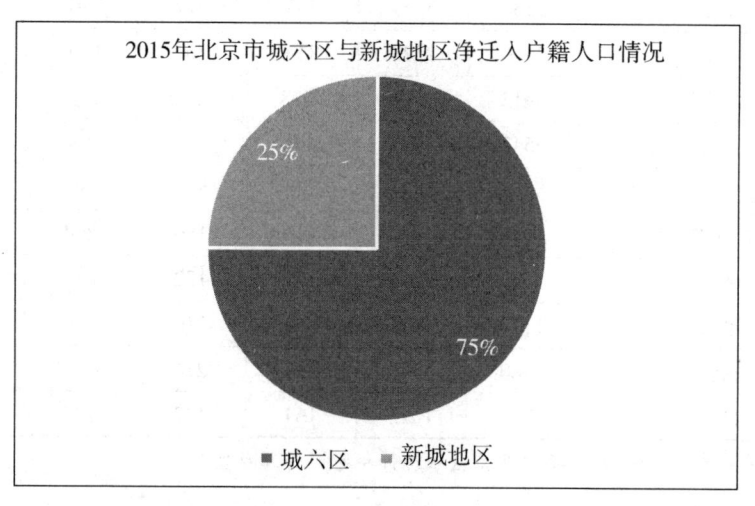

图 32　2015 年北京城六区与新城户籍人口净迁入情况

表 17　2015 年北京市户籍人口机械变动情况

各　区	市外迁入人数		迁往市外人数		机械增加人数	
	2015	2014	2015	2014	2015	2014
全　市	167506	166600	92009	91946	75497	74654
城六区	138179	136042	81806	81337	56373	54705
首都功能核心区	19803	17224	4221	4465	15582	12759
东城区	5911	6142	1040	1389	4871	4753

续表

各 区	市外迁入人数 2015	市外迁入人数 2014	迁往市外人数 2015	迁往市外人数 2014	机械增加人数 2015	机械增加人数 2014
西城区	13892	11082	3181	3076	10711	8006
城市功能拓展区	118376	118818	77585	76872	40791	41946
朝阳区	29162	25152	14754	14908	14408	10244
丰台区	9818	10007	2594	2400	7224	7607
石景山区	3412	3406	1214	1118	2198	2288
海淀区	75984	80253	59023	58446	16961	21807
新城地区	29327	30558	10203	10609	19124	19949
城市发展新区	23770	25137	9227	9778	14543	15359
房山区	3102	3098	431	378	2671	2720
通州区	3568	3548	703	677	2865	2871
顺义区	2646	2528	839	767	1807	1761
昌平区	8912	10016	5598	6220	3314	3796
大兴区	5542	5947	1656	1736	3886	4211
生态涵养发展区	5557	5421	976	831	4581	4590
门头沟区	1029	979	135	156	894	823
怀柔区	986	989	173	122	813	867
平谷区	1150	1014	251	210	899	804
密云区	1480	1367	253	216	1227	1151
延庆区	912	1072	164	127	748	945

资料来源：根据2016年《北京区域统计年鉴》计算整理。

制约北京市城六区人口疏解的主要原因如下：

第一节 北京市尤其是城六区聚集了各种优质公共资源

一、优质教育资源在北京城六区高度聚集

教育资源包含学前教育、小学、中学以及高等教育资源。教育资源的配置直接影响着人口的搬迁。居民选择居住地的一个主要因素就是"随学而居",我国古代就有孟母三迁择邻而居的典故。学区房房价不断上涨,就是因为家长都不愿自己的孩子输在起跑线上。为了孩子能上好的学校,家长不惜重金在学校附近买房、租房,甚至想办法把户口迁过去。因此,关注教育资源的配置对城六区的人口疏解有着重要意义。一个区域如果有了好的教育资源,就会有人到该区域安家居住,就会到附近找工作,就会形成一个人口聚集地。因此,通过均衡教育资源,就能从一定程度上实现城六区人口的疏解。

1. 大学教育资源高度在北京城六区聚集

根据教育部网站公布的2015年数据,从全国而言,北京市是本科以上高校最多的城市,拥有91所高等学府,其中有26所211高校。清华大学、北京大学等知名学府也是最多的。因此,从全国来看,北京有极大的吸引力。

在京津冀区域,天津有3所211学校,河北省只有2所。所以,北京更具吸引力。

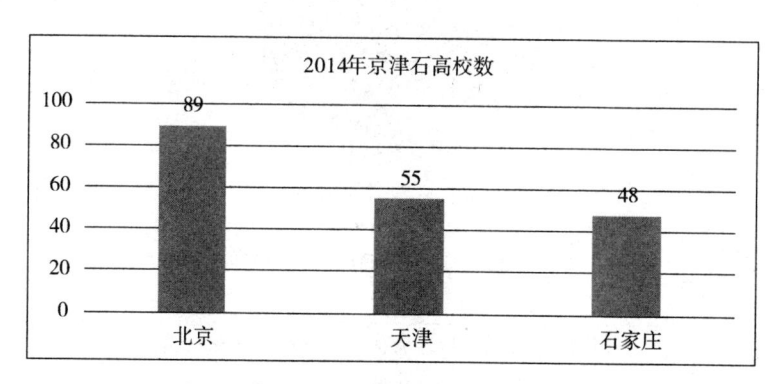

图33 2014京津石高校数量

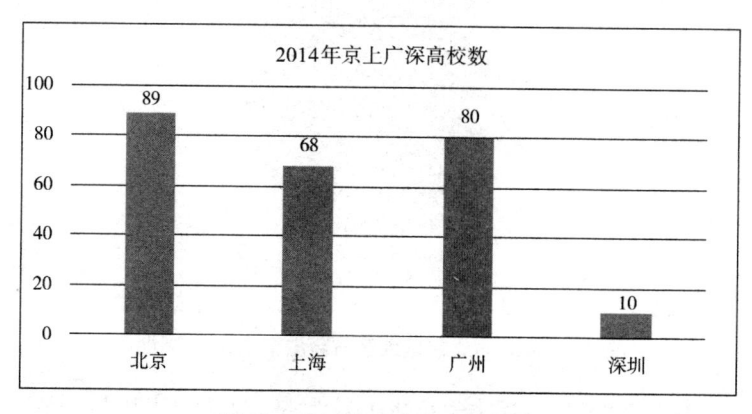

图34 2014京上广深高校数量

在北京范围内，高校资源分布也是不均衡的。北京的大部分高校位于海淀和朝阳区，有少数高校位于昌平、良乡、通州、大兴。高等教育资源分布极为不均衡。尽管昌平和良乡均设有大学城，但入驻学校很不理想。所以，就北京市域而言，城六区更具吸引力。

2. 中学优质教育资源在北京城六区聚集

（1）普通中学学校数与招生、毕业生人数情况

2015年，城六区普通中学学校数为328所，占比49%，新城地区学校数为318所，占比51%。学校的分布相对来说比较均衡。见下图。

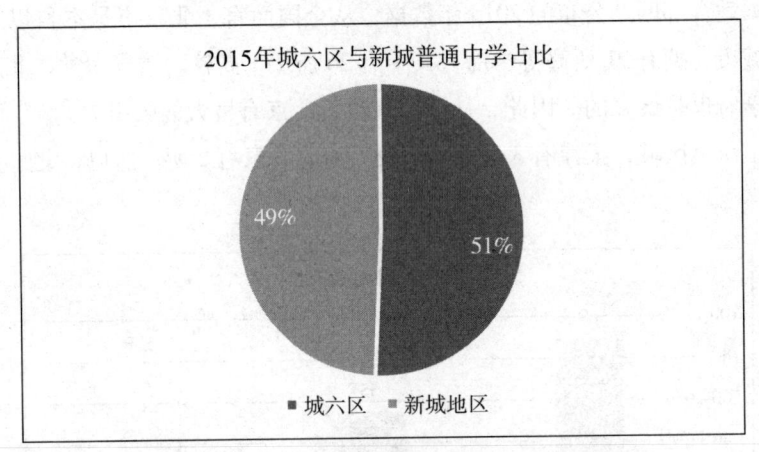

图35 2015年北京城六区与新城普通中学学校占比

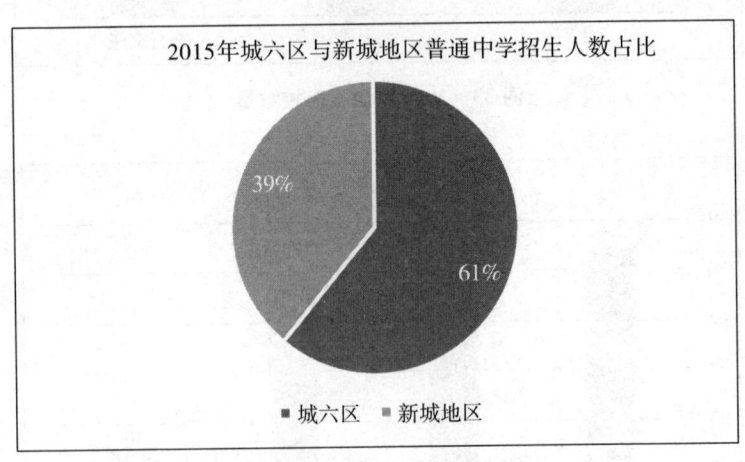

图36 2015年北京城六区与新城招生人数占比

但是，2015年城六区普通中学招生人数为89182人，占比为61%；新城地

区招生人数为 56713 人，占比为 39%。说明尽管城六区与新城地区普通中学学校数量大体相同，但城六区的学生人数比新城地区的学生人数要高 22%。居民送孩子到中心城优质高中读书的愿望很明显。

2015 年城六区普通中学毕业生人数为 89130 人，占比为 59%；新城地区毕业生人数为 61381 人，占比为 41%。同样说明居民送孩子到中心城优质高中读书的愿望很强。

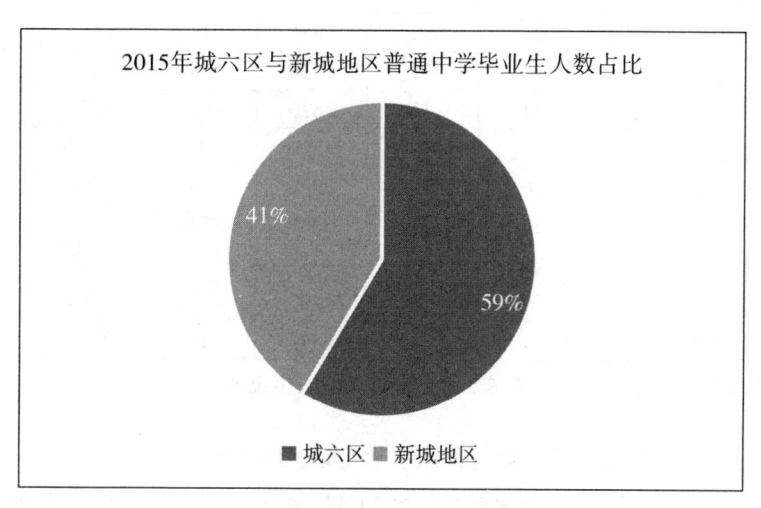

图 37　2015 年北京城六区与新城招生人数占比

表 18　2014—2015 年北京市普通中学情况

各　　区	普通中学校数（所）		普通中学招生数（人）		普通中学毕业生数（人）	
	2015	2014	2015	2014	2015	2014
全　　市	646	643	145895	157877	150511	147913
城六区	328	332	89182	96625	89130	86743
首都功能核心区	86	94	27226	28483	29229	29203
东城区	43	43	12301	12777	12905	12636
西城区	43	51	14925	15706	16324	16567
城市功能拓展区	242	238	61956	68142	59901	57540
朝阳区	91	89	16818	18260	15270	14184
丰台区	46	45	9100	10301	8042	7944
石景山区	27	27	3933	4694	4517	4532
海淀区	78	77	32105	34887	32072	30880
新城地区	318	311	56713	61252	61381	61170

续表

各　区	普通中学校数（所） 2015	普通中学校数（所） 2014	普通中学招生数（人） 2015	普通中学招生数（人） 2014	普通中学毕业生数（人） 2015	普通中学毕业生数（人） 2014
城市发展新区	215	210	40382	43150	42553	42209
房山区	47	47	8099	8868	8517	8644
通州区	41	40	8536	8911	7796	7584
顺义区	32	30	8851	9446	8857	8952
昌平区	51	50	7076	7296	8586	7733
大兴区	44	43	7820	8629	8797	9296
生态涵养发展区	103	101	16331	18102	18828	18961
门头沟区	16	14	2292	2437	2264	2036
怀柔区	23	23	3265	3742	3312	3470
平谷区	20	20	3415	3772	4225	4461
密云区	23	23	4465	4805	5264	5369
延庆区	21	21	2894	3346	3763	3625

资料来源：根据2016年《北京区域统计年鉴》计算整理

(2) 普通中学教职工人数与普通中学专任教师人数

2015年，城六区普通中学教职工数为48524人，占比为58%；新城地区为35446人，占比为42%。而2009年城六区为38206人，占比为47%；新城地区为33625人，占比为53%。说明，近年来北京市在师资方面投入有所增加，教职工人数有所增加，但是，师资力量更向城六区倾斜。

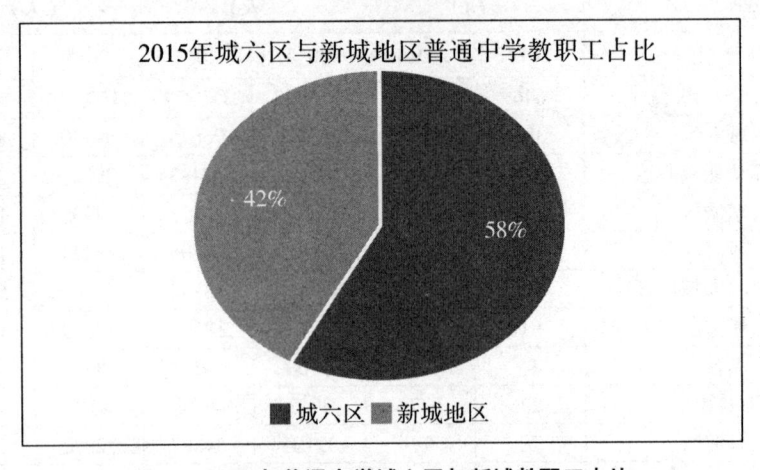

图38　2015年普通中学城六区与新城教职工占比

表19 2014—2015年北京市普通中学师资配置情况

各 区	普通中学教职工人数 2015	普通中学教职工人数 2014	普通中学专任教师人数 2015	普通中学专任教师人数 2014
全 市	83970	82224	63391	61043
城六区	48524	46610	37867	35608
首都功能核心区	14500	14694	11079	10933
东城区	6504	6564	4754	4716
西城区	7996	8130	6325	6217
城市功能拓展区	34024	31916	26788	24675
朝阳区	12407	10905	10190	8816
丰台区	5424	5438	4097	4016
石景山区	2641	2597	2030	1968
海淀区	13552	12976	10471	9875
新城地区	35446	35614	25524	25435
城市发展新区	24050	23908	18144	18009
房山区	4385	4553	3303	3373
通州区	4711	4654	3530	3434
顺义区	4792	4506	3569	3398
昌平区	5162	5201	3838	3925
大兴区	5000	4994	3904	3879
生态涵养发展区	11396	11706	7380	7426
门头沟区	1275	1266	907	888
怀柔区	2388	2424	1610	1614
平谷区	3161	3241	1691	1696
密云区	2376	2493	1708	1740
延庆区	2196	2282	1464	1488

资料来源：根据2016年《北京区域统计年鉴》计算整理

表20 2008—2009北京城六区与新城普通中学教职工情况比较

区县	普通中学教职工人数 2008	占全市比重(%)	2009	占全市比重(%)	普通中学专任教师人数 2008	占全市比重(%)	2009	占全市比重(%)
全　市	72693	100	71831	100	49880	100	50237	100
城六区	38127	52.4	38206	53.2	26371	52.9	27042	53.8
首都功能核心区	15334	21.1	15103	21	10231	20.5	10245	20.4
城市功能拓展区	22793	31.4	23103	32.2	16140	32.4	16797	33.4
新城地区	34566	47.6	33625	46.8	23509	47.1	23195	46.2
城市发展新区	21778	30.0	21152	29.4	15360	30.8	15260	30.4
生态涵养发展区	12788	17.6	12473	17.4	8149	16.3	7935	15.8

资料来源：根据2009年《北京区域统计年鉴》计算整理

2015年，城六区普通中学专任教师数为37867人，占比为60%；新城地区为25435人，占比为40%。而2009年城六区为27042人，占比为54%；新城地区为23195人，占比为46%。也说明近年来北京市在师资方面投入向城六区倾斜。

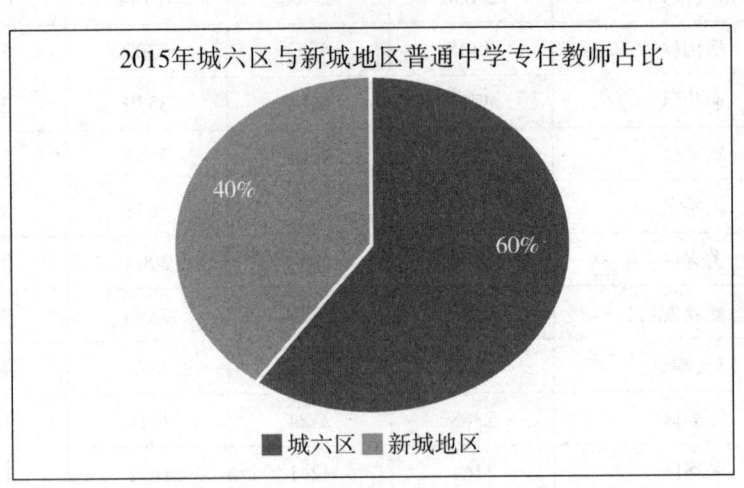

图39 2015年北京城六区与新城地区普通中学专职教师占比

（3）高中优质教育资源高度在北京城六区聚集

北京市高中教育资源城六区与新城出现明显差异。以2010年为例，示范高中数与普通高中数均呈三七开局面。优质教育资源向城六区集中非常明显。近年来没有什么变化。

表 21　2010 年北京城六区与新城高中教育资源比较

区县	示范高中数 数量	示范高中数 占全市比重（%）	普通高中数 数量	普通高中数 占全市比重（%）
全　市	74	100	193	100
城六区	52	70.27	137	70.98
首都功能核心区	27	36.49	48	24.87
原东城区	7	9.46	17	8.81
原西城区	9	12.16	19	9.84
原崇文区	5	6.76	4	2.07
原宣武区	6	8.11	8	4.15
城市功能拓展区	25	33.78	89	46.11
朝阳区	7	9.46	23	11.92
海淀区	11	14.86	46	23.83
丰台区	4	5.41	15	7.77
石景山区	3	4.05	5	2.59
新城地区	22	29.73	56	29.01
城市发展新区	14	18.92	45	23.31
房山区	4	5.41	11	5.70
通州区	3	4.05	8	4.15
顺义区	3	4.05	5	2.59
昌平区	2	2.70	11	5.70
大兴区	2	2.70	10	5.18
生态涵养发展区	8	10.8	11	5.70
门头沟区	1	1.35	2	1.04
怀柔区	1	1.35	3	1.55
平谷区	2	2.70	2	1.04
密云区	3	4.05	2	1.04
延庆县	1	1.35	2	1.04

资料来源：北京市教委网站

3. 小学教育资源配置现状分析

（1）小学学校数与小学毕业生人数

2015年，城六区小学学校数为413所，占比42%；新城地区小学学校数为583所，占比58%。但学生招生数、毕业数和学校数正好是相反的。城六区招生数为86448人，占比59%；而新城地区招生数为59388人，占比为41%。城六区毕业生数为60628人，占比为58%；新城地区为43265人，占比为42%。数据表明，由于小学是义务教育，新城的普及性较好。新城的小学学校数比城六区还多16%。但城六区的招生数、毕业生数反而比新城要高18%。这应该是居民愿意送孩子到城六区优质小学读书愿望的体现。

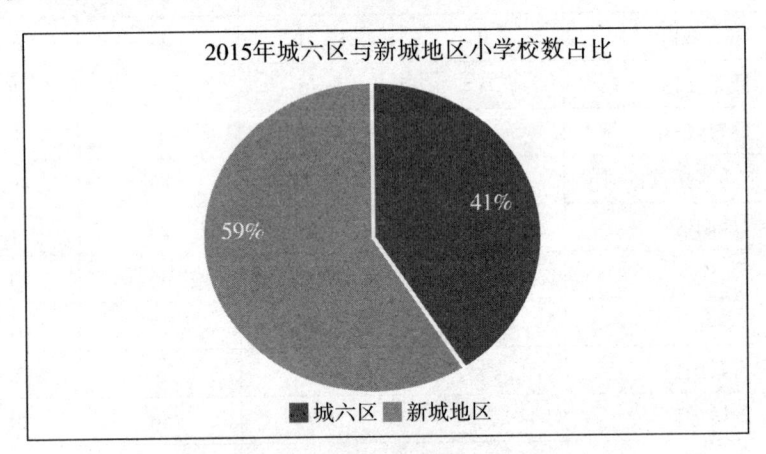

图40　2015年北京城六区与新城小学校数占比

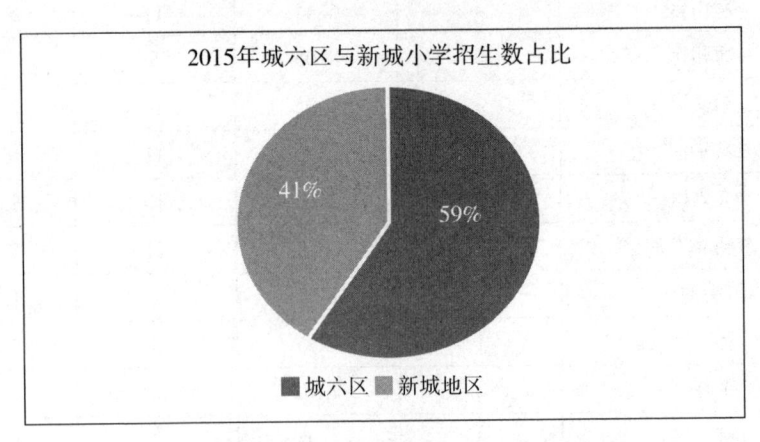

图41　2015年北京城六区与新城小学招生数占比

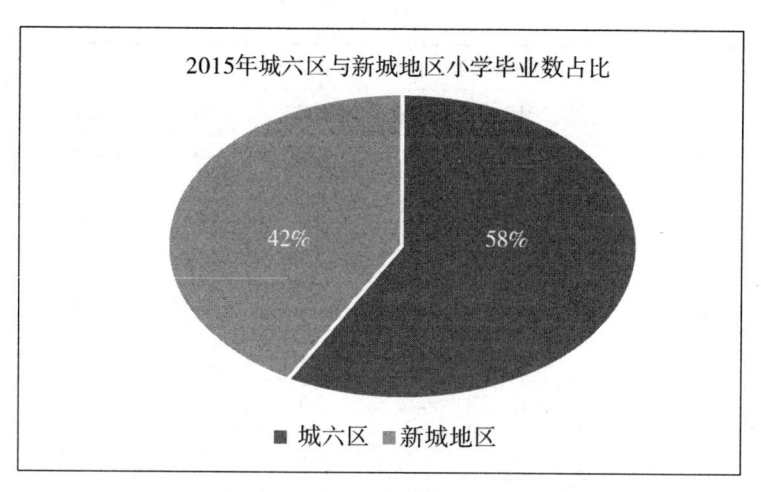

第七章 制约北京市有效调控人口的主要因素

图42 2015年北京城六区与新城小学毕业数占比

表22 2014—2015北京城六区与新城小学情况

各 区	小学校数（所） 2015	小学校数（所） 2014	小学招生数（人） 2015	小学招生数（人） 2014	小学毕业生数（人） 2015	小学毕业生数（人） 2014
全 市	996	1040	145876	153249	103893	112819
城六区	413	459	86488	93318	60628	66057
首都功能核心区	123	124	22669	22061	14882	16281
东城区	63	64	9595	9573	7093	7721
西城区	60	60	13074	12488	7789	8560
城市功能拓展区	290	335	63819	71257	45746	49776
朝阳区	86	122	21176	25745	14221	15309
丰台区	77	78	10505	12928	9435	10069
石景山区	30	31	3866	4402	3058	3486
海淀区	97	104	28272	28182	19032	20912
新城地区	583	581	59388	59931	43265	46762
城市发展新区	427	424	45372	45417	32910	34820
房山区	108	106	8448	9391	6040	6603
通州区	84	83	10640	9709	7403	7465
顺义区	46	45	7508	7503	5238	5493
昌平区	91	91	7910	8177	7264	7678

续表

各　区	小学校数（所） 2015	小学校数（所） 2014	小学招生数（人） 2015	小学招生数（人） 2014	小学毕业生数（人） 2015	小学毕业生数（人） 2014
大兴区	98	99	10866	10637	6965	7581
生态涵养发展区	156	157	14016	14514	10355	11942
门头沟区	22	23	2223	2180	1578	1836
怀柔区	24	24	2926	3043	2143	2533
平谷区	42	42	3007	3179	2194	2419
密云区	40	40	3761	3835	2755	3091
延庆区	28	28	2099	2277	1685	2063

资料来源：根据2016年《北京区域统计年鉴》计算整理

（2）小学教职工人数与小学专任教师人数

2015年，城六区小学教职工人数为31582人，占比54%，2008年为50%，相比2008年提高了4个百分点；专任教师为50053人，占比为56%，相比2008年的50%，提高了6个百分点。新城地区的教职工人数为27026人，占比为46%，相比2008年的51%，减少了5个百分点；新城专任教师占比为44%，相比2008年的54%，减少了10个百分点。数据表明，城六区的教职工与专任教师比例在不断提高，而新城的教职工及专任教师比例不断减少，这不利于新城教学质量的提高。

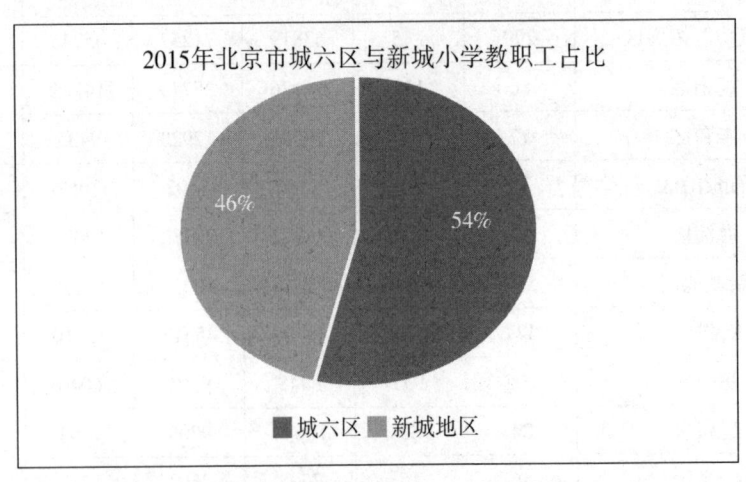

图43　2015年北京城六区与新城地区小学教职工占比

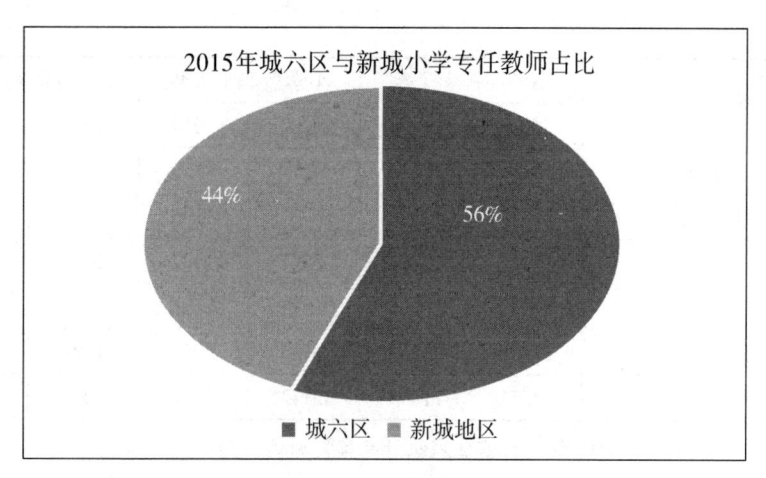

图 44 2015年北京城六区与新城地区小学专任教师占比

表 23 2014—2015年城六区与新城地区小学教职工情况

各 区	小学在校学生数 2015	小学在校学生数 2014	小学教职工人数 2015	小学教职工人数 2014	小学专任教师人数 2015	小学专任教师人数 2014
全 市	850321	821152	58308	58108	50053	49434
城六区	503568	484912	31282	31582	28138	28189
首都功能核心区	122224	115309	9800	9349	8476	7987
东城区	52972	50845	4676	4604	3787	3719
西城区	69252	64464	5124	4745	4689	4268
城市功能拓展区	381344	369603	21482	22233	19662	20202
朝阳区	132877	128030	7253	8331	6795	7680
丰台区	69114	70432	4824	4786	4214	4133
石景山区	23780	23479	1534	1563	1353	1378
海淀区	155573	147662	7871	7553	7300	7011
新城地区	346753	336240	27026	26526	21915	21245
城市发展新区	266297	258522	18773	18151	15874	15232
房山区	48192	46563	3696	3613	2961	2867
通州区	62141	60717	4092	4001	3630	3542
顺义区	42784	40994	3196	2948	2615	2396
昌平区	53910	54049	3715	3570	3156	3017
大兴区	59270	56199	4074	4019	3512	3410

续表

各　　区	小学在校学生数		小学教职工人数		小学专任教师人数	
	2015	2014	2015	2014	2015	2014
生态涵养发展区	80456	77718	8253	8375	6041	6013
门头沟区	11747	11314	1140	1195	881	896
怀柔区	16983	16500	1565	1622	1080	1106
平谷区	17330	16686	2146	2185	1478	1469
密云区	22145	21319	2060	2023	1524	1482
延庆区	12251	11899	1342	1350	1078	1060

资料来源：根据2016年《北京区域统计年鉴》计算整理

4. 学前教育资源配置现状分析

（1）幼儿园与在园儿童数分布

2015年，城六区幼儿园数为656所，占比为46%，比2009年的59%，大幅下降了13%；新城为804所，占比为54%，比2009年的41%增加了13%。说明幼儿园更多的在新城配置，有利于学前教育资源的均衡配置。

2015年城六区在园幼儿数为215128人，占比达55%，新城地区为178993人，占比为45%。专任教师数为34040人，占比达58%，新城地区为14544人，占比为42%。在园幼儿数与专任教师数比例与幼儿园数目比例正好相反，说明家长还是愿意把孩子送到质量高一些的幼儿园，新城单纯增加幼儿园的数量是没有意义的，还需要提高幼儿园的质量。

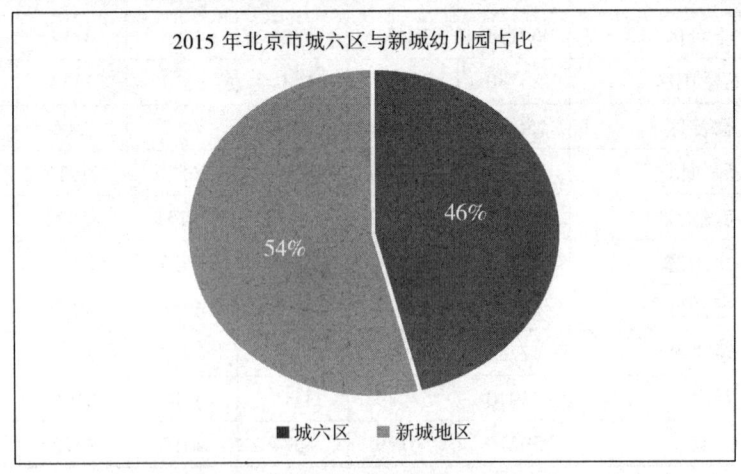

图45　2015年北京城六区与新城幼儿园占比

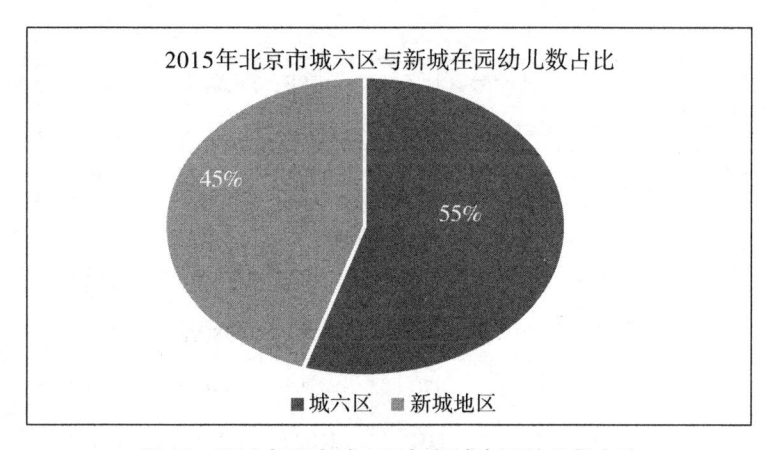

图 46　2015 年北京城六区与新城在园幼儿数占比

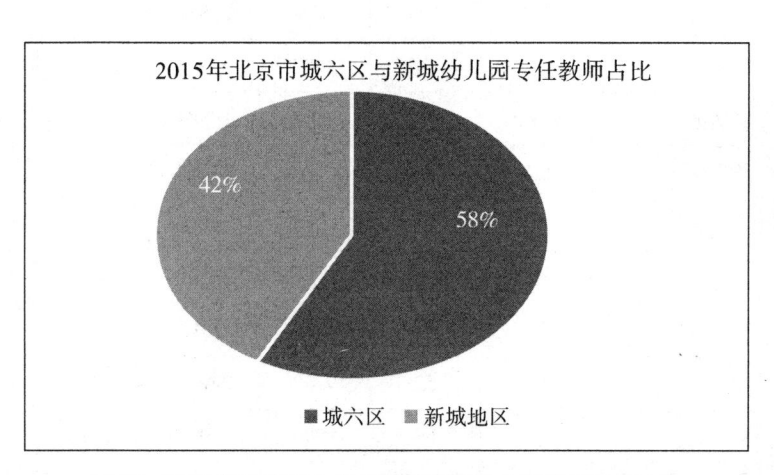

图 47　2015 年北京城六区与新城在园幼儿数专任教师占比

表 24　2015 年北京城六区与新城地区专任教师占比

各　区	幼儿园数（所）		在园幼儿数		专任教师数	
	2015	2014	2015	2014	2015	2014
全　市	1487	1426	394121	364954	34040	31692
城六区	683	656	215128	204058	19486	18522
首都功能核心区	120	118	31591	29891	3289	2996
东城区	51	50	14464	13193	1473	1347
西城区	69	68	17127	16698	1816	1649
城市功能拓展区	563	538	183537	174167	16197	15526

续表

各 区	幼儿园数（所）		在园幼儿数		专任教师数	
	2015	2014	2015	2014	2015	2014
朝阳区	214	203	66518	62329	6554	6314
丰台区	139	132	41724	40401	3521	3350
石景山区	50	48	14853	13409	1205	1176
海淀区	160	155	60442	58028	4917	4686
新城地区	804	770	178993	160896	14554	13170
城市发展新区	527	504	136070	121776	10984	9905
房山区	104	103	30280	28878	2746	2706
通州区	138	136	28817	25455	2519	2153
顺义区	96	83	22749	19184	1461	1311
昌平区	112	111	25854	23294	2512	2198
大兴区	77	71	28370	24965	1746	1537
生态涵养发展区	277	266	42923	39120	3570	3265
门头沟区	29	28	5943	5241	528	475
怀柔区	63	52	9523	8642	761	663
平谷区	63	62	9098	8393	659	629
密云区	70	68	11316	10343	996	920
延庆区	52	56	7043	6501	626	578

资料来源：根据2016年《北京区域统计年鉴》计算整理

（2）一级一类幼儿园分布情况

一级一类幼儿园是学前教育中最好的教育资源，无论是硬件设施，还是教学质量都达到了较高水平。但在城六区和新城的分布极不平衡。按北京市教委2007年发布的数据，全市共有一级一类幼儿园281所，其中城六区有238所，占全市的84.7%；新城才有43所，占全市的15.3%。

二、医疗卫生资源在北京城六区高度聚集

1. 三级甲等医院配置现状

从全国来看,北京的医院数量是最多的。无论是在京津石,还是京上广深,北京的医院数量及医疗条件都是最好的。

2014年京津石医院数

城市	医院数
北京	672
天津	631
石家庄	386

图48　2014年京津石医院数量比较

2014年京上广深医院数

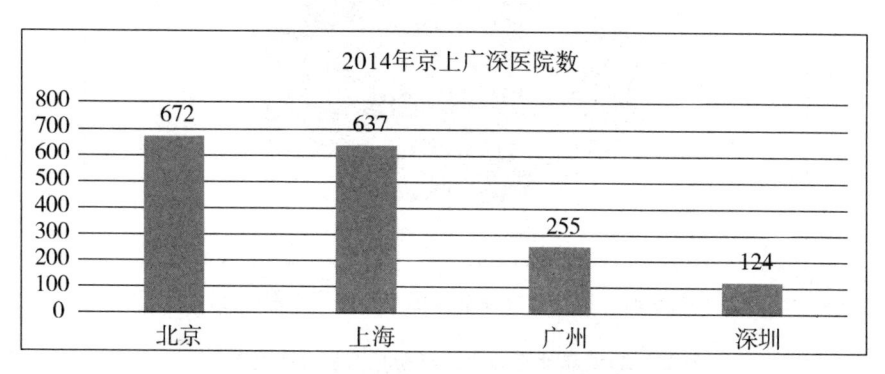

城市	医院数
北京	672
上海	637
广州	255
深圳	124

图49　2014年京上广深医院数量比较

北京目前一共有65家三级甲等医院,其中城六区拥有60家,占全市三级甲等医院数量的92.31%;而新城只有5家,占全市的7.69%。因此,在北京市范围优质医疗资源分布也严重不均衡。造成有大病、急病,居民都要跑到城六区就医;不仅如此,北京很多医院如安贞医院、天坛医院、协和医院等还承担着治疗全国疑难杂症的任务,造成城六区有大量的进京就医流动人口,增加了城六区人口的压力。

2. 卫生机构配置现状分析

城六区与新城的医疗卫生机构严重失衡,优质医疗卫生资源明显在城六区过度集中,而低端的医疗卫生资源在新城反而比较多。城六区与新城的医院比例为64∶36,门诊部比例为:21∶79。

2015年城六区与新城医院占比

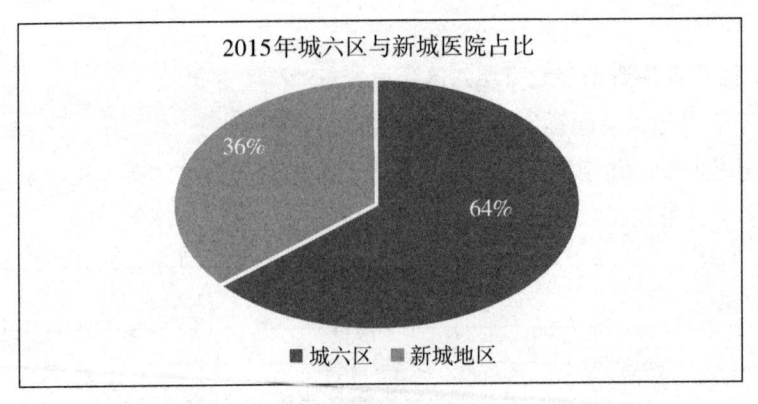

城六区 36%　新城地区 64%

图50　2015年北京城六区与新城医院占比

2015年城六区与新城门诊部占比

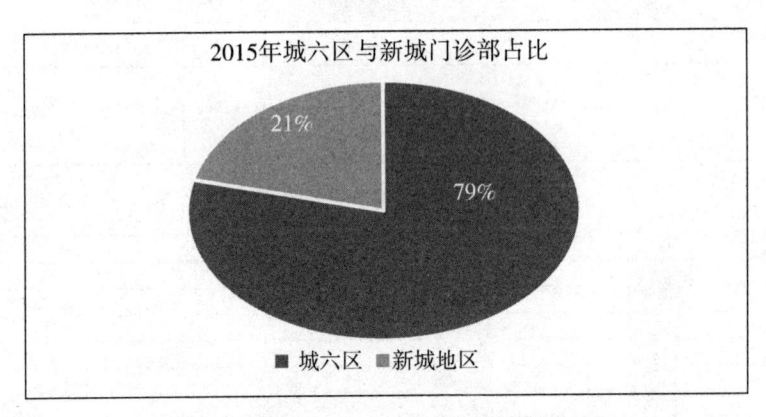

城六区 79%　新城地区 21%

图51　2015年北京城六区与新城门诊部占比

表25　2015年北京城六区与新城卫生机构配置情况

各 区	卫生机构	#医院	#社区卫生服务中心（站）	#门诊部	妇幼保健院（所、站）	疾病预防控制中心（防疫站）	专科疾病防治院（所、站）	诊所、卫生所、医务室、护理站
全　市	10425	701	1979	1070	19	30	25	3630
城六区	4397	451	854	846	8	17	12	2074
首都功能核心区	1216	113	161	154	4	11	6	726
东城区	570	65	65	81	2	3	3	332
西城区	646	48	96	73	2	8	3	394

续表

各 区	卫生机构	#医院	#社区卫生服务中心（站）	#门诊部	#妇幼保健院（所、站）	#疾病预防控制中心（防疫站）	#专科疾病防治院（所、站）	诊所、卫生所、医务室、护理站
城市功能拓展区	3181	338	693	692	4	6	6	1348
朝阳区	1362	161	266	327	1	2	1	577
丰台区	554	70	173	107	1	1	1	171
石景山区	212	23	56	12	1	1	1	114
海淀区	1053	84	198	246	1	2	3	486
新城地区	6009	231	1125	224	11	13	13	1556
城市发展新区	3987	182	797	210	6	7	6	1166
房山区	984	34	218	34	2	2	2	155
通州区	611	21	89	52	1	1	1	90
顺义区	707	14	202	23	1	1	1	273
昌平区	907	71	136	61	1	1	1	363
大兴区	778	42	152	40	1	2	1	285
生态涵养发展区	2022	49	328	14	5	6	7	390
门头沟区	259	13	39	2	1	2	1	54
怀柔区	481	12	72	9	1	1	1	103
平谷区	437	7	153	1	1	1	2	62
密云区	589	14	44	1	1	1	2	114
延庆区	256	3	20	1	1	1	1	57

资料来源：根据2016年《北京区域统计年鉴》计算整理

3. 医院与卫生院诊疗、门诊现状分析

中心城医院、卫生院的诊疗人次数、门诊及健康检查人数明显高于新城地区，大致为七三开。一方面说明居民倾向到医疗条件好的中心城医院看病及做健康检查；另一方面说明中心城的居民保健意识更强一些。

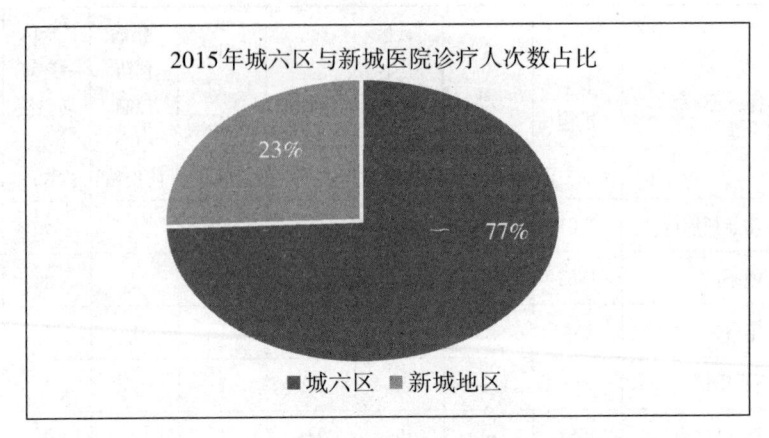

图 52　2015 年北京城六区与新城医院诊疗人次数占比

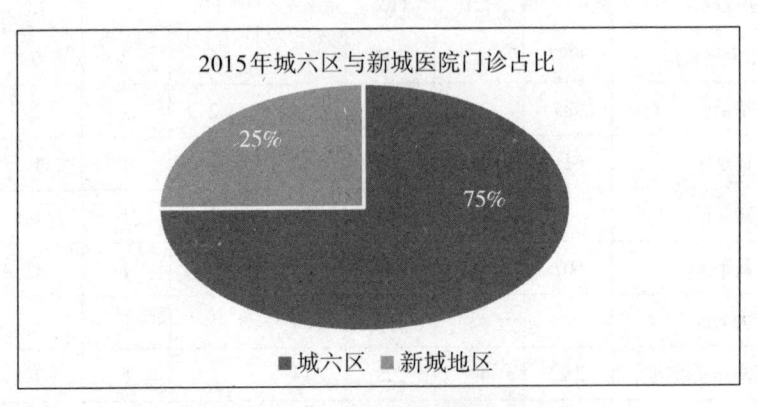

图 53　2015 年北京城六区与新城地区门诊占比

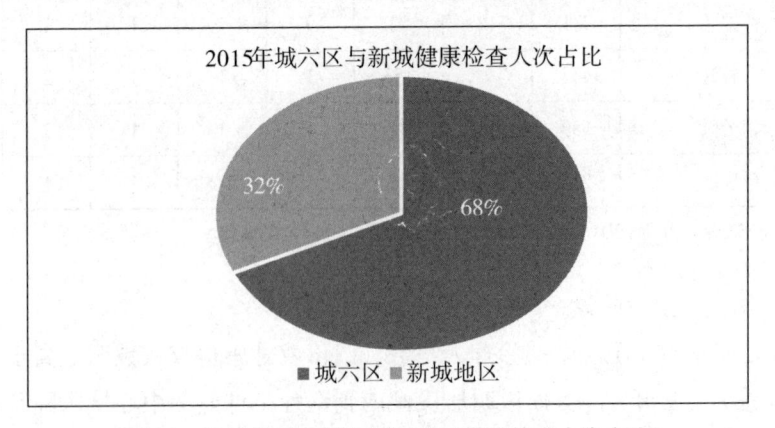

图 54　2015 年北京城六区与新城健康检查人次占比

表26　2014—2015年北京城六区与新城门诊情况

各　区	诊疗人次数（千人次） 2015	诊疗人次数（千人次） 2014	#门　诊 2015	#门　诊 2014	健康检查人次（千人次）2015	健康检查人次（千人次）2014
全　市	163497.9	157509.2	136284.0	132351.5	3446.0	3223.4
城六区	108792.6	107106.9	102194.8	100234.1	2359.1	2201.2
首都功能核心区	48965.0	48562.0	46413.5	45939.6	703.8	650.4
东城区	20779.2	20516.1	19767.8	19473.5	357.0	266.9
西城区	28185.9	28045.9	26645.7	26466.1	346.8	383.4
城市功能拓展区	59827.6	58544.9	55781.3	54294.5	1655.3	1550.8
朝阳区	26987.9	26293.9	25044.4	24213.7	670.6	628.6
丰台区	10292.4	10223.6	9477.6	9421.0	252.6	223.0
石景山区	4116.9	3922.0	3890.1	3676.7	172.7	134.5
海淀区	18430.4	18105.4	17369.1	16983.2	559.2	564.7
新城地区	37057.1	35246.7	34089.0	32117.4	1086.9	1022.2
城市发展新区	26973.3	25545.0	24799.1	23238.2	713.5	677.9
房山区	6650.0	6353.7	6256.0	5964.4	122.8	119.1
通州区	4743.5	4415.9	4263.0	3921.8	114.2	114.6
顺义区	4385.4	4051.8	4034.6	3684.5	178.5	154.0
昌平区	5955.7	5637.0	5459.6	5066.9	170.5	179.0
大兴区	5238.7	5086.6	4786.0	4600.7	127.5	111.2
生态涵养发展区	10083.7	9701.7	9290.1	8879.2	373.4	344.4
门头沟区	2057.6	1890.2	1926.0	1752.8	80.7	79.2
怀柔区	2037.3	1948.7	1847.7	1747.7	94.0	80.2
平谷区	2357.7	2294.9	2159.9	2099.0	53.3	57.1
密云区	2383.0	2298.7	2179.5	2080.4	76.6	63.6
延庆区	1248.1	1269.4	1177.0	1199.2	68.8	64.3

资料来源：根据2016年《北京区域统计年鉴》计算整理

三、公共图书馆在北京城六区高度聚集

2009年，中心城区（原城八区，现城六区）与新城地区图书馆的比例为56∶44，接近六四开。2009年，中心城区的总藏书为全市占比的88.99%，接近

9成；总流通人次为全市占比的82.59%；书刊外借册次数占到74.98%。优质图书资源明显在中心城集中。

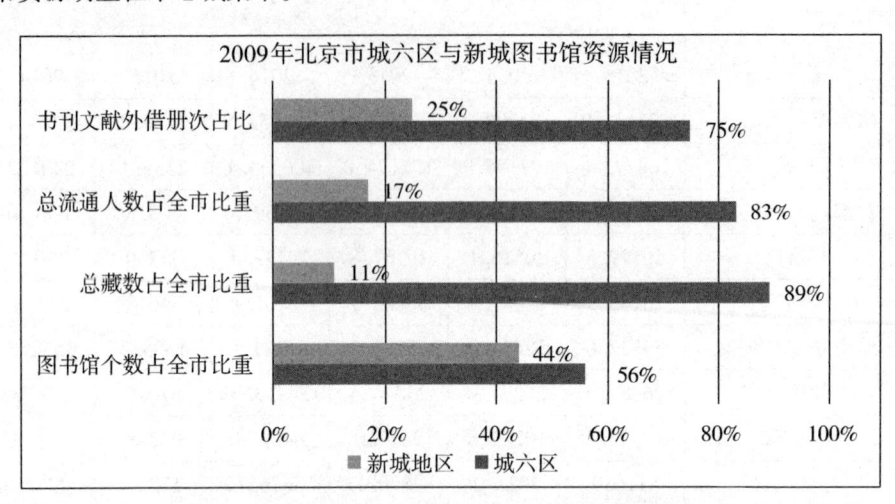

2009年北京市城六区与新城图书馆资源情况

- 书刊文献外借册次占比：新城地区 25%，城六区 75%
- 总流通人数占全市比重：新城地区 17%，城六区 83%
- 总藏数占全市比重：新城地区 11%，城六区 89%
- 图书馆个数占全市比重：新城地区 44%，城六区 56%

图55　2009年北京中心城区与新城地区图书馆情况比较

表27　2009年北京中心城与城六区公共图书馆情况比较

区县	公共图书馆 个数	占比(%)	总藏数（万册、万件）数量	占比(%)	总流通人次（万人次）数量	占比(%)	书刊外借册次（万册次）数量	占比(%)
全　市	25	100	4368	100	1344	100	1111	100
中心城地区	14	56	3887	88.99	1110	82.59	833	74.98
首都功能核心区	5	20	227	5.20	131	9.75	144	12.96
原东城区	1	4	47	1.08	40	2.98	32	2.88
原西城区	2	8	85	1.95	54	4.02	60	5.40
原崇文区	1	4	48	1.10	13	0.97	21	1.89
原宣武区	1	4	47	1.08	24	1.79	31	2.79
城市功能拓展区	9	36	3660	83.79	979	72.84	689	62.02
朝阳区	3	12	659	15.09	351	26.12	320	28.80
丰台区	2	8	59	1.35	30	2.23	45	4.05
石景山区	2	8	82	1.88	53	3.94	73	6.57
海淀区	2	8	2860	65.48	545	40.55	251	22.59
新城地区	11	44	481	11.01	235	17.49	278	25.02
城市发展新区	6	24	261	5.98	118	8.78	159	14.31

续表

区县	公共图书馆 个数	占比（%）	总藏数（万册、万件）数量	占比（%）	总流通人次（万人次）数量	占比（%）	书刊外借册次（万册次）数量	占比（%）
大兴区	1	4	63	1.44	19	1.41	43	3.87
房山区	2	8	70	1.60	27	2.01	30	2.70
通州区	1	4	32	0.73	20	1.49	25	2.25
顺义区	1	4	41	0.94	24	1.79	32	2.88
昌平区	1	4	55	1.26	28	2.08	29	2.61
生态涵养发展区	5	20	220	5.04	117	8.71	119	10.71
门头沟区	1	4	44	1.01	21	1.56	23	2.07
怀柔区	1	4	46	1.05	43	3.20	35	3.15
平谷区	1	4	66	1.51	22	1.64	30	2.70
密云县	1	4	40	0.92	12	0.89	13	1.17
延庆县	1	4	24	0.55	19	1.41	18	1.62

资料来源：根据2010年《北京区域统计年鉴》计算整理

2015年，城六区与新城地区图书馆的比例仍56:44，没有任何变化。中心城地区的总藏书为全市占比的87%，比2009年，只下降两个百分点；总流通人次为全市占比的81%，只下降1.6个百分点；书刊外借册次数占到73%，也只下降2个百分点。绝大多数优质图书资源仍在中心城集中。

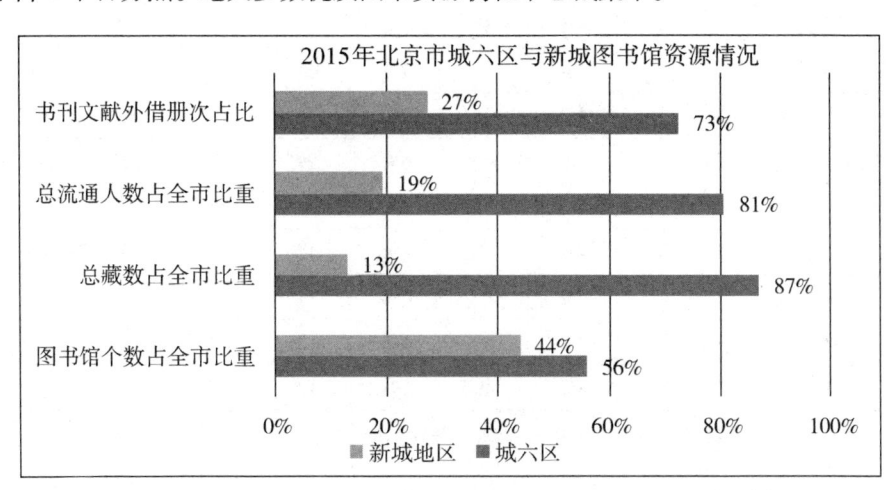

图56　2015年北京城六区与新城地区图书馆资源占比

表 28　2015 年北京城六区与新城地区图书馆情况

各区	个数（个） 2015	占比	总藏数（万册、万件） 2015	占比	总流通人次（万人次） 2015	占比	书刊文献外借册次（万册次） 2015	占比
全　市	25	100%	5943	100%	1652	100%	1006	100%
城六区	14	56%	5165	87%	1332	81%	730	73%
首都功能核心区	5	20%	322	5%	234	14%	208	21%
东城区	2	8%	139	2%	76	5%	79	8%
西城区	3	12%	183	3%	158	10%	129	13%
城市功能拓展区	9	36%	4843	81%	1098	66%	522	52%
朝阳区	3	12%	1025	17%	590	36%	332	33%
丰台区	2	8%	96	2%	41	2%	47	5%
石景山区	2	8%	108	2%	57	3%	49	5%
海淀区	2	8%	3614	61%	410	25%	94	9%
新城地区	11	44%	778	13%	320	19%	276	27%
城市发展新区	6	24%	420	7%	221	13%	172	17%
房山区	2	8%	111	2%	26	2%	33	3%
通州区	1	4%	61	1%	73	4%	38	4%
顺义区	1	4%	88	1%	35	2%	32	3%
昌平区	1	4%	65	1%	41	2%	39	4%
大兴区	1	4%	95	2%	46	3%	30	3%
生态涵养发展区	5	20%	358	6%	99	6%	104	10%
门头沟区	1	4%	87	1%	1	0%	13	1%
怀柔区	1	4%	68	1%	48	3%	39	4%
平谷区	1	4%	85	1%	21	1%	17	2%
密云区	1	4%	69	1%	12	1%	17	2%
延庆区	1	4%	49	1%	17	1%	18	2%

资料来源：根据 2016 年《北京区域统计年鉴》计算整理

四、体育场馆在北京城六区高度聚集

2009年，中心城区与新城的体育场地个数均分秋色，但体育馆和游泳馆的数量远远高于新城地区，达到或超过七三开比例；体育场和各种训练房也都在六四开比例。优质体育资源也相对集中在城六区。

2009年北京市城六区与新城地区各种体育设施配置情况

- 各种训练房占全市比重：新城地区 41%，城六区 59%
- 游泳场馆占全市比重：新城地区 33%，城六区 67%
- 体育馆占全市比重：新城地区 24%，城六区 76%
- 体育场占全市比重：新城地区 36%，城六区 64%
- 体育场地个数占全市比重：新城地区 50%，城六区 50%

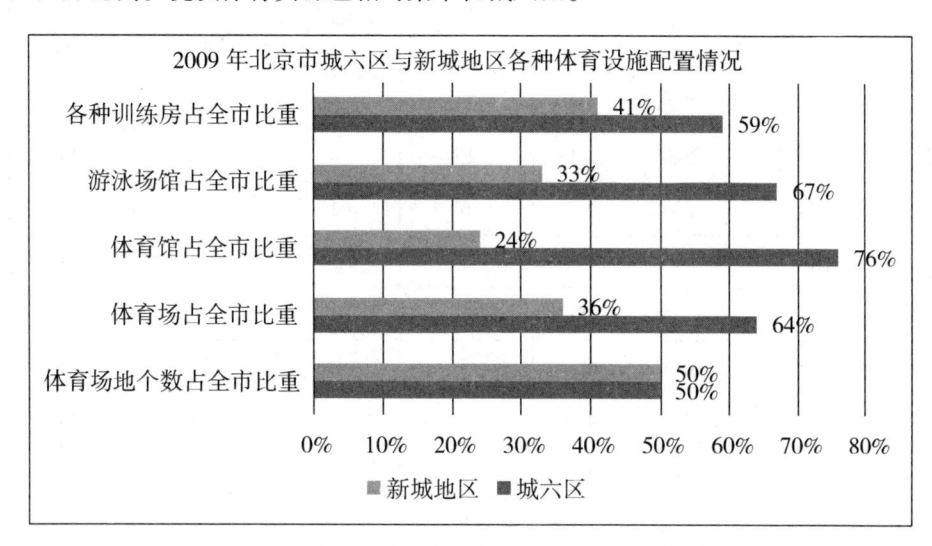

图57 2009年北京中心城与新城地区各种体育场地占比

表29 2008—2009年北京中心城与新城地区体育场地情况

区县	体育场地个数 2008年	体育场地个数 2009年	在2009年体育场地个数中 体育场	体育馆	游泳场馆	各种训练房
全 市	6149	6149	94	37	446	1739
中心城地区	3103	3103	60	28	398	1033
首都功能核心区	691	691	7	4	65	375
原东城区	255	255	1	2	37	168
原西城区	245	245	1	1	8	118
原崇文区	116	116	1	—	6	46
原宣武区	75	75	4	1	14	43
城市功能拓展区	2412	2412	53	24	235	658
朝阳区	876	876	14	6	132	326

续表

区县	体育场地个数 2008年	体育场地个数 2009年	在2009年体育场地个数中 体育场	体育馆	游泳场馆	各种训练房
丰台区	372	372	6	3	23	112
石景山区	57	57	2	4	11	11
海淀区	1107	1107	31	11	69	209
新城地区	3046	3046	34	9	146	706
城市发展新区	2033	2033	25	4	98	451
大兴区	237	237	6	1	11	38
房山区	414	414	4	—	14	50
通州区	286	286	3	1	9	38
顺义区	608	608	3	—	20	208
昌平区	488	488	9	2	44	117
生态涵养发展区	1013	1013	9	5	48	255
门头沟区	57	57	1	1	5	12
怀柔区	317	317	3	1	17	94
平谷区	245	245	2	1	8	80
密云县	249	249	1	—	10	43
延庆县	145	145	2	2	8	26

资料来源：根据历年《北京区域统计年鉴》计算整理

表30 2009年北京中心城与新城地区各种体育场地占比

区县	体育场地个数 2009年	占比(%)	体育场 2009年	占比(%)	体育馆 2009年	占比(%)	游泳场馆 2009年	占比(%)	各种训练房 2009年	占比(%)
全市	6149	100	94	100	37	100	446	100	1739	100
中心城地区	3103	50.4	60	63.8	28	75.7	300	67.3	1033	59.4
首都功能核心区	691	11.2	7	7.4	4	10.8	65	14.6	375	36.3

续表

区县	体育场地个数 2009年	占比（%）	体育场 2009年	占比（%）	体育馆 2009年	占比（%）	游泳场馆 2009年	占比（%）	各种训练房 2009年	占比（%）
城市功能拓展区	2412	39.2	53	56.4	24	64.9	235	52.7	658	37.8
新城地区	3046	49.5	34	36.2	9	24.3	146	32.7	706	40.6
城市发展新区	2033	33.1	25	26.6	4	10.8	98	22	451	25.9
生态涵养发展区	1013	16.5	9	9.6	5	13.5	48	10.8	255	14.7

资料来源：根据历年《北京区域统计年鉴》计算整理

2015年，北京市城六区与新城的体育场地总数为20075个，城六区为8243个，新城地区为11832个，新城地区的体育场地个数已经远远超出中心城区。新城地区占比达到59%。但是大部分优质体育场馆资源仍然在中心城区。其中，体育馆中心城区占比达到61%，新城地区仅为39%；游泳场馆中心城区占比更是达到了67%，新城地区只占33%。而层次较低的体育场新城地区反而占了53%，各种训练房在新城地区更是占到了59%。

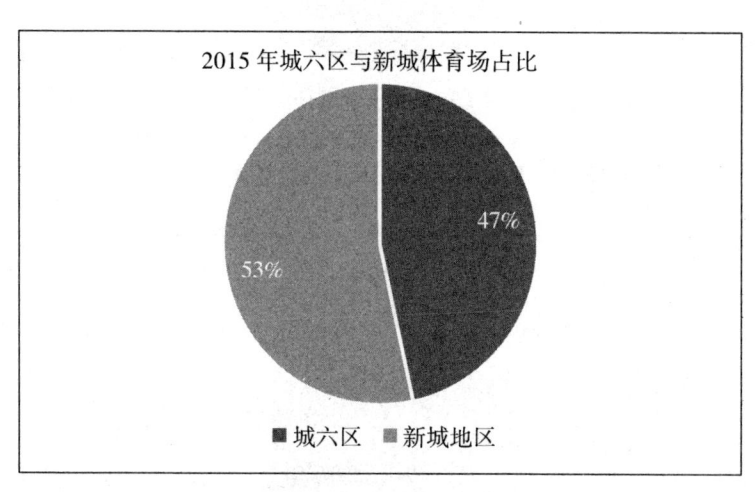

图58 2015年北京城六区与新城地区体育场馆对比

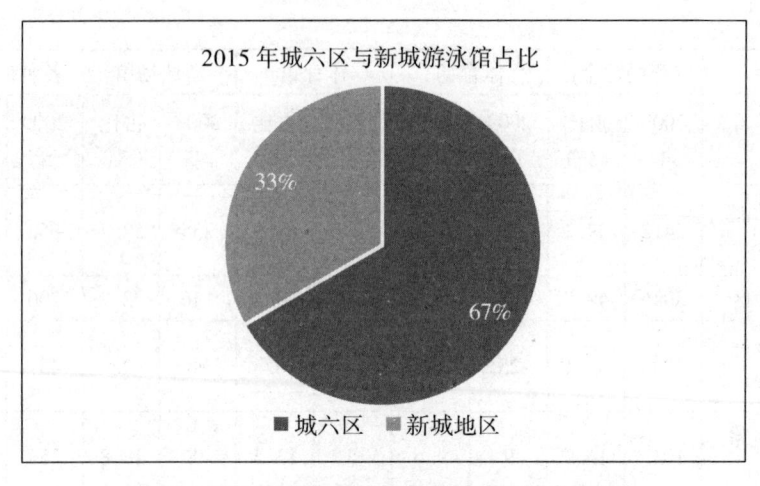

图59　2015年北京城六区与新城地区游泳馆对比

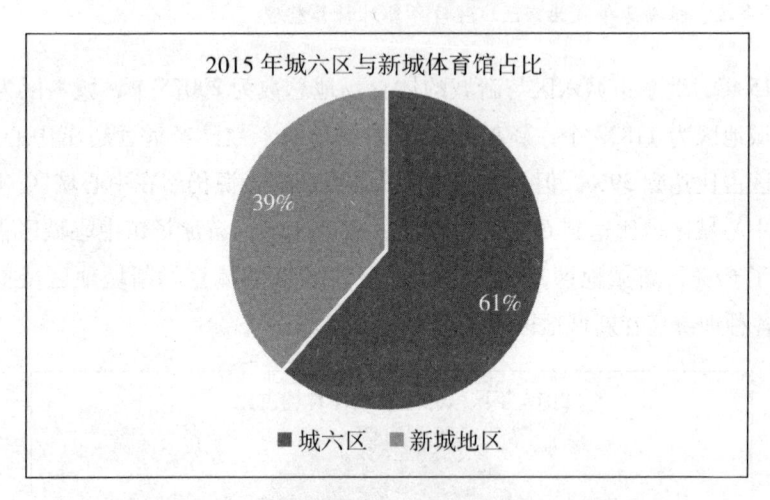

图60　2015年北京城六区与新城地区体育馆对比

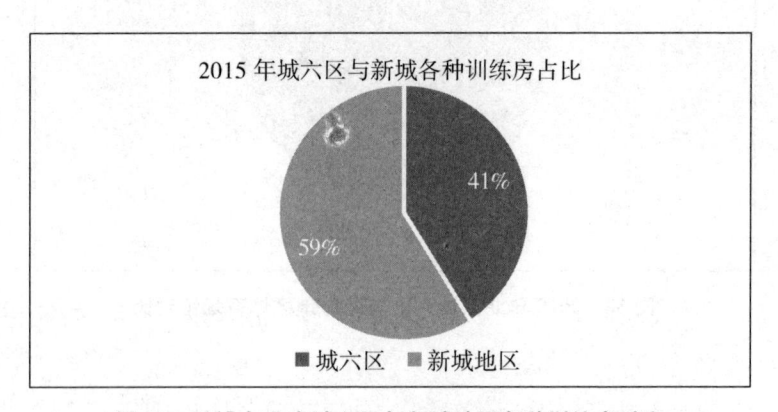

图61　2015年北京城六区与新城地区各种训练房对比

第七章 制约北京市有效调控人口的主要因素

2015年城六区与新城体育场地数占比

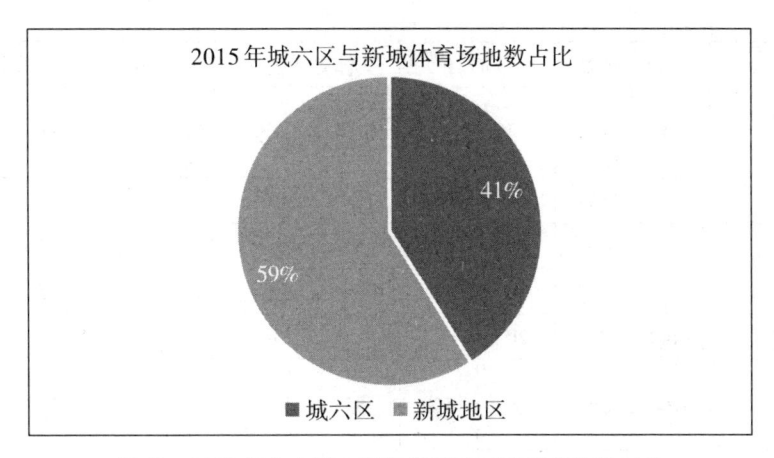

- 城六区 41%
- 新城地区 59%

图62　2015年北京城六区与新城地区体育场地数对比

表31　2015年北京城六区与新城地区体育场地分布情况

各区	体育场地数 个数	占比	体育场 个数	占比	体育馆 个数	占比	游泳场馆数 个数	占比	各种训练房 个数	占比
全　市	20075	100%	131	100%	70	100%	590	100%	2836	100%
城六区	8243	41%	61	47%	43	61%	394	67%	1164	41%
首都功能核心区	1756	9%	10	8%	6	9%	104	18%	367	13%
东城区	698	3%	3	2%	2	3%	57	10%	197	7%
西城区	1058	5%	7	5%	4	6%	47	8%	170	6%
城市功能拓展区	6487	32%	51	39%	37	53%	290	49%	797	28%
朝阳区	2600	13%	9	7%	7	10%	188	32%	408	14%
丰台区	1275	6%	4	3%	3	4%	31	5%	192	7%
石景山区	213	1%	2	2%	5	7%	12	2%	27	1%
海淀区	2399	12%	36	27%	22	31%	59	10%	170	6%
新城地区	11832	59%	70	53%	27	39%	196	33%	1672	59%
城市发展新区	8372	42%	63	48%	19	27%	176	30%	1350	48%
房山区	1545	8%	9	7%	4	6%	11	2%	86	3%

续表

各区	体育场地数 个数	体育场地数 占比	体育场 个数	体育场 占比	体育馆 个数	体育馆 占比	游泳场馆数 个数	游泳场馆数 占比	各种训练房 个数	各种训练房 占比
通州区	950	5%	14	11%	5	7%	18	3%	53	2%
顺义区	2285	11%	10	8%	5	7%	51	9%	567	20%
昌平区	2143	11%	10	8%	5	7%	72	12%	465	16%
大兴区	1449	7%	20	15%		0%	24	4%	179	6%
生态涵养发展区	3460	17%	7	5%	8	11%	20	3%	322	11%
门头沟区	464	2%		0%	1	1%	3	1%	63	2%
怀柔区	757	4%	2	2%	1	1%	6	1%	90	3%
平谷区	794	4%	1	1%	1	1%	3	1%	96	3%
密云区	770	4%	1	1%	4	6%	3	1%	42	1%
延庆区	675	3%	3	2%	1	1%	5	1%	31	1%

资料来源：根据2016年《北京区域统计年鉴》计算整理

第二节　北京市尤其是城六区各种城市功能过度集中

根据京津冀协同发展规划纲要的要求，北京市的功能定位是政治中心、文化中心、国际交往中心和科技创新中心。但北京的城市功能远不只此。除了这四个功能之外，北京还是经济中心、金融中心、商业中心、旅游中心、交通中心。而金融中心、商业中心、旅游中心、交通中心又集中于城六区。

一、城六区是全市的经济中心

根据北京市区域统计年鉴，2005年全市GDP达到6969.5亿元，中心城区（原城八区，现城六区）占比达到71%；10年后，2015年全市GDP达到23014.6亿元，城六区占比达到69%。城六区经济中心的地位仍然非常突出。

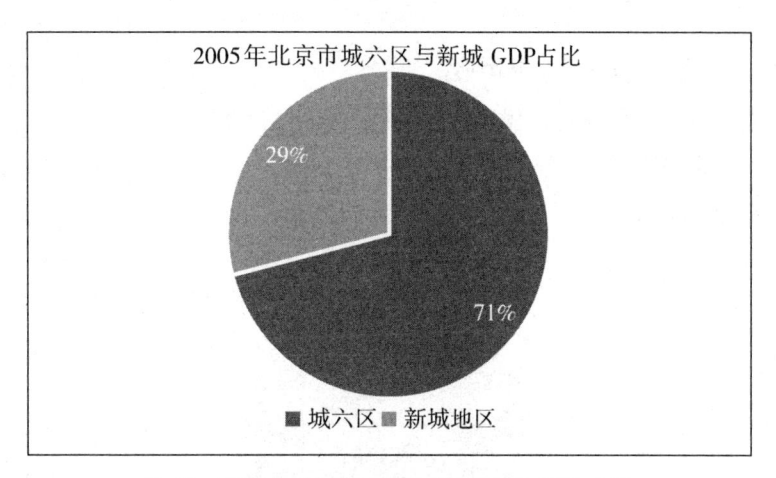

第七章 制约北京市有效调控人口的主要因素

图63 2005年北京城六区与新城地区GDP占比

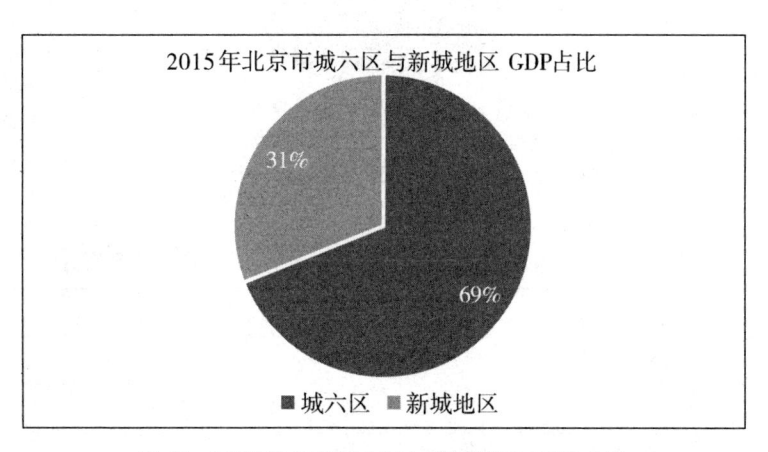

图64 2015年北京城六区与新城地区GDP占比

表32 2005年与2015年北京城六区与新城地区GDP占比

区域	2005年		2015年	
	GDP（亿元）	占比	GDP（亿元）	占比
全　市	6969.5	100%	23014..6	100%
城六区	4952.8	71%	15981.9	69%
首都功能核心区	1703.8	24%	5128.2	22%
城市功能拓展区	3249	47%	10853.7	47%
新城地区	2016.7	29%	7032.7	31%

资料来源：根据历年《北京区域统计年鉴》计算整理

二、城六区是全市的金融中心

1. 城六区的中资银行人民币存款余额占全市的9成

2015年全市中资银行人民币存款余额达到1222842876万元,其中城六区达到1097435773万元,占到全市的9成。

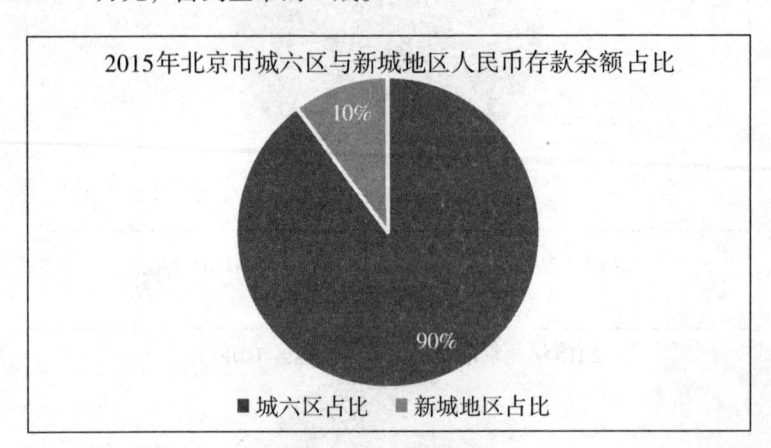

图65 2015年北京城六区与新城地区人民币存款余额占比

表33 2015年北京城六区与新城地区中资银行人民币存款余额占比

各　　区	各项存款（万元）
全　　市	1222842876
城六区	1097435773
城六区占比	90%
新城地区	125407103.4
新城地区占比	10%

资料来源：根据2016年《北京区域统计年鉴》计算整理

2. 城六区集中了绝大部分的金融保险系统机构及从业人员

2015年全市金融、保险系统机构有4870个,城六区达到3311个,占到全市的68%；全市金融、保险系统的从业人员为334575人,城六区达到280680人,占到全市的84%；总行、总公司全市为91个,城六区为80个,占全市的88%；从业人员更是占到了99%。分行、分公司机构城六区占到了97%,从业人员几乎占到了100%。支行、支公司机构城六区占到72%,从业人员也占到70%。

2015年北京市城六区与新城银行保险系统机构占比

- 城六区占比 68%
- 新城地区占比 32%

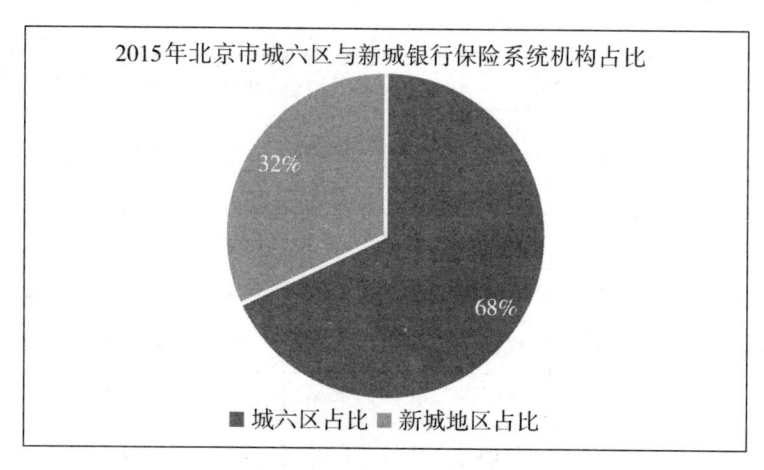

图 66　2015 年北京城六区与新城地区银行、保险系统机构占比

2015年北京市城六区与新城银行保险从业人员占比

- 城六区占比 84%
- 新城地区占比 16%

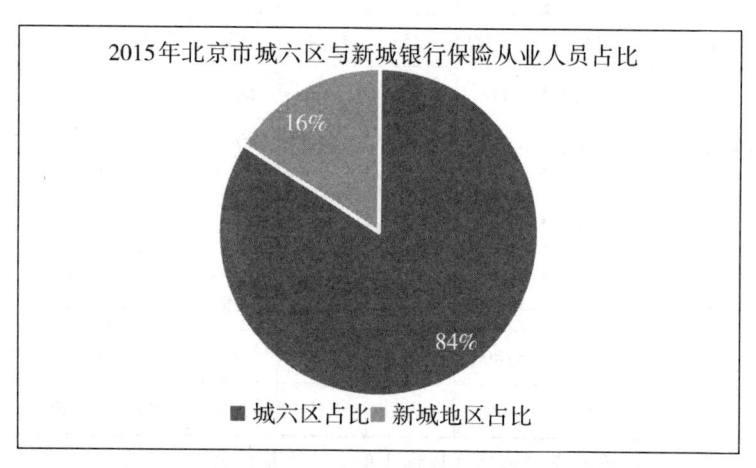

图 67　2015 年北京城六区与新城地区银行、保险从业人员占比

表 34　2015 年北京城六区与新城地区金融、保险系统机构人员情况

各区	合计 机构（个）	合计 从业人员（人）	总行、总公司 机构（个）	总行、总公司 从业人员（人）	分行、分公司 机构（个）	分行、分公司 从业人员（人）	支行、支公司 机构（个）	支行、支公司 从业人员（人）
全 市	4870	334575	91	115343	177	49571	2598	99495
城六区	3311	280680	80	114587	171	49454	1870	69688

续表

各区	合计 机构(个)	合计 从业人员(人)	总行、总公司 机构(个)	总行、总公司 从业人员(人)	分行、分公司 机构(个)	分行、分公司 从业人员(人)	支行、支公司 机构(个)	支行、支公司 从业人员(人)
占比	68%	84%	88%	99%	97%	100%	72%	70%
首都功能核心区	916	144471	45	67640	80	33114	509	25632
占比	19%	43%	49%	59%	45%	67%	20%	26%
东城区	366	38304	9	5421	26	11453	224	14090
西城区	550	106167	36	62219	54	21661	285	11542
城市功能拓展区	2395	136209	35	46947	91	16340	1361	44056
占比	49%	41%	38%	41%	51%	33%	52%	44%
朝阳区	1065	61768	26	19855	73	13201	616	16521
丰台区	380	18917	2	8832	2	194	206	5754
石景山区	125	10291	4	4709	1	39	71	2918
海淀区	825	45233	3	13551	15	2906	468	18863
新城地区	1559	53895	11	756	6	117	728	29807
占比	32%	16%	12%	1%	3%	0%	28%	30%

资料来源：根据2016年《北京区域统计年鉴》计算整理

第三节 北京市及城六区是北京市及全国的旅游中心

2015年北京市入境旅游人数为419.96万人次，其中城六区为383.22万人次，占北京市比重达到91%；北京市接待外国人为357.56万人次，其中城六区为325.18万人次，占北京市比重达91%。

2015年北京市拥有星级饭店528个，城六区拥有350个，占北京市比重达到66%，比2014年增长了2个百分点。

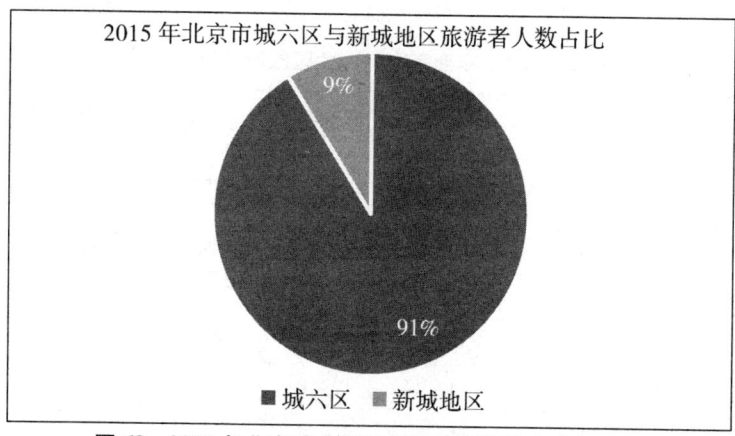

<<< 第七章 制约北京市有效调控人口的主要因素

图68 2015年北京城六区与新城地区旅游者人数占比

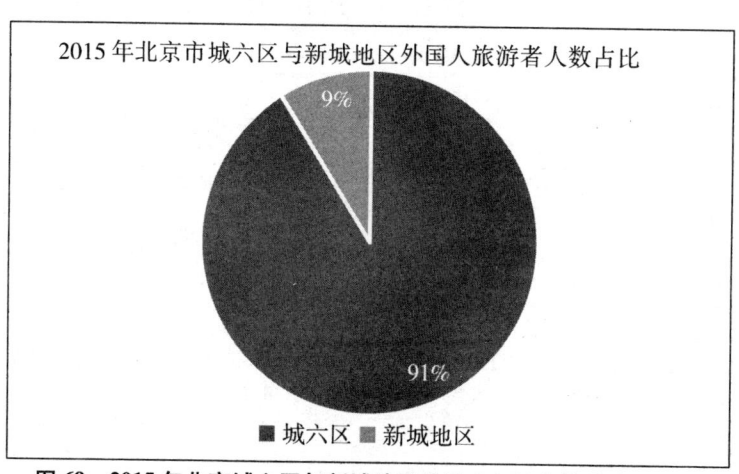

图69 2015年北京城六区与新城地区外国人入境者旅游人数占比

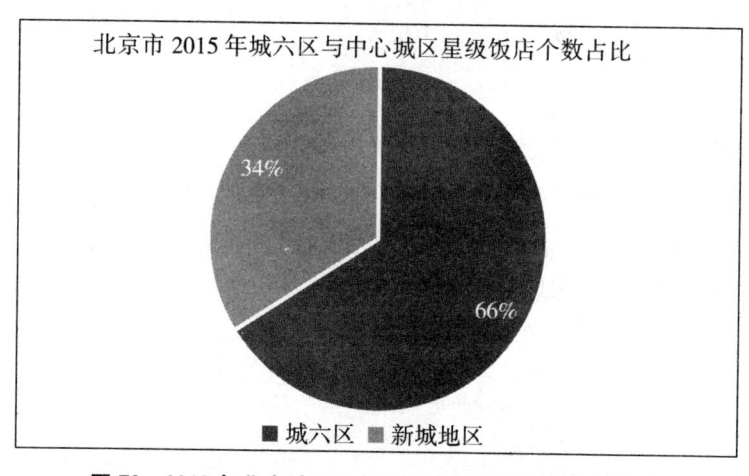

图70 2015年北京城六区与新城地区星级饭店个数占比

121

表35 2015年北京市与城六区旅游资源比较

各区	入境旅游者人数（万人次） 2015	2014	外国人 2015	2014	星级饭店个数（个） 2015	2014
北京市	419.96	427.45	357.56	365.45	528	581
城六区	383.22	389.54	325.18	333.86	350.00	374.00
占比	91%	91%	91%	91%	66%	64%
首都功能核心区	143.19	144.44	121.81	124.02	138	144
东城区	114.22	114.83	97.58	99.13	61	64
西城区	28.97	29.61	24.23	24.89	77	80
城市功能拓展区	240.02	245.10	203.38	209.85	212	230
朝阳区	190.74	194.32	163.10	168.35	105	111
丰台区	7.37	8.54	6.48	7.36	29	32
石景山区	2.97	2.48	2.43	2.09	5	5
海淀区	38.94	39.76	31.37	32.05	73	82
新城地区	36.75	37.92	32.37	31.59	178.00	207.00
占比	9%	9%	9%	9%	34%	36%

资料来源：根据2016年《北京区域统计年鉴》计算整理

第四节 城六区是北京市及全国的科技中心

一、城六区专利申请及授权占绝对优势

2015年城六区专利申请量为156312件，其中城六区为128400件，占全市比重的82%；发明专利的申请量城六区的是如此。城六区的专利发明数量占到全市的89%。城六区专利授权量与发明专利的授权量占全市的比重分别为81%和90%。

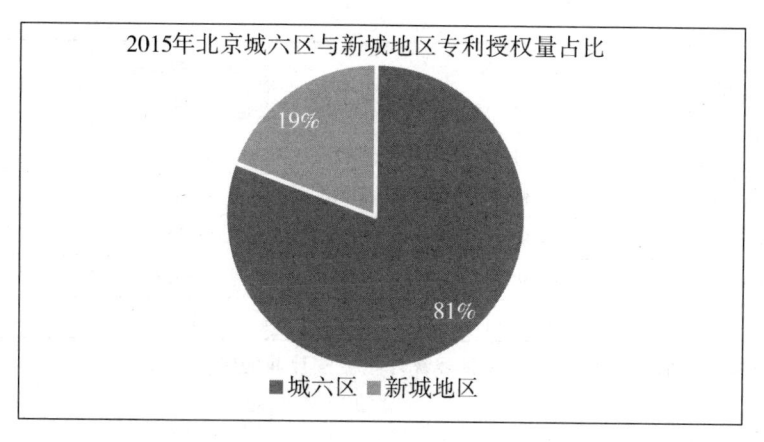

图 71　2015 年北京城六区与新城地区专利授权量占比

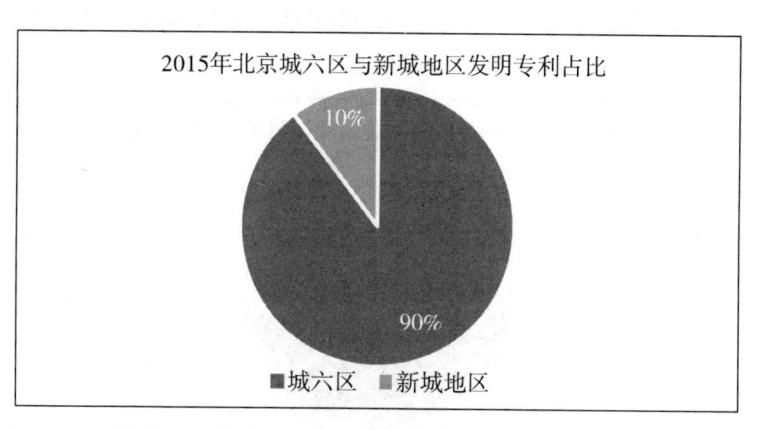

图 72　2015 年北京城六区与新城地区发明专利占比

表 36　2015 年北京城六区及新城地区专利申请与发明情况

各区	专利申请量（件）	发明专利	专利授权量（件）	发明专利
全　市	156312	88930	94031	35308
城六区	128400	78856	75751	31612
占　比	82%	89%	81%	90%
首都功能核心区	32549	17941	21529	6018
东城区	9687	5102	6612	1913
西城区	22862	12839	14917	4105
城市功能拓展区	95851	60915	54222	25594
朝阳区	26395	16197	16101	7880

续表

各区	专利申请量（件）	发明专利	专利授权量（件）	发明专利
丰台区	7924	3582	4871	1508
石景山区	2437	1166	2069	588
海淀区	59095	39970	31181	15618
新城地区	27895	10072	18266	3691
占比	18%	11%	19%	10%

资料来源：根据2016年《北京区域统计年鉴》计算整理。

二、城六区科技合同成交情况占绝对优势

2015年全市技术合同成交72272项，成交总额34525662万元，城六区占比均为93%。

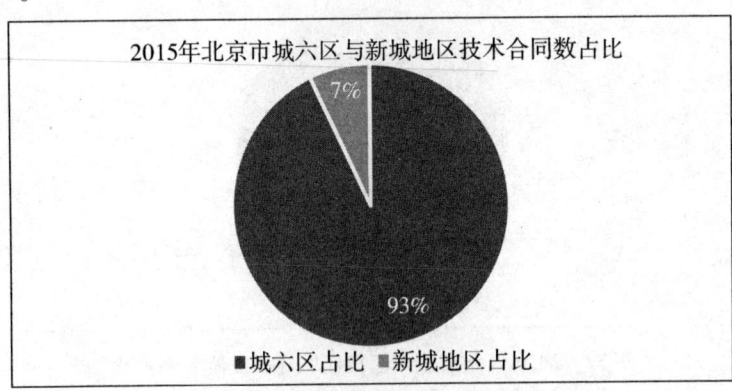

图73　2015年北京城六区与新城地区技术合同数占比

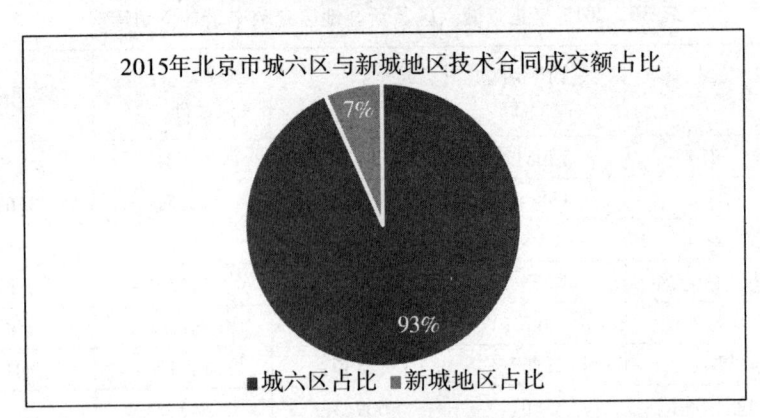

图74　2015年北京城六区与新城地区技术合同成交额占比

表37 2015年北京城六区及新城地区技术合同成交情况

各 区	合同数（项）	成交总额（万元）
全 市	72272	34525662
城六区	67203	32221040
占 比	93%	93%
首都功能核心区	8746	5797833
东城区	2589	4217114
西城区	6157	1580719
城市功能拓展区	58457	26423207
朝阳区	6657	6496558
丰台区	3335	5074955
石景山区	1065	484139
海淀区	47400	14367555
新城地区	5069	2304621
占 比	7%	7%

资料来源：根据2016年《北京区域统计年鉴》计算整理

第五节 城六区是北京市及全国的交通中心

北京市是全国交通枢纽，火车、飞机的中转站，导致每天有大量的过境人口出入北京。除了首都机场设在顺义外，其他的陆上交通枢纽——北京站、北京西站、北京南站等火车站，六里桥、赵公口、新发地等长途客运汽车站也都位于城六区。因此造成大量的过境人口出入北京市。

北京市所有的轨道交通都能与城六区相连，公交车也四通八达。而新城地区仍然存在着诸多交通不便，住在新城的通勤时间很长。新城到城六区的通勤时间需要1个小时以上。交通拥堵更是正常现象，比如大兴通往城六区的必经之地玉泉营就是永远的交通瓶颈。新城内部交通组织也不是十分便捷，公共交通服务水平也比城六区差。

城六区企事业单位不愿迁到远郊区县的一个主要原因就是交通问题，2010年赵秀池主持的《加快优质公共资源均衡配置　促进中心区人口和功能疏解》课题组的调研显示，有39%的单位认为交通不够便利，是其不愿意迁到远郊区县的主要原因（见附录2）。2016年本课题组又做了相应调研，仍然有40%的单位认为交通不便是其不愿意前往远郊区县的主要原因（见附录3）。

2016年调研结果显示，居民在远郊区县遇到的最大困难之一仍然是交通问题，选择此项答案的占比为25.73%，虽然与2011年的62.3%对比，有大幅下降，说明近几年交通情况确实有很大改善，但比起城六区而言，新城地区的交通仍然有诸多不便。

第六节　城六区是北京市的文化中心

2015年北京市规模以上文化创意产业收入134513411万元，其中城六区收入11847410万元，占全市的88%；北京市年末从事文化创意产业的人员有1222703人，其中城六区有1101835人，占全市的90%。

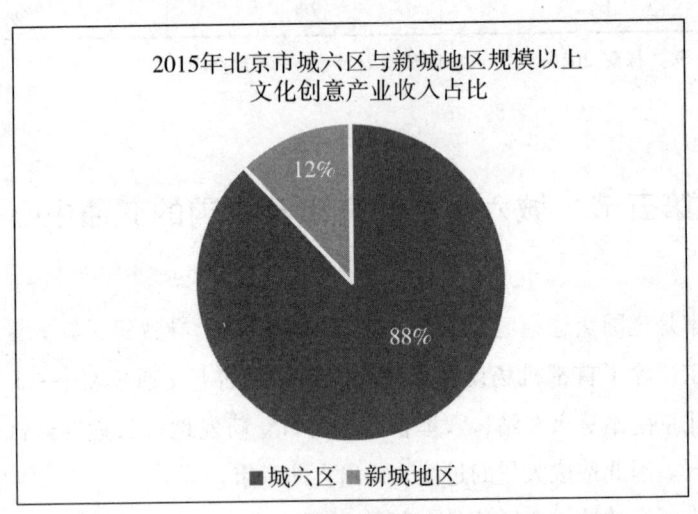

图75　2015年北京城六区与新城地区规模以上文化产业收入占比

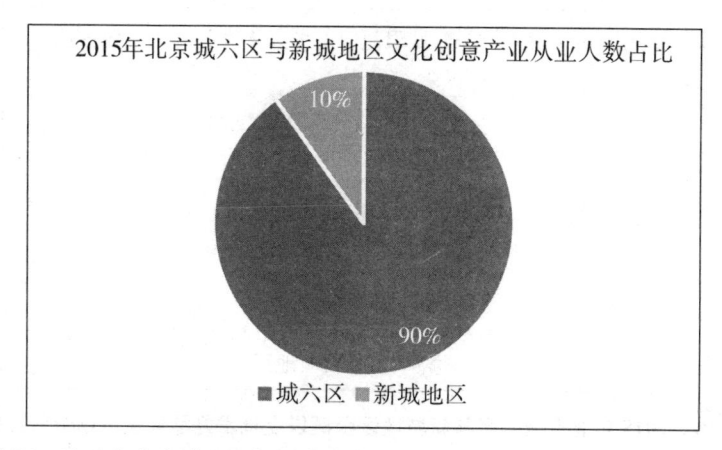

图 76　2015 年北京城六区与新城地区规模以上文化创意产业从业人数占比

表 38　2015 年北京城六区及新城地区规模以上文化创意产业情况

各区	收入合计（万元）	占比	年末从业人数（人）
全　市	134513411	100%	1222703
城六区	118847410	88%	1101835
首都功能核心区	26767529	20%	190976
城市功能拓展区	92079881	68%	910859
新城地区	15666002	12%	120868
城市发展新区	13667905	10%	98615
生态涵养发展区	1998097	1%	22253

资料来源：根据 2016 年《北京区域统计年鉴》计算整理

第七节　城六区是北京市乃至全国的商品交易中心

一、北京市城六区是批发零售业的主要聚集地

近年来北京市一直把疏解批发市场作为疏解非首都功能，进行人口调控的重点。但是，2015 年限额以上批发和零售业市场个数仍然有 4439 个，占全市的 70%；年末从业人数也达到 578113 人，占全市的 79%；商品销售额达到 429834 亿元，占全市的 83%；批发额为 373366 亿元，占全市的 84%；零售额为 56468 亿元，占全市的 75%。

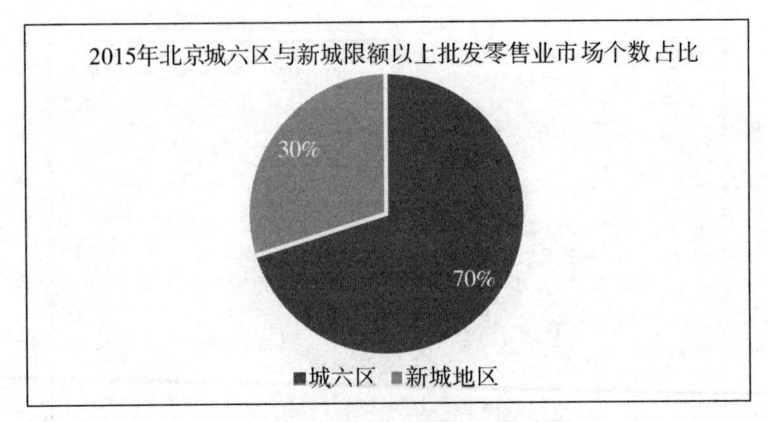

图77 2015年北京城六区与新城地区限额以上批发好零售业市场个数占比

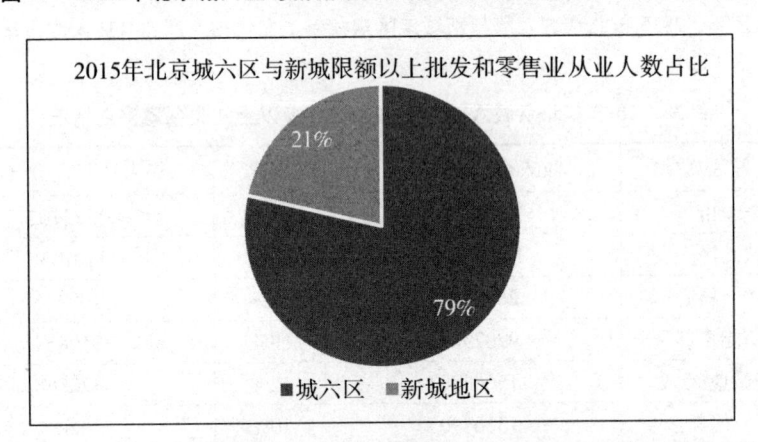

图78 2015年北京城六区与新城地区限额以上批发和零售业从业人数占比

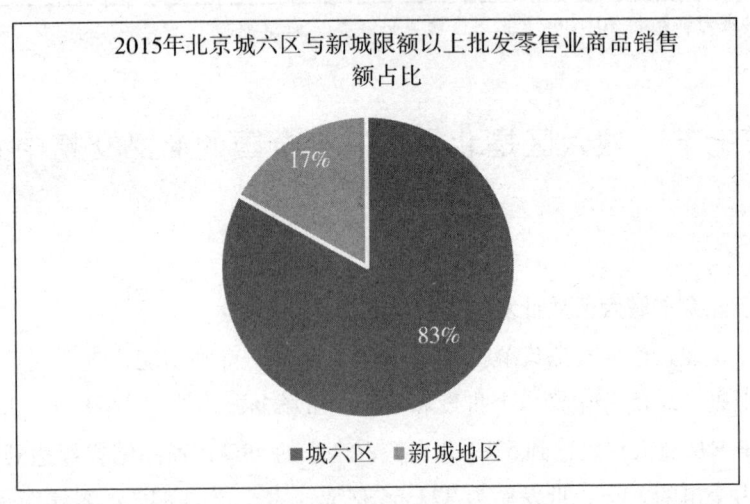

图79 2015年北京城六区与新城地区限额以上批发和零售业销售额占比

表39 2015年北京市城六区与新城地区有限额以上批发和零售业从业情况

各区	收入合计（万元）	占比	年末从业人数（人）
全　市	134513411	100%	1222703
城六区	118847410	88%	1101835
首都功能核心区	26767529	20%	190976
城市功能拓展区	92079881	68%	910859
新城地区	15666002	12%	120868
城市发展新区	13667905	10%	98615
生态涵养发展区	1998097	1%	22253

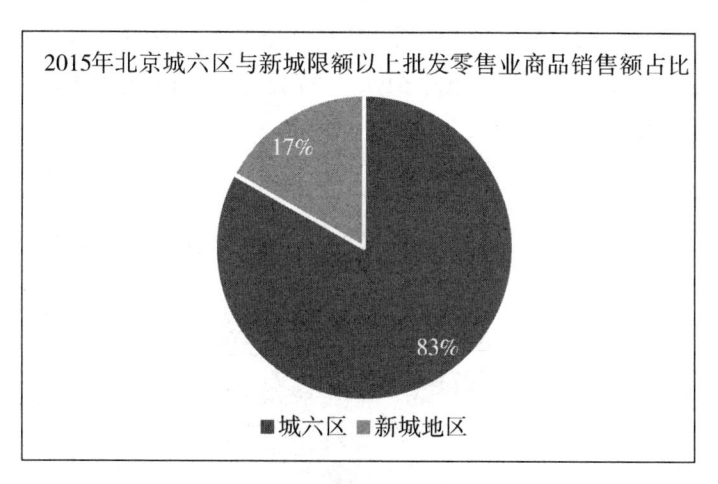

图80　2015年北京城六区与新城地区限额以上批发业销售额占比

表40　2015年北京市城六区与新城地区有限额以上批发和零售业市场情况

各区	市场个数	占比	年末从业人数	占比	销售额（亿元）	占比	批发额（亿元）	占比	零售额（亿元）	占比
全　市	6314	100%	735417	100%	51811.3	100%	44275.4	100%	7535.8	100%
城六区	4439	70%	578113	79%	42983.4	83%	37336.6	84%	5646.8	75%
首都功能核心区	1012	16%	169463	23%	12509.2	24%	10938.9	25%	1570.3	21%
城市功能拓展区	3427	54%	408650	56%	30474.2	59%	26397.7	60%	4076.5	54%
新城地区	1875	30%	157304	21%	8827.9	17%	6938.8	16%	1889.1	25%

续表

各区	市场个数	占比	年末从业人数	占比	销售额（亿元）	占比	批发额（亿元）	占比	零售额（亿元）	占比
城市发展新区	1467	23%	140125	19%	8184.2	16%	6374.1	14%	1810.1	24%
生态涵养发展区	408	6%	17179	2%	643.7	1%	564.7	1%	79	1%

资料来源：根据2016年《北京区域统计年鉴》计算整理

二、北京市城六区是商品交易市场的主要集散地

根据北京市区域统计年鉴的数据，2015年北京城六区的市场个数仍然占到全市的53%；总摊位数占到全市的61%；应用面积占到全市的60%；成交额则占到全市的79%。

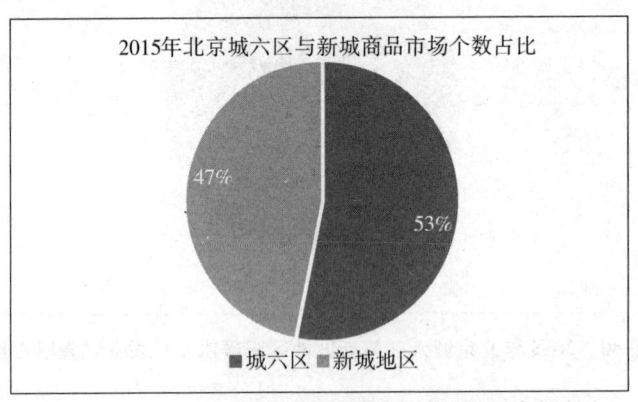

图81　2015年北京城六区与新城地区商品市场个数占比

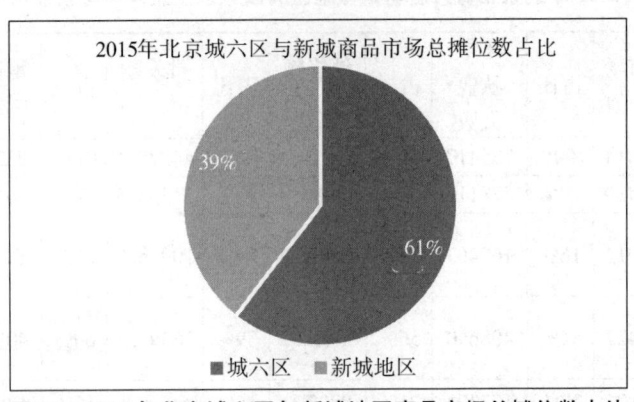

图82　2015年北京城六区与新城地区商品市场总摊位数占比

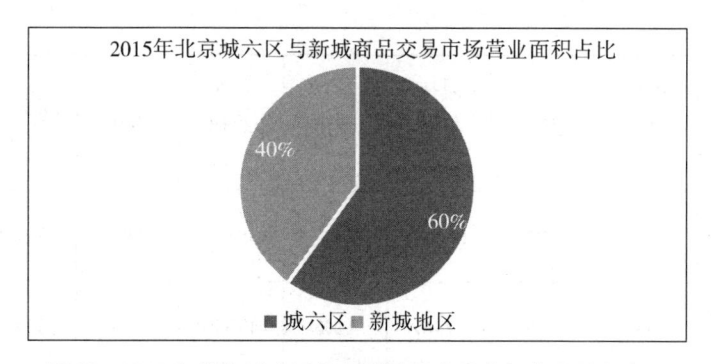

图 83　2015 年北京城六区与新城地区商品市场营业面积占比

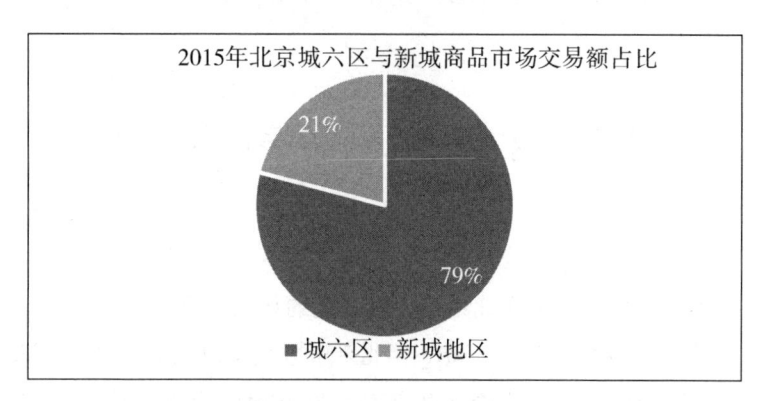

图 84　2015 年北京城六区与新城地区商品市场交易额占比

表 41　2015 年北京城六区与新城地区交易市场情况

各区	市场个数（个）	占比	总摊位数（个）	占比	营业面积（平方米）	占比	成交额（万元）	占比
全　市	719	100%	243883	100%	12218305	100%	36046618	100%
城六区	382	53%	147740	61%	7338725	60%	28468998	79%
首都功能核心区	73	10%	32660	13%	710412	6%	1079867	3%
城市功能拓展区	309	43%	115080	47%	6628313	54%	27389131	76%
新城地区	337	47%	96143	39%	4879580	40%	7577620	21%

续表

各区	市场个数（个）	占比	总摊位数（个）	占比	营业面积（平方米）	占比	成交额（万元）	占比
城市发展新区	242	34%	68181	28%	3383115	28%	6626142	18%
生态涵养发展区	95	13%	27962	11%	1496465	12%	951478	3%

资料来源：根据2016年《北京区域统计年鉴》计算整理

第八节 城六区吸纳了众多的就业人口

一、北京市城六区吸纳了北京市七成以上的从业人员

根据北京市区域统计年鉴，2015年北京市城镇单位从业人员为7773448人，其中城六区为5676330人，占全市的73%；新城地区为2097118人，只占全市的27%。

究其原因，还是因为城六区的工资高于新城地区。2015年，全市从业人员年人均工资为111193元，城六区为121599元，是全市的1.09倍；而新城地区年人均工资为83027元，只有全市的75%。城六区的人均工资是新城地区的1.5倍。

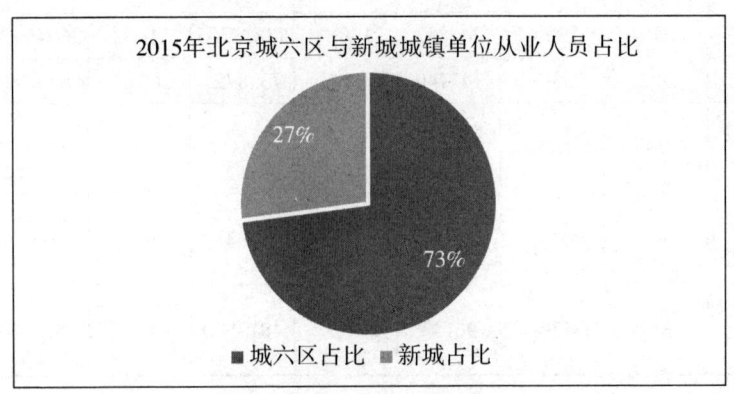

图85 2015年北京城六区与新城地区城镇单位从业人员占比

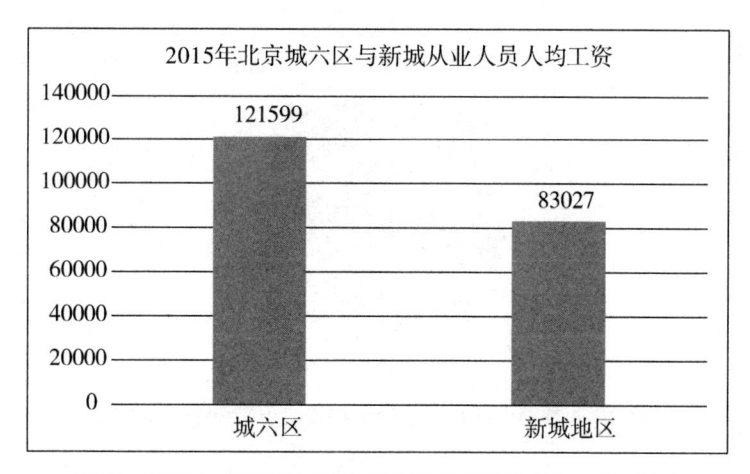

图 86 2015 年北京城六区与新城地区城镇单位年工资（元）

表 42 2015 年北京城六区与新城地区城镇单位从业人员与工资情况

各区	城镇单位从业人员年末人数（人）	从业人员工资总额（万元）	人均工资（元）
全市	7773448	86435436	111193
城六区	5676330	69023728	121599
占比	73%	80%	109%
首都功能核心区	1623874	23390421	144041
城市功能拓展区	4052456	45633307	112607
新城地区	2097118	17411708	83027
占比	27%	20%	75%
城市发展新区	1645577	14362105	87277
生态涵养发展区	451541	3049603	67538

资料来源：根据 2016 年《北京区域统计年鉴》计算整理

二、北京城六区吸纳了将近 5 成规模以上的国有控股工业企业

尽管近年来北京一直把工业企业疏解作为非首都功能疏解的重点，但是，北京市的工业企业单位数仍然有 3548 个，城六区为 1068 个，占全市的 30%，平均用工人数也占到 34%。其中城六区国有控股企业数量为 363 个，仍然占到全市的 49%。

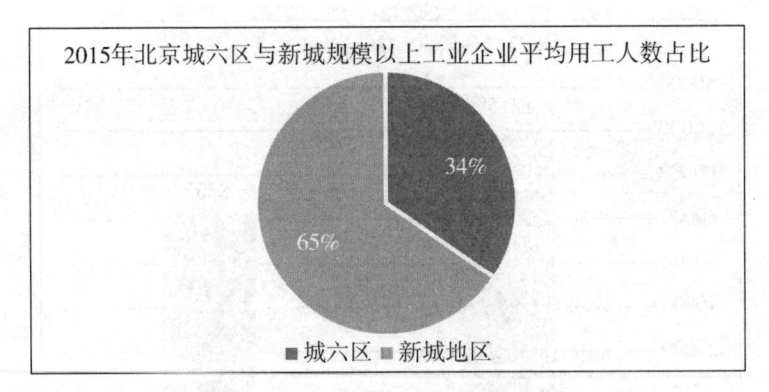

图 87　2015 年北京城六区与新城地区规模以上工业企业用工人数占比

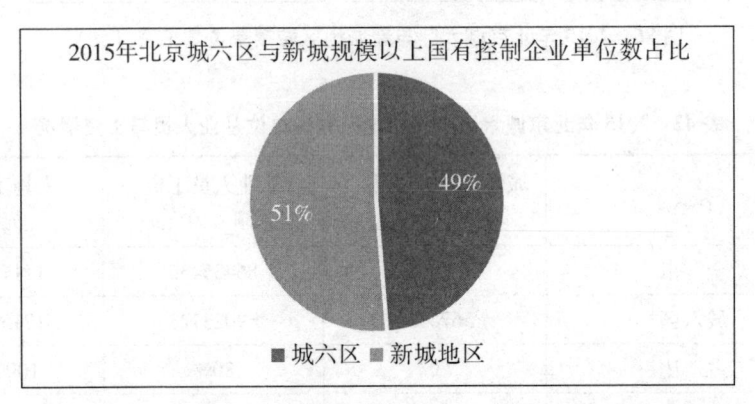

图 88　2015 年北京城六区与新城地区规模以上国有控股企业单位数占比

表 43　2015 年北京城六区与新城地区工业企业情况

各区	工业企业单位个数	占比	平均用工人数	占比	国有控股企业单位个数	占比
全　　市	3548	100%	1104384	100%	745	100%
城六区	1068	30%	380591	34%	363	49%
首都功能核心区	93	3%	68799	6%	49	7%
城市功能拓展区	975	27%	311792	28%	314	42%
新城地区	2480	70%	722693	65%	382	51%
城市发展新区	1963	55%	585160	53%	308	41%
生态涵养发展区	517	15%	137633	12%	74	10%

资料来源：根据 2016 年《北京区域统计年鉴》计算整理

三、北京市城六区吸纳了全市 8 成以上的第三产业从业人员

2015 年北京市规模以上第三产业收入合计为 1101544 亿元，从业人员为 6169 万元；其中城六区第三产业收入为 935282 亿元，占全市的 85%；从业人员为 6169 万人，占全市的 82%。

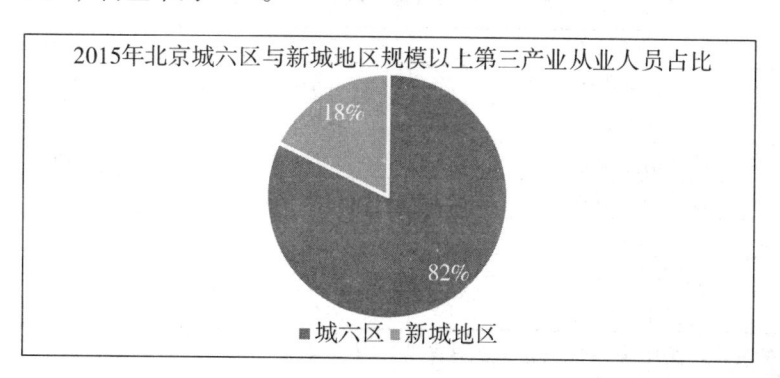

图 89　2015 年北京城六区与新城地区规模以上第三产业从业人员占比

表 44　2015 年北京城六区与新城地区规模以上第三产业情况

各　区	收入合计		从业人员平均人数	
	（亿元）	占比	（万人）	占比
全　市	110154.4	100%	616.9	100%
城六区	93528.2	85%	506.2	82%
首都功能核心区	36151.0	33%	141.2	23%
城市功能拓展区	57377.2	52%	365.0	59%
新城地区	16626.2	15%	110.7	18%
城市发展新区	14750.2	13%	86.3	14%
生态涵养发展区	1876.0	2%	24.4	4%

第九节　城六区的商品房吸纳了较多的居住人口

房地产是城镇居民生产生活的重要载体。商品房数量的不断增加，是导致城六区人口不断增加的一个主要原因。

从近年来商品房的供应来看，城六区的商品房供应比例远远高于其占全市土地的比重，导致城六区的人口密度越来越大，人口越来越多。

从商品房销售面积来看，2007—2016年十年间，全市商品房销售面积为17954.5平方米，城六区商品房的销售面积占全市的48%。是城六区土地面积占比的6倍。城六区商品房销售面积占比在2006、2007年达到最高值，为69%，之后开始下降，到2016年为27%，仍然远远高于其土地面积占比的2倍以上。

表45　北京市各功能区土地面积

各区	平方公里	占比
北京市	16410.54	100%
城六区	1368.32	8%
首都功能核心区	92.39	1%
城市功能拓展区	1275.93	8%
新城地区	15042.2	92%
城市发展新区	6295.57	38%
生态涵养发展区	8746.65	53%

资料来源：2016年《北京区域统计年鉴》计算整理

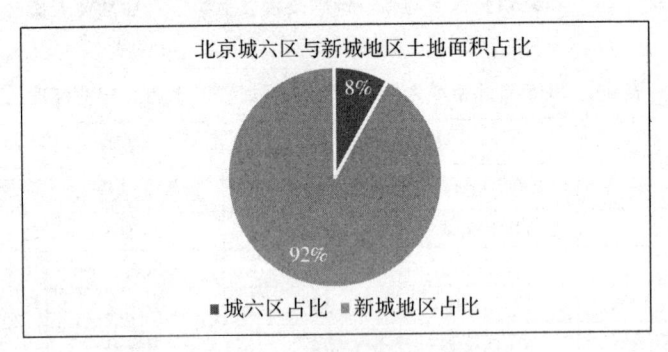

图90　北京城六区与新城地区土地面积占比

图91　2007—2016年北京城六区商品房销售面积占比

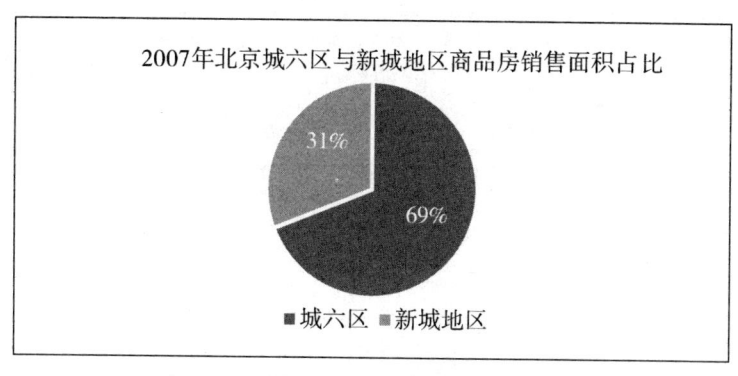

图92　2007年北京城六区与新城地区商品房销售面积占比

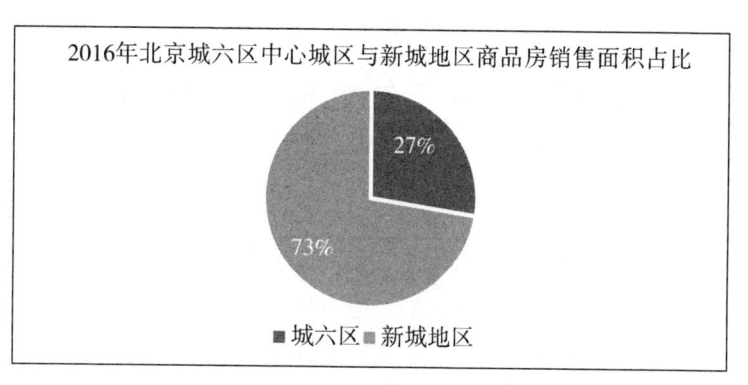

图93　2016年北京城六区与新城地区商品房销售面积占比

从商品房的销售套数来看也是如此。2007—2016年十年间,城六区商品房的销售套数达到815031套,占全市1761936套的46%。2007年占全市比重最高,达到全市的67%,之后不断下降,到2016年占全市比重为27%,仍然远远高于其土地面积占比的2倍以上。

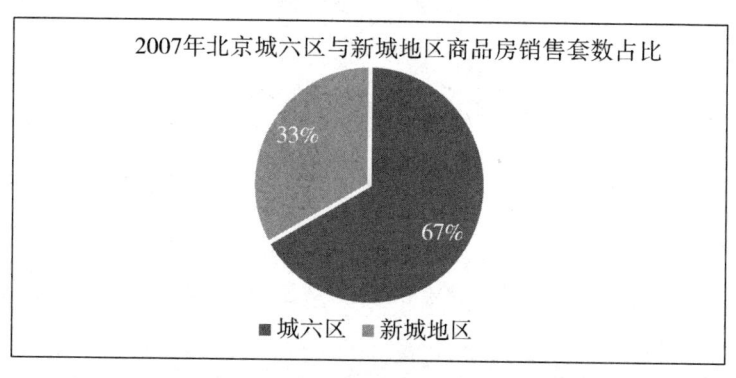

图94　2007年北京城六区与新城地区商品房销售套数占比

137

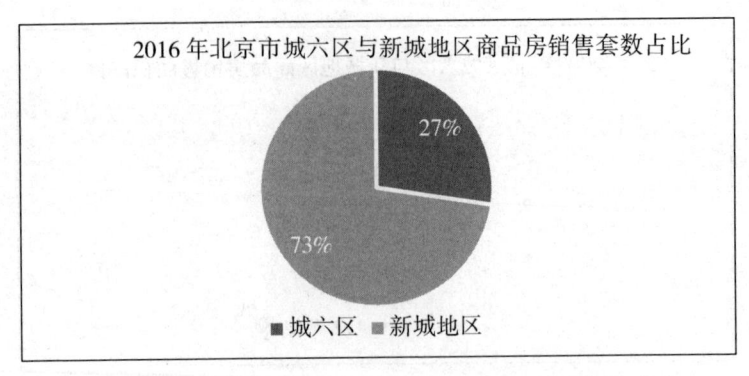

图95 2016年北京城六区与新城地区商品房销售套数占比

第十节 城六区人口向新城区迁移的意愿不强

一、城六区居民到新城地区居住和就业的意愿不强

1. 城六区居民到新城地区居住的意愿不强

2010年赵秀池主持的《加快优质公共资源均衡配置 促进中心区人口与功能疏解》课题的调研结果显示，中心城居民的77.56%不愿到远郊区县居住。经过了6年，本课题组在2016年年底对此问题的调研结果显示，居民不愿意到远郊区县居住的比重有所减少，但仍然占了半数以上，为51.88%。

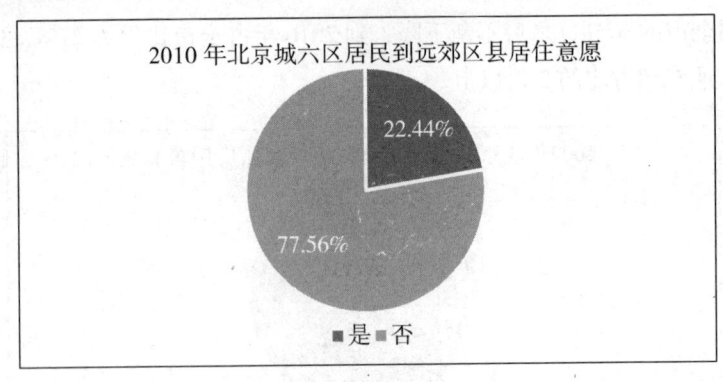

图96 2010年北京中心城居民到远郊区县的居住意愿

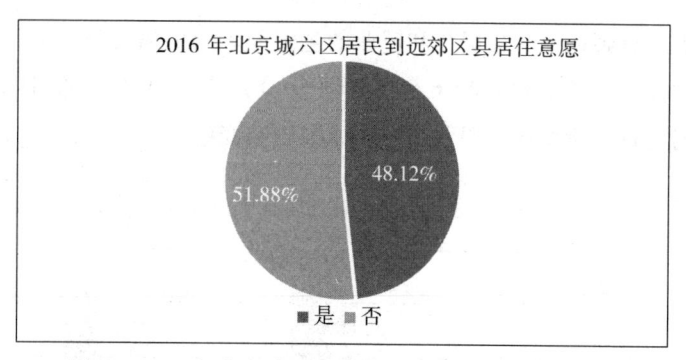

图 97 2016 年北京城六区居民到远郊区县的居住意愿

2. 新城地区居民到远郊区就业的意愿不强

2010 年赵秀池主持的《加快优质公共资源均衡配置 促进中心区人口与功能疏解》课题的调研结果显示[1]，中心城居民的 83.58%不愿到远郊区县就业。经过了 6 年，本课题在 2016 年年底对此问题的调研结果显示，居民不愿意到远郊区县居住的比重有所减少，但仍然占到四成以上，为 45.29%。

图 98 2010 年北京城六区居民到远郊区就业的意愿

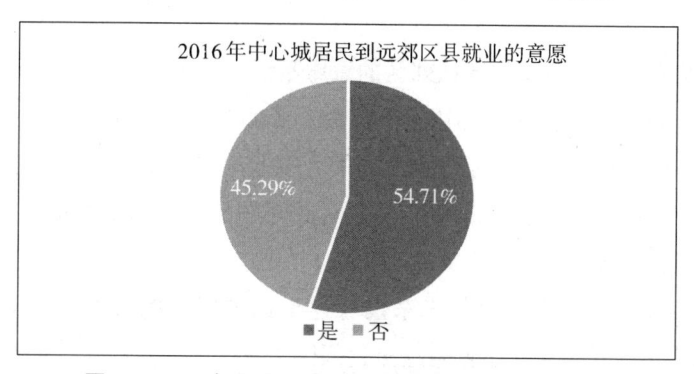

图 99 2016 年北京城六区居民到远郊区就业的意愿

---

[1] 资料来源：赵秀池 2010 年主持北京市社科联决策咨询课题《加快推进优质公共资源均衡配置 促进城市中心区人口与功能疏解》

居民不愿意到远郊区县居住和就业的主要原因为旧城设施齐全、生活方便，和郊区优质公共资源短缺。2016年二者占比分别为41.9%和30.51%。与2010年调研数据比较有所变化，但两个主要原因没有变化。

北京城六区居民不愿到远郊区县居住和就业的原因

	2010年	2016年
不愿意离开亲朋好友	19.75%	26.01%
旧城设施齐全、生活方便	35.80%	41.90%
郊区优质公共资源短缺	42.59%	30.51%
其他	1.85%	1.58%

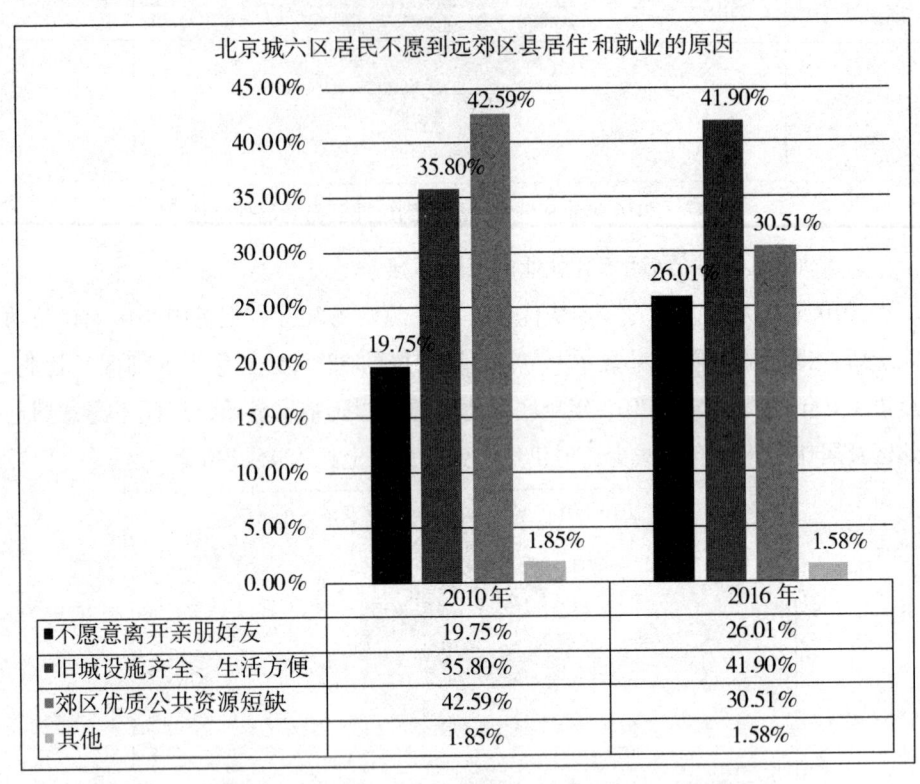

图100 2016年北京城六区居民到远郊区就业的意愿

二、城六区企事业单位迁往郊区的意愿不强

2010年赵秀池主持的《加快优质公共资源均衡配置 促进中心区人口与功能疏解》课题的调研结果显示，中心城的企事业单位的88.98%不愿迁到远郊区县。经过了6年，本课题在2016年年底对此问题的调研结果显示，企事业单位不愿迁到到远郊区县的仍然占到42.82%。

2010年90%的企事业单位未来没有迁至远郊区县的打算，2016年仍然有40.82%的企事业单位未来不愿意迁至远郊区。

第七章 制约北京市有效调控人口的主要因素

北京城六区企事业单位迁至远郊区县的意愿

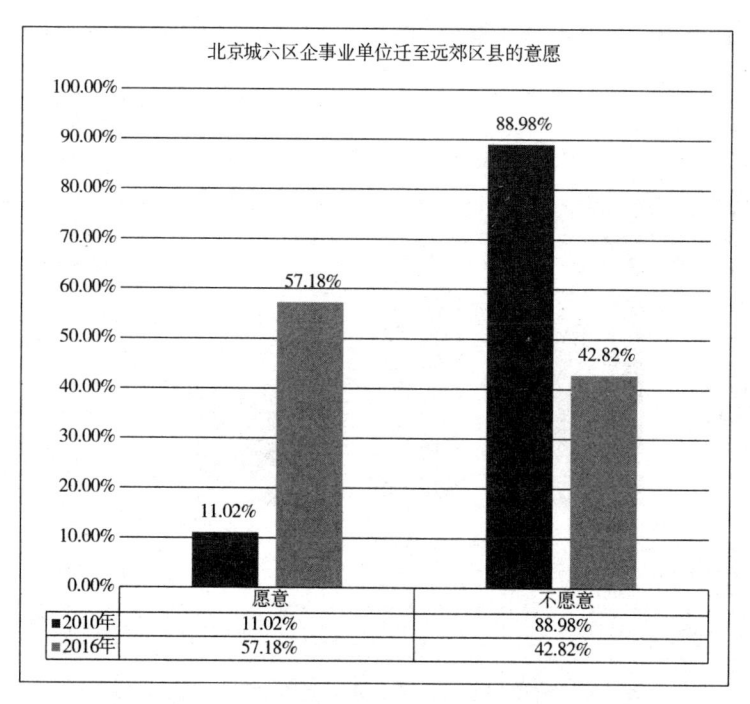

	愿意	不愿意
2010年	11.02%	88.98%
2016年	57.18%	42.82%

图101 北京中心城区企事业单位迁至远郊区县的意愿

北京城六区企事业单位未来迁至远郊区县的打算

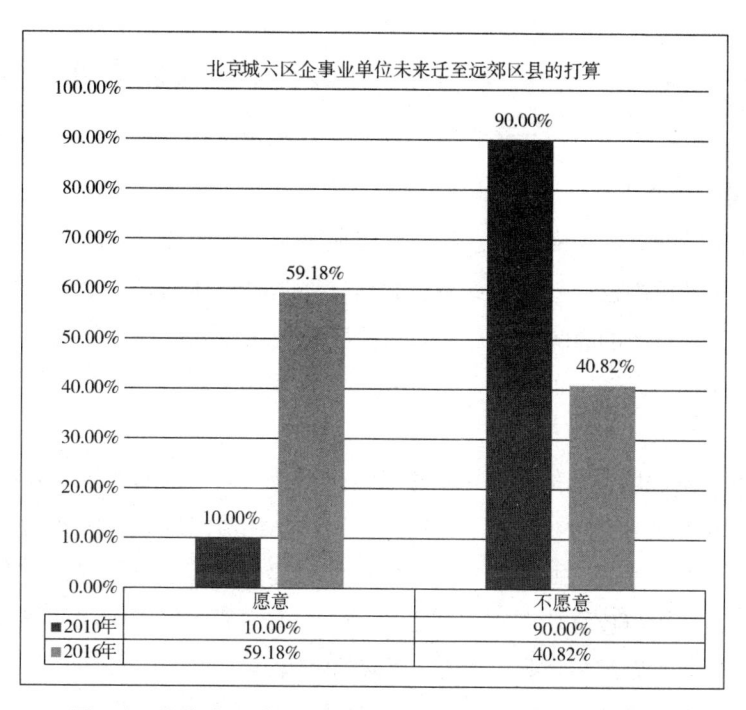

	愿意	不愿意
2010年	10.00%	90.00%
2016年	59.18%	40.82%

图102 北京中心城区企事业单位未来迁至远郊区县的打算

城六区企事业单位不愿迁至远郊区县的原因主要是城六区交通便利、客户在城六区。

北京城六区单位不愿迁至远郊区县的原因

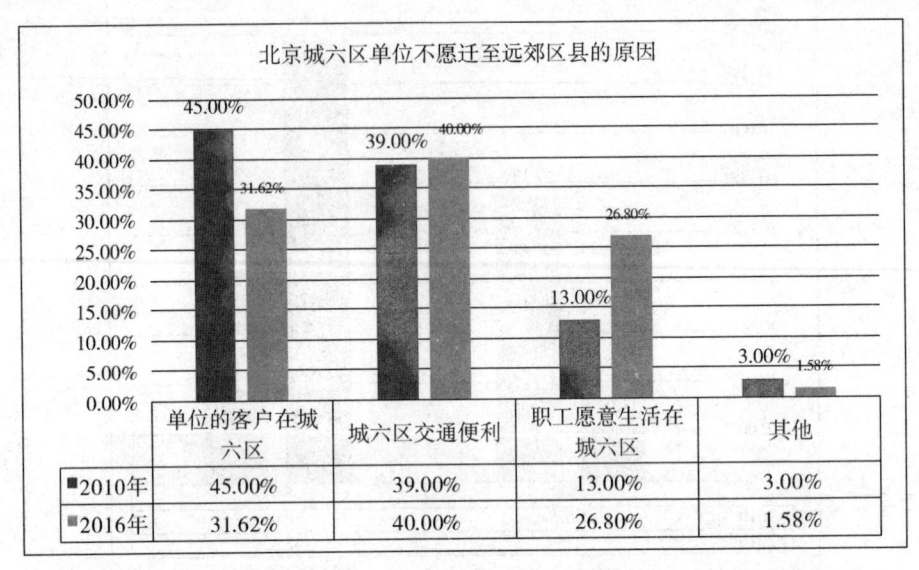

	单位的客户在城六区	城六区交通便利	职工愿意生活在城六区	其他
2010年	45.00%	39.00%	13.00%	3.00%
2016年	31.62%	40.00%	26.80%	1.58%

图103 北京中心城区单位不愿迁至远郊区县的原因

第十一节 非首都功能及人口疏解政策支持力度尚待加强

近年来，北京把疏解教育、医疗资源作为重点。但效果不尽如人意。昌平和良乡大学城的高校一般只是新建分校区，而不是整体搬迁。更重要的是，教育资源、医疗资源的疏解不光是在新城地区进行相应硬件设施的建设，更需要的是"名师""名医"的入驻。而近几年在新城地区留住人才的政策支持力度仍然不够。

2016年本课题进行的居民居住意愿调研结果表明，远郊区吸引人口居住和就业急需解决的主要问题，除了公共交通，就是住房问题和就医问题。居民选择居住地首先要考虑的因素就是离工作单位的远近和离学校的远近。因此，城六区的人口调控与疏解还需在"居业联动""居学联动"上给予更多的政策，增强新城地区对居民和企业、学校、医院的吸引力。

表46 北京远郊区县亟需解决的问题

问题	调研人数	占比
住　房	284	27%
公共交通问题	342	32%
购　车	167	16%
就　医	101	10%
就　业	62	6%
孩子上学	44	4%
购　物	37	4%
文、体设施	20	2%
总　计	1057	100%

资料来源：本课题组2016年底调研结果

第八章

北京市城六区人口调控思路与对策建议

第一节 北京城六区人口调控的思路

为了实现北京市2020年人口控制在2300万，城六区人口自2014年减少15%的目标，我市人口调控工作应紧紧围绕北京"政治中心、文化中心、国家交往中心、科技创新中心"的城市功能定位，及建设国际一流和谐宜居之都的要求，遵循创新驱动、疏堵结合，政府引导，市场调节；经济手段、行政手段、法律手段并用的原则，推动人口调控工作，实现人口调控目标。

一、创新驱动，疏堵结合

北京作为首都，拥有众多的教育、医疗、交通等优质公共资源，是中央政府的所在地，众多央企、国企、事业单位也高度聚集，由此提供的就业机会也很多，所以，北京对人才、人口的吸引力都很大。因此，北京市的人口调控，尤其是城六区的人口调控的任务非常艰巨。为此，必须不断的开拓新思路，创新工作方法，从疏堵结合上做文章。一方面要从源头上做好人口疏解工作，促进北京市城六区人口向新城地区，甚至向河北、天津等其他省市转移，另一方面要通过各种措施，限制北京人口的不断聚集，尤其要不断减少城六区的人口数量。

二、政府引导，市场调节

根据经济学原理，市场经济下，每个人都是理性的人，都是经济人，每个人都会自觉不自觉地去追逐个人利益的最大化。因此，北京的人口调控工作一定要让市场机制发挥作用，才能最大限度地调动每个人、每个企业的积极性。为此，要正确处理好政府与市场的关系。虽然，能否长期将疏解的人口与功能留在新城或留在河北等更远的疏解地，最终要看市场机制是否能发挥应有的作用。但是，在市场机制发挥作用之前，政府引导非常重要。毋庸置疑，通过一系列政策的支持，可以有效地激发企业与个人到新城地区甚至河北等更远疏解地居住和创业的能动性。为此，一定要落实各区政府的主体责任，在市委、市政府的统一领导下，通过制定各种优惠政策，促进企业和个人的有效疏解。

三、经济手段、行政手段、法律手段并用

根据经济学原理，市场经济能够实现资源的最优配置。但是，实现的条件是非常苛刻的。即只有在完全竞争的市场条件下，市场机制才能发挥作用，才能实现资源的最优配置。而现实情况下，是达不到完全竞争的市场条件的，所以，市场失灵也是一个常态。因此，为了引导人口按既定的方向流动，需要经济手段、行政手段、法律手段并用。

经济手段是通过采取财政、金融手段来改变当事人的收益或成本，来实现人们行为的调节；行政手段则是直接通过准入限制等手段来实现人们行为的调节。市场经济，是法制经济，运用法制手段调控会更有效率。所以，在适当的时候，应该将一些人口调控的政策手段，上升为法律法规。

第二节 对策建议

一、加强组织领导，建立专门的人口调控机构

由于人口调控工作非常复杂，影响因素众多，涉及范围广，既涉及教育、医疗等优质公共资源的疏解，也涉及产业的转移、地下空间的清理整治、群租房的治理、老旧小区综合整治、城乡结合部的整治改造、违章建筑的拆除等等工作，还需要市教委、卫生健康委、民防局、市商务局、住建委重大办、首都综治办、城管执法局、规划自然资源委、市交警信息化委等的联合作战，所以，人口疏解工作需要一个得力的领导机构。即由市委、市政府领导牵头，市相关部门参加的专门的人口调控部门——市人口调控工作领导小组。由市人口调控

工作领导小组进行市级统筹、纵向领导、横向协同，专门负责每年人口调控的目标制定、责任落实、统筹协调、检查督办。

另外还要成立人口疏解专家咨询委员会，对人口疏解中遇到的问题进行研究，提出相应的对策建议，供政府决策参考。

二、加强规划引导，优化产业布局

产业是吸纳人口的一个重要载体，有什么样的规划布局，就有什么样的产业布局，就会有什么样的人口聚集和人口密度，因此，要从源头做好城市规划、土地利用规划、房地产规划。

1. 要通过北京市总体规划的修编，使北京市的产业布局更加合理

北京市的产业布局应符合北京四个中心的城市定位，使北京的城市功能与产业布局相吻合。确实做到人随功能走、人随产业走。

2. 要严格执行城市规划、土地利用规划

严格按照土地利用性质使用土地，要防止随意改变土地利用性质，违规使用土地，尤其对商改住要严格清理。"商改住"，本来是产业用地，违规改变了土地性质，作为居住用途使用，规避了北京市的住房限购政策，导致了更多外来人口的聚集，因此，要坚决清理"商改住"的项目，对于新建项目不允许再出售给个人与家庭居住。

3. 要严格执行北京新增产业禁限目录

重点加强一般制造业、区域性专业市场和区域性物流基地的疏解，坚决淘汰污染行业。

三、发挥政府主导，实现教育、医疗等优质公共资源均衡配置

人口的迁移是有一定规律的。人们总是在寻找宜居的生活空间。哪里的教育、医疗配套更完善，哪里聚集的人口就会更多。如果家里有上学的孩子，则一般会寻找有较好教育资源的小区居住。学区房被恶炒，一方面是由于其有真实的需求，另一方面也是优质教育资源分布不均衡的原因所致。因为，每个家长都不愿意自己的孩子输在起跑线上。伴随着老龄化的到来，医院的配置也越来越受到人们重视。因此，政府主导，均衡配置教育、医疗等优质公共资源非常重要。

1. 要加大力度支持三级甲等医院、本科和专科高等学校、示范中学、重点

小学、幼儿园在新城地区，甚至在河北等地配置。不仅要建分院、分部，疏解城六区的教育、医疗资源，还要在新城地区、河北等地建立更多的总院、总部。因为，在人们眼里分部、分院与总部、总院还是有区别的。分部、分院对人口的疏解带动作用远远没有总部吸引力更大。要给予迁出城六区的医院、学校相应的财政补贴和税费优惠，并解决职工的住房问题，提高职工的工资待遇，给予相应的交通补贴、生活补贴。

2. 在环京区域建设一批养老基地。随着人口老龄化的到来，养老基地的建设非常重要。而退休的老年人，已经不再参与工作，可以鼓励老年人到京外养老。为此要与河北等地结合北京医疗资源的疏解，建立一批养老基地，并给予养老基地一定的建设经费支持，享受北京的养老项目补贴政策。鼓励老人到京外养老，享受异地医保报销待遇。

四、实现京津冀协同发展，疏解非首都功能

北京人口不断聚集的一个主要原因就是因为京津冀的发展差异较大，北京作为首都，城市功能太集中。不仅是政治中心、文化中心、国际交往中心、科技创新中心，还是金融中心、商业中心、交通中心、医疗中心、经济中心，因此，具有就业机会多，收入高等优势，河北、天津与北京相比，各方面都差的很多，尤其河北有"灯下黑"之说。在环京地区还有不少贫困县。因此，要疏解北京人口，实现北京人口调控目标，不能只站在北京看北京，要跳出北京看北京。只有京外与北京一样宜居宜业，实现京津冀协同发展，才能真正的使疏解非首都功能、疏解人口变成现实。

1. 大力支持雄安新区建设。高标准建设雄安新区，是京津冀协同发展的关键环节和重中之重。北京市应拿出一定财力支持雄安新区的建设，打造北京非首都功能疏解集中承载地。帮助雄安新区形成新的区域增长极，从而有效缓解北京大城市病。

2. 加快京津冀交通一体化、产业一体化、公共服务一体化的建设。交通一体化可以拉近京津冀的距离，有利于人口疏解；产业一体化才能真正让人口在疏解地扎下根来；公共服务一体化的建设会增加河北、天津的吸引力，有效的减少人口在北京的聚集。

3. 推进京津冀土地供给一体化的实现。土地供给结构决定着产业结构、房地产结构，进而影响着产业、居住空间的布局，影响着人口的流动与区域人口的规模。所以，从京津冀协同发展角度，从北京非首都功能疏解角度进行土地利用规划非常重要。要严格执行《京津冀协同发展土地利用总体规划（2015—2020）》，北京四环以内土地供应一定要减量；北京四环至北京六环进行适当存量挖潜；适当增加燕郊、固安、武清、涿州等地的土地供应。可以探讨离北京较近的河北三河市、大厂回族自治县、香河县、廊坊市广阳区、固安县、永清县、涿州市，作为北京保障房的供应地，联合进行养老基地建设。

五、通过房地产政策，引导人口转移

房地产是居民生活、生产的重要载体，通过房地产、户籍落户政策的实施，可以有效的引导人口转移，实现北京人口调控的目标。

1. **严格限制城六区户籍人口的迁入**

建议未来对城六区户籍人口迁入要实施更加严格的限制。应冻结本市他区迁入城六区的非亲属投靠落户；对城六区引进的人才，已在本市他区购置房产的，应在实际购房居住地办理落户；对于在市内有两套或多套房产的本市居民，申请在城六区房产落户时，应严格审查是否在城六区居住，对不在城六区实际居住的，不予办理落户。

2. **鼓励企业和个人到新城办公、就业**

对于由城六区迁往新城的企业和个人三年内免交企业所得税、个人收入所得税；对于由城六区前往新城地区就业的教师、医生等高级人才，根据职称适当提高工资待遇，并提供保障房或住房补贴。

对于出售城六区的住房到新城地区购房，并就近就业的居民，减免住房交易中的各种税费，实施零成本换房、"零税费"政策。

对于由城六区前往新城地区的外来人口，优先实施公共服务均等化政策，与户籍人口一起享受义务教育、医疗等基本公共服务。

3. **对城六区实施严格的住房限购，鼓励居民到新城地区购房定居**

在城六区购房除符合北京市的限购政策之外，还应符合在城六区居住5年的条件。鼓励居民在新城地区购买住房。对于由城六区前往新城地区的居民，在新城地区购房时给予税收、贷款政策的优惠。

4. **自住型商品住房和公租房优先给城六区居民配售或配租**

由于现在保障房的土地供应一般都在城六区之外，优先保障符合条件的城六区居民，从一定程度上也是鼓励其外迁。

5. 严格控制北京市尤其是城六区商品房开发建设规模和强度

房地产供应量不断增加必然带来人口的聚集。因此，要严格控制北京城六区尤其是东西城商品房的开发建设规模和强度。棚户区改造也要避免拆少建多，尽量进行货币补偿，鼓励人口外迁，对外迁的居民实施奖励。

6. 调整自住型商品住房的准入条件，缩小自住型商品住房的覆盖面

目前自住型商品住房的覆盖面较宽，不仅包括首套房的刚需人群，也包含了二套房的改善性需求人群。有两套房的家庭，难免会有出租现象，违背了自住型商品住房"自住"的初衷；自住型商品住房的门槛太低，与商品房没有任何区别，保障面太宽，对于亟需得到保障的居民是不公平的，也不利于北京的人口疏解。建议只对无房户出售自住型商品住房，让其回归自住功能。

六、运用财政税收金融手段促进人口转移

财政税收金融手段是进行宏观调控常用的手段之一。可以通过这些手段的运用更好的实现人口调控的"疏堵结合"原则，鼓励人口向京外、向城六区外疏解，堵住人口向城六区流动的漏洞。短期来看，强硬的行政手段会起到一定作用，但难免会有反弹现象，长期来看，利用财政税收金融等的经济手段，能够根本上改变当事人的收益与成本，能够从其自身利益最大化角度出发做出在哪儿滞留的选择，效果更好。为此，建议：

1. 通过补贴，降低新城地区生活成本

制定相应的政策，使新城地区的水电气热价格等低于城六区，并对由城六区前往新城地区工作并居住的居民给予一定的交通补贴。

2. 鼓励企业录用本市户籍人员就业

对录用本市户籍人员的企业给予补贴；尤其对新城地区录用原城六区户籍的职工给予鼓励，给予企业适当补贴及优先融资便利。

七、多部门协作，加强城市综合治理

1. 结合"疏解整治促提升"专项行动，加强城市综合治理

加强城市综合治理是人口疏解的重要手段之一。收效也是最快的。应结合"疏解整治促提升"专项行动（2017—2020年），加强城市综合治理。要紧紧围绕全市特别是城六区人口调控目标，核定各专项任务，以城市环境和秩序整治为工作重点，通过拆除违法建设、占道与无证无照经营和"开墙打洞"整治、

城乡结合部整治改造、中心城区老旧小区综合整治、中心城区重点区域整治提升、疏解一般制造业和"散乱污"企业治理、疏解区域性专业市场、地下空间和群租房整治等，以达到疏解城六区人口的目的。

2. 疏解腾退空间一定要用好

要对疏解腾退空间进行重新规划合理使用，一定不要出现拆少建多的情况。腾退空间要用于改善生态环境，留白见绿，多建绿地；要补齐基础设施和公共服务的短板，用于安全、科技文体设施、市民活动场所、停车场等。

八、建立人口规模调控综合考评激励机制

城六区人口调控应在北京市政府统一领导下，落实地方政府主体责任，根据城六区人口与2014年人口减15%的目标，科学确定各区人口规模控制边界，建立人口规模调控综合考评激励机制。要制定人口规模调控的年度计划和五年计划，并把人口调控目标落实到每个相关部门和个人，与年终绩效考评挂钩，制定相应的奖惩办法。要及时跟踪、检查，发现问题，及时组织相关部门研讨并解决问题，使人口规模调控落到实处。

附录1

关于北京城六区人口疏解的几点政策建议

（北京社科基金要报2016年第15期 拟用稿）

赵秀池

摘要： 根据《京津冀协同发展纲要》精神，到2020年，北京市人口规模应控制在2300万人，城六区人口应减少15%，因此，根据近年来城六区人口变动的趋势，研究科学人口疏解的政策是当务之急。本文指出近几年城六区人口变动情况有如下特征：城六区人口规模不断增加，但增速低于全市；城六区人口密度不断增加，但增速趋缓；城六区仍聚集了半数以上增量人口，新增户籍人口占全市七成；由于机会多、收入高，就业人口仍在城六区聚集。为此，提出如下政策建议：严格限制城六区户籍人口的迁入；鼓励企业和居民到新城办公、就业；对城六区实施严格的住房限购，鼓励居民到新城地区购房定居；降低新城地区的生活成本。

根据《京津冀协同发展纲要》精神，到2020年，北京市人口规模应控制在2300万人，城六区人口应减少15%，因此，根据近年来城六区人口变动的趋势，研究科学人口疏解的政策是当务之急。承担北京社科基金项目"基于旧城改造的北京市核心区人口疏解模式研究"的首都经济贸易大学特大城市经济社会发展研究协调创新中心的研究员赵秀池研究发现，近几年北京城六区人口变动情况有如下特征：

一、城六区人口规模不断增加，但增速低于全市

"十二五"期间城六区常住人口不断增加，由2010年的1171.6万人，增加到2015年的1282.8万人，增加了111.2万人。城六区新增人口占到全市新增人口（208.6万）的53%，但增速在不断下降。2011—2015年城六区人口增速分别为：2.5%、2.2%、2.1%、1.8%、0.5%，低于5年中全市人口的增速：

2.89%、2.51%、2.20%、1.74%、0.9%。"十二五"期间，全市人口平均增速2.0%，城六区平均增速为1.8%。尽管城六区人口增速在下降，但人口仍然在增长，因此，实现2020年城六区人口减少15%的目标难度较大。

二、城六区人口密度不断增加，但增速趋缓

"十二五"期间，城六区人口密度由2010年的8562人/平方公里，提高到2015年的9375人/平方公里，人口密度增加了813人/平方公里。2011—2015年城六区历年人口密度增速为2.6%、2.2%、2.1%、1.8%、0.5%，低于全市人口密度的增速：2.9%、2.5%、2.2%、1.7%、0.9%。"十二五"期间全市人口密度平均增速为2.1%，城六区人口密度增速为1.8%。尤其去年，城六区人口密度增速下降较快，比2014年增速下降了1.3个百分点。

三、城六区仍聚集了半数以上增量人口，新增户籍人口占全市七成

2010—2014年五年间，全市新增常住人口189.7万人，城六区常住人口增加了104.7万人，占新增常住人口的55%；全市新增户籍人口75.6万人，城六区新增户籍人口53.5万人，占新增户籍人口的71%；全市新增外来人口114万人，城六区新增外来人口56.6万人，占新增外来人口的57%。因此，户籍人口的调控与外来人口的调控同等重要。

由于城六区机会多、收入高，就业人口仍在城六区聚集。

2010年北京市城六区的在职职工占全市的71%，2014年北京城六区的在职职工占全市的72%，"十二五"期间，就业人口结构几乎没有发生变化。

城六区就业人口聚集的原因，主要是城六区提供的就业机会多，工资收入较高。2014年，全市职工工资平均为103400元，城六区在职职工平均工资为119878元，为全市的1.2倍；新城地区则为72284元，为全市工资的70%。城六区在职职工平均工资为新城地区的1.7倍。因此，在新城地区布局更多的产业，提供更多的就业机会，对城六区人口疏解尤为重要。

城六区是首都功能的载体，城六区人口过度聚集导致交通拥堵、环境污染等"大城市病"较为突出，影响了首都功能的发挥，因此，为了落实首都功能定位，实现《京津冀协同发展纲要》中城六区的人口调控目标，从提高新城地区的吸引力，加大城六区向外的推力角度，提出如下城六区人口疏解的政策建议：

（一）严格限制城六区户籍人口的迁入

"十二五"期间，仍然有七成新增户籍人口落在了城六区，因此，未来对城六区户籍人口迁入要实施更加严格的限制。应冻结本市他区迁入城六区的非亲属投靠落户；对城六区引进的人才，已在本市他区购置房产的，应在实际购房居住地办理落户；对于在市内有两套或多套房产的本市居民，申请在城六区房产落户时，应严格审查是否在城六区居住，对不在城六区实际居住的，不予办理落户；城六区的商业、办公等非住宅房屋一律不批准落户。

（二）鼓励企业和个人到新城办公、就业

对于由城六区迁往新城的企业和个人三年内免交企业所得税、个人收入所得税；对于由城六区前往新城地区就业的教师、医生等高级人才，根据职称适当提高工资待遇，并提供保障房或住房补贴。

对于出售城六区的住房到新城地区购房，并就近就业的居民，减免住房交易中的各种税费，实施零成本换房、"零税费"政策。

对于由城六区前往新城地区的外来人口，优先实施公共服务均等化政策，与户籍人口一起享受义务教育、医疗等基本公共服务。

（三）对城六区实施严格的住房限购，鼓励居民到新城地区购房定居

住房是人们赖以生存的重要载体。住房的空间布局与住房政策对人口的分布会有重要影响。因此，对城六区应实施更严格的限购政策。在城六区购房除符合北京市的限购政策之外，还应符合在城六区居住 5 年的条件。

鼓励居民在新城地区购买住房。对于由城六区前往新城地区的居民，在新城地区购房时给予税收、贷款政策的优惠。

（四）降低新城地区的生活成本

制定相应的政策，使新城地区的水、电、煤气价格等低于中心城区，并对由城六区前往新城地区的居民给予一定的交通补贴。

附录2

北京市居民居住意愿调研报告（一）

赵秀池　高曼曼　杨　柳

一、调研目的与手段

利用暑假时间，2010年8月份课题组对中心城与新城的部分居民做了抽样调查，重点调研了原东城区、原西城区、原崇文区、原宣武区、朝阳区、海淀区、丰台和石景山区的原城八区的中心城区居民173人，距离中心城较近的通州区、房山区、大兴区、昌平区和亦庄5个新城地区的居民103人，各区县平均20人左右。其中男性占比为49.64%，女性为50.36%；居住在中心城的占比为62.17%，新城占比为37.83%。抽样的对象尽量各行各业、本地人、外地人都有所涉及，以保证样本的代表性。

调研目的是通过调研了解中心城与新城居民对公共资源分布情况的认识，从中发现公共资源配置的问题及居民的需求，以便提出北京中心城人口与功能疏解的对策。

二、样本情况

（一）样本户籍所在地构成

调研的样本中大部分是北京市户籍人口。其中中心城户籍人口占比70.69%，新城为66.99%；中心城外省市户籍人口占比为30.69%，新城为33.01%。

（二）样本的职业构成

调研样本的职业一半是一般职员，其次为中层管理人员、工人、教师、公务员等。具体的样本职业构成见附图2。

<<< 附录2 北京市居民居住意愿调研报告（一）

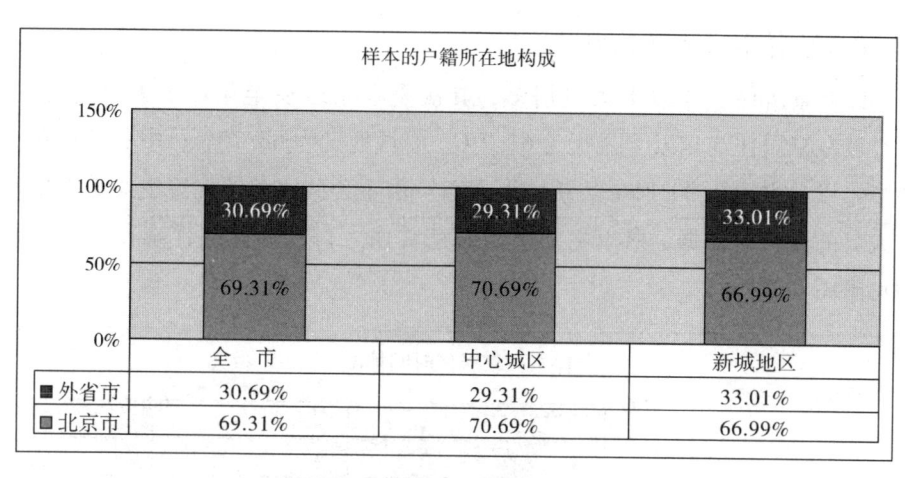

附图2-1 样本的户籍所在地构成

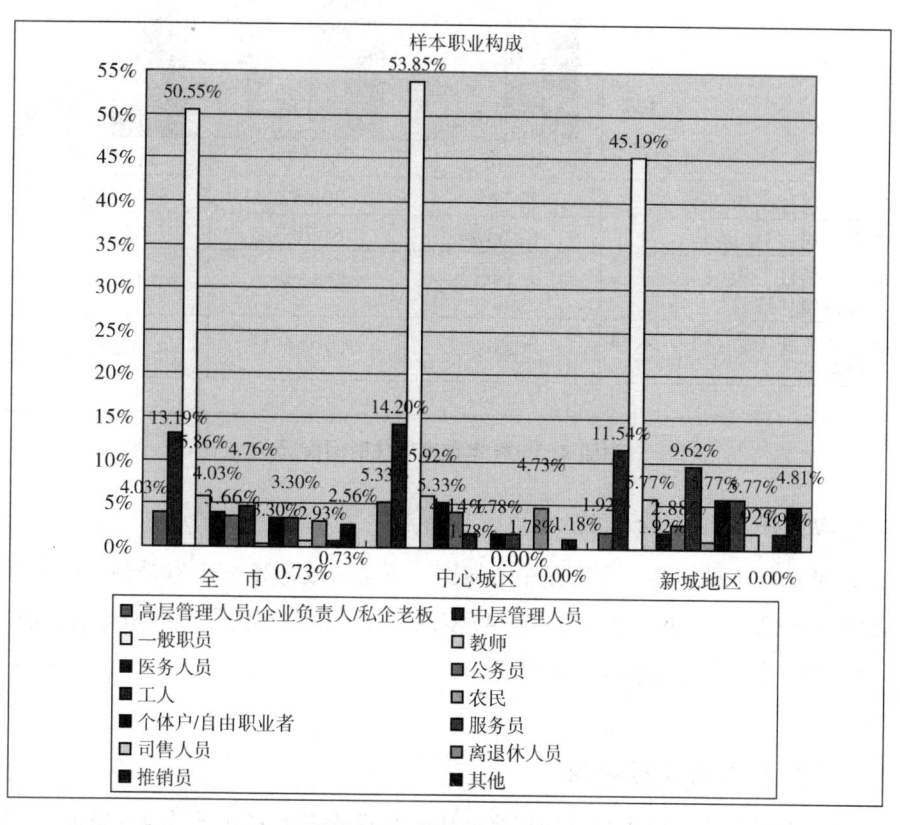

附图2-2 样本的职业构成

(三) 样本在京居住时间

以在京居住5年以上人员居多，其次是在京居住半年以上人口。其中，中心城在京居住5年以上占比为61.7%，新城地区为63.75%；中心城在京居住半年以上占比为30.85%，新城为35%。由于公共资源的配置主要是根据常住人口的多少为依据，所以主要调研的是常住人口。具体的样本在京居住时间见附图2-3。

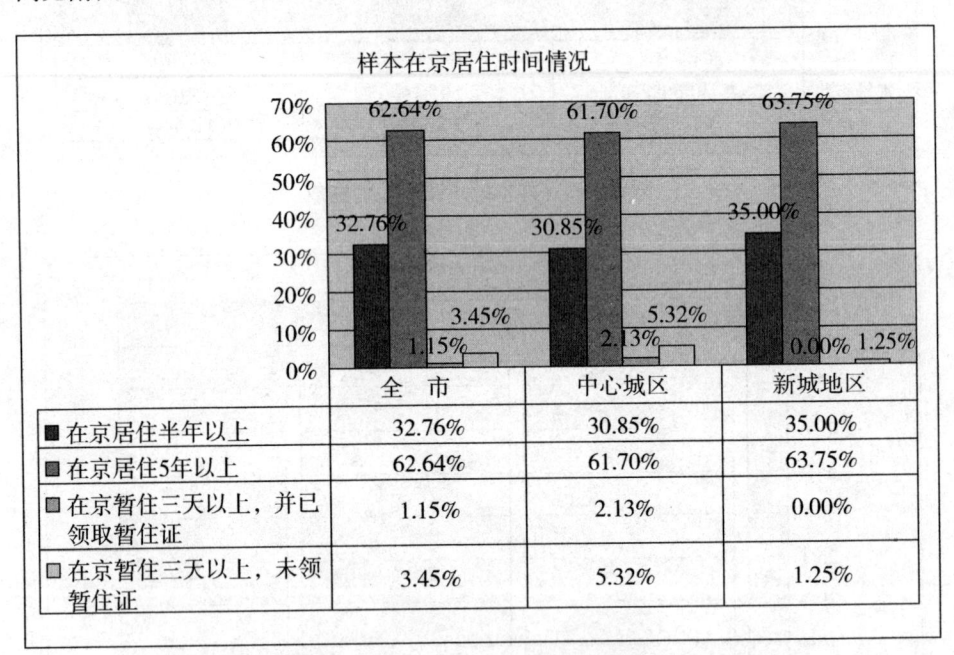

样本在京居住时间情况

	全市	中心城区	新城地区
在京居住半年以上	32.76%	30.85%	35.00%
在京居住5年以上	62.64%	61.70%	63.75%
在京暂住三天以上，并已领取暂住证	1.15%	2.13%	0.00%
在京暂住三天以上，未领暂住证	3.45%	5.32%	1.25%

附图2-3 样本在京居住时间情况

(四) 样本的年龄结构

调研的样本的年龄，不管是中心城区，还是新城，26—35岁是调研的重点，其次是18—25岁、46—55岁、36—45岁的居民。这些年龄段的人是目前劳动大军的主力。样本的年龄结构如附图2-4。

(五) 样本的学历结构

调研的样本中，以本科学历居多，中心城区大学本科占比为42.35%，新城为33.33%；其次为大专、高中（含中专、技校学历），中心城大专学历占比为23.53%，新城为21.57%；中心城高中学历占比为18.24%，新城占比为

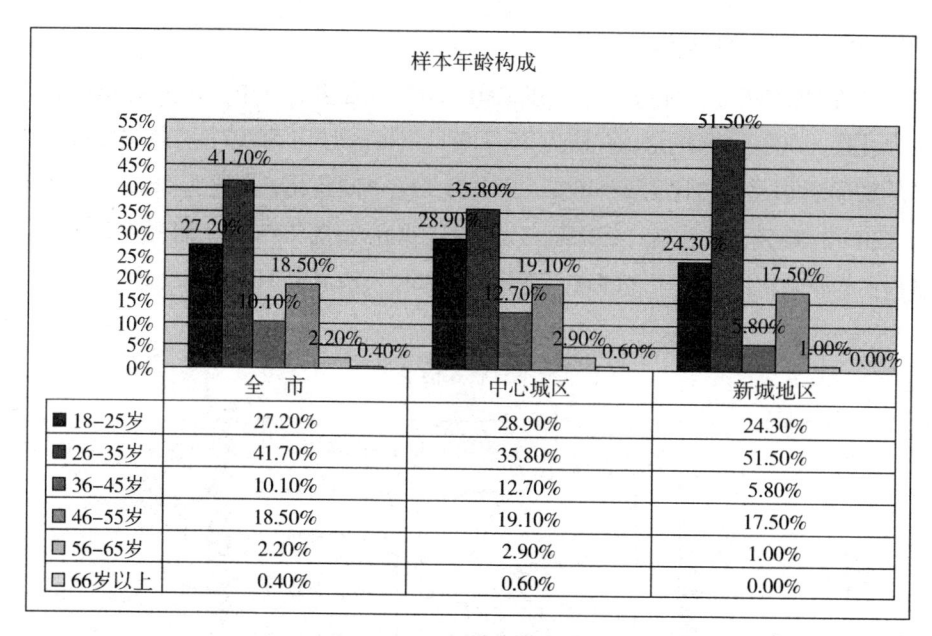

<<< 附录2 北京市居民居住意愿调研报告（一）

样本年龄构成

	全　市	中心城区	新城地区
18–25岁	27.20%	28.90%	24.30%
26–35岁	41.70%	35.80%	51.50%
36–45岁	10.10%	12.70%	5.80%
46–55岁	18.50%	19.10%	17.50%
56–65岁	2.20%	2.90%	1.00%
66岁以上	0.40%	0.60%	0.00%

附图 2-4　样本的年龄结构

31.37%。这样的学历构成在目前的就业人口中有一定的代表性。具体学历构成见附图2-5。

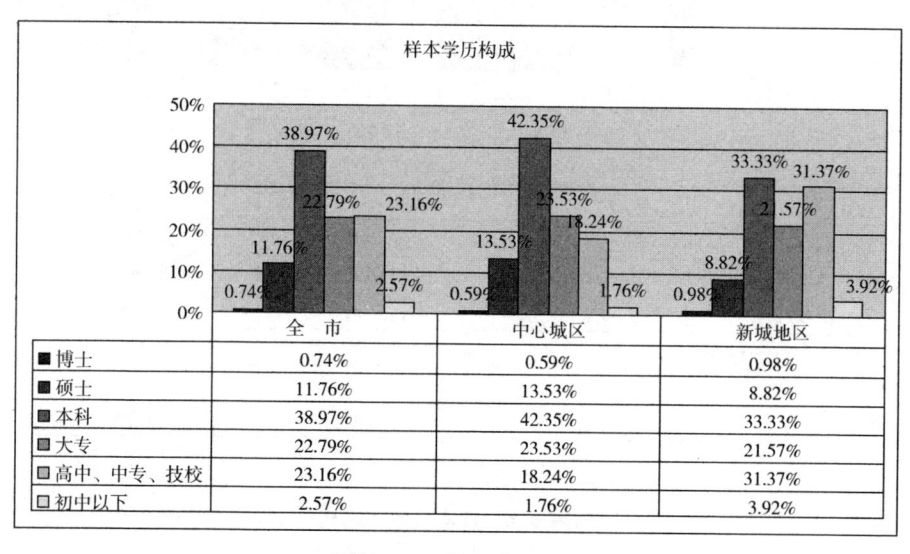

样本学历构成

	全　市	中心城区	新城地区
博士	0.74%	0.59%	0.98%
硕士	11.76%	13.53%	8.82%
本科	38.97%	42.35%	33.33%
大专	22.79%	23.53%	21.57%
高中、中专、技校	23.16%	18.24%	31.37%
初中以下	2.57%	1.76%	3.92%

附图 2-5　样本学历构成

157

（六）样本的收入状况

调研的样本中，中心城月收入以 2001~3000 元居多，其中占比为 28.65%，其次为月收入 3001~4000 元，占比为 26.32%；二者合计占 54.97%。新城月收入以 961~2000 元居多，占比为 28.16%，其次为 3001~4000 元，占比为 26.21%，再次为 2001~3000 元，占比为 24.27%。三者总计占比为 78.64%。调研样本显示，新城居民的收入比中心城居民的收入要低。具体收入构成见图 2-6。

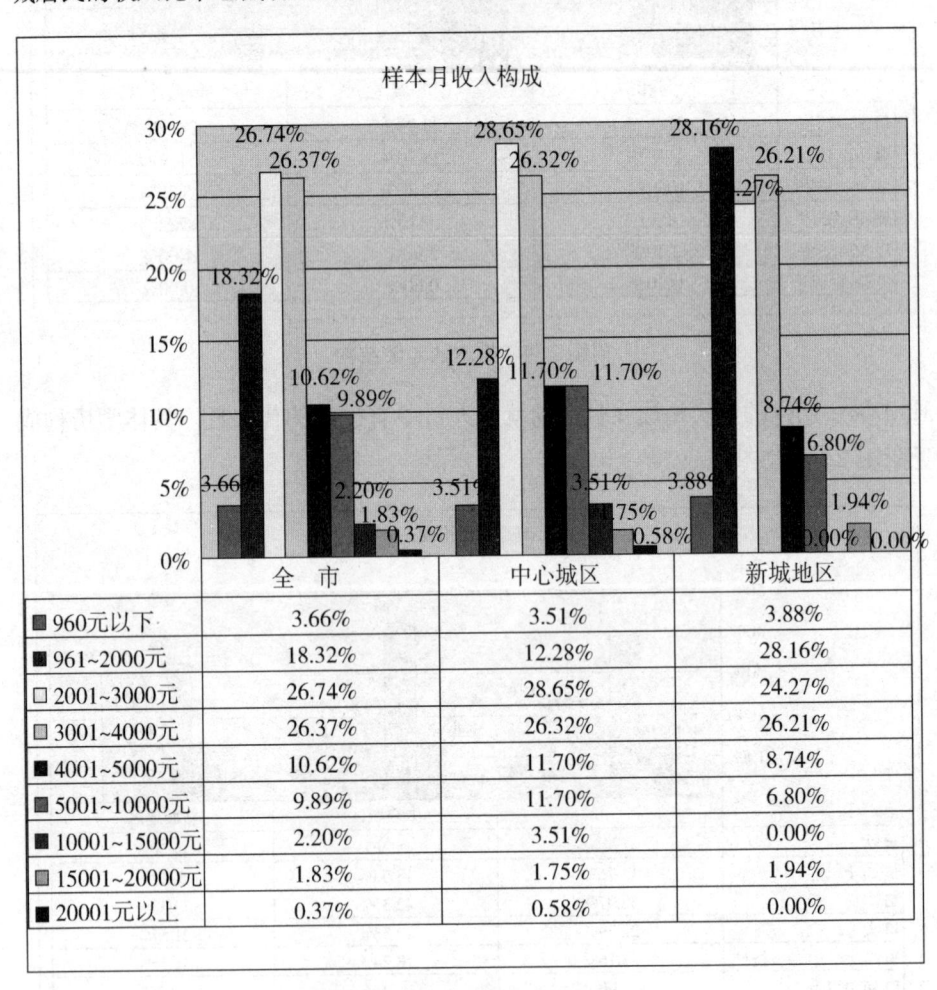

样本月收入构成	全　市	中心城区	新城地区
960元以下	3.66%	3.51%	3.88%
961~2000元	18.32%	12.28%	28.16%
2001~3000元	26.74%	28.65%	24.27%
3001~4000元	26.37%	26.32%	26.21%
4001~5000元	10.62%	11.70%	8.74%
5001~10000元	9.89%	11.70%	6.80%
10001~15000元	2.20%	3.51%	0.00%
15001~20000元	1.83%	1.75%	1.94%
20001元以上	0.37%	0.58%	0.00%

附图 2-6　样本月收入构成

（七）样本工作单位性质

样本工作单位主要是北京市市属企事业单位，其次是民营企业，再次是中央在京单位。中心城三者的比例为：35.47%、22.09% 和 15.12%；新城三者的比例为：40.21%、25.77%和13.4%。具体情况见附图2-7。

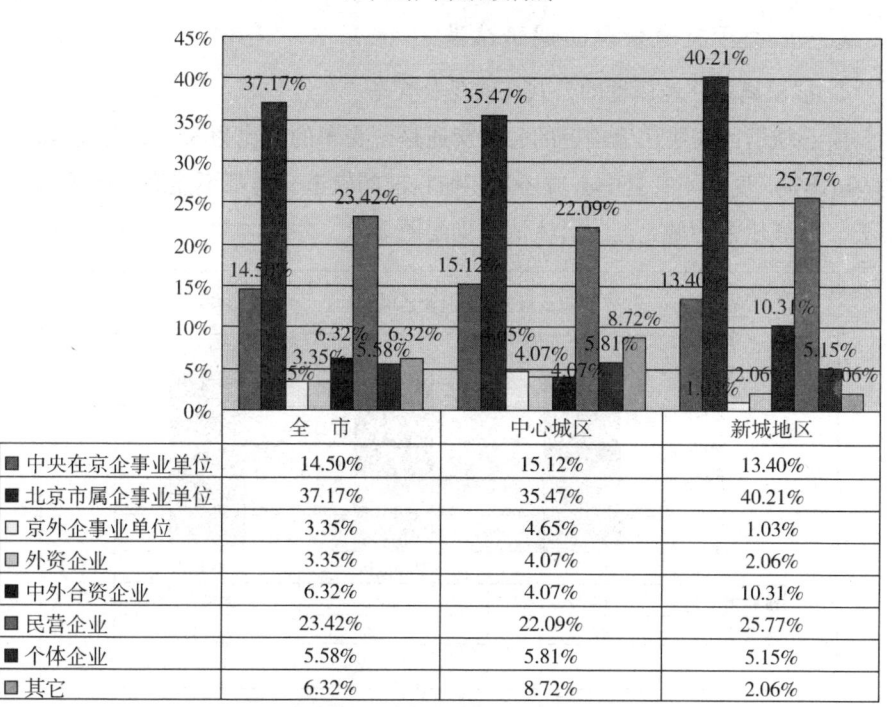

样本工作单位性质构成

	全 市	中心城区	新城地区
■ 中央在京企事业单位	14.50%	15.12%	13.40%
■ 北京市属企事业单位	37.17%	35.47%	40.21%
□ 京外企事业单位	3.35%	4.65%	1.03%
■ 外资企业	3.35%	4.07%	2.06%
■ 中外合资企业	6.32%	4.07%	10.31%
■ 民营企业	23.42%	22.09%	25.77%
■ 个体企业	5.58%	5.81%	5.15%
■ 其它	6.32%	8.72%	2.06%

附图2-7 样本工作单位性质构成

（八）样本工作单位客户来源构成

调研样本工作单位的客户来源主要是北京市。中心城区工作单位的客户来源有75.4%来源于北京市，24.6%来源于外省市；新城分别为：69.61%和30.39%。

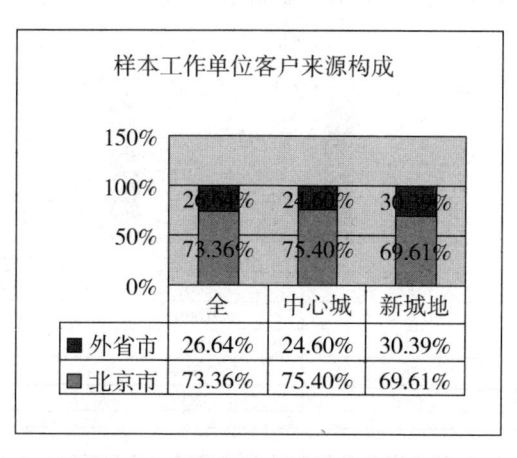

样本工作单位客户来源构成

	全	中心城	新城地
■ 外省市	26.64%	24.60%	30.39%
■ 北京市	73.36%	75.40%	69.61%

附图2-8 样本工作单位客户来源构成

二、调研统计结果

(一) 关于交通资源的调研结果

1. 居民离居住地最近的公共交通是公交车

中心城居民离居住地最近的公共交通是公交车的占比为 85.71%，新城占比为 91.18%。说明不管是中心城还是新城目前的轨道交通都不能满足居民的出行需要。新城比中心城尤甚。具体情况见附图 2-9。

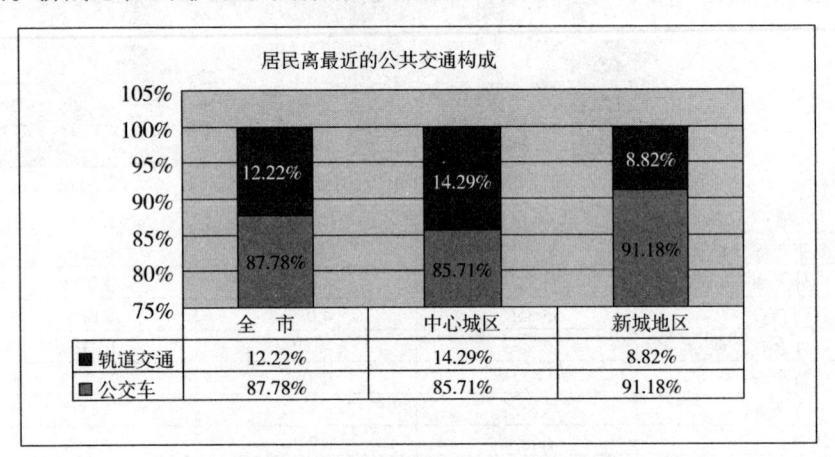

居民离最近的公共交通构成

	全 市	中心城区	新城地区
轨道交通	12.22%	14.29%	8.82%
公交车	87.78%	85.71%	91.18%

附图 2-9 居民离最近的公共交通情况

2. 居民希望离公共交通的步行时间距离是 5 分钟以下

中心城居民希望居住地离最近的公共交通的步行时间在 5 分钟以下的占比达到 74.55%，新城占比为 62.22%；其次为 6—10 分钟，中心城占比为 24.85%，新城为 34.44%。具体情况见附图 2-10。

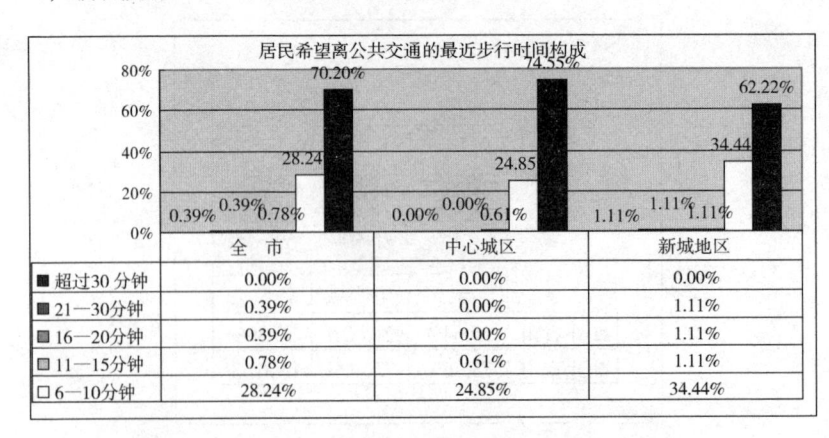

居民希望离公共交通的最近步行时间构成

	全 市	中心城区	新城地区
超过30分钟	0.00%	0.00%	0.00%
21—30分钟	0.39%	0.00%	1.11%
16—20分钟	0.39%	0.00%	1.11%
11—15分钟	0.78%	0.61%	1.11%
6—10分钟	28.24%	24.85%	34.44%

附图 2-10 居民希望离公共交通的最近步行时间情况

3. 居民最希望居住地增设的公共交通设施是轨道交通

中心城居民希望居住地增设轨道交通的占比达到 35.12%，新城占比为 36.13%；其次为公交路线，中心城占比为 25.37%，新城为 26.89%。具体情况见附图 2-11。再一次说明不管是中心城还是新城，轨道交通还是不能满足居民的出行需求。

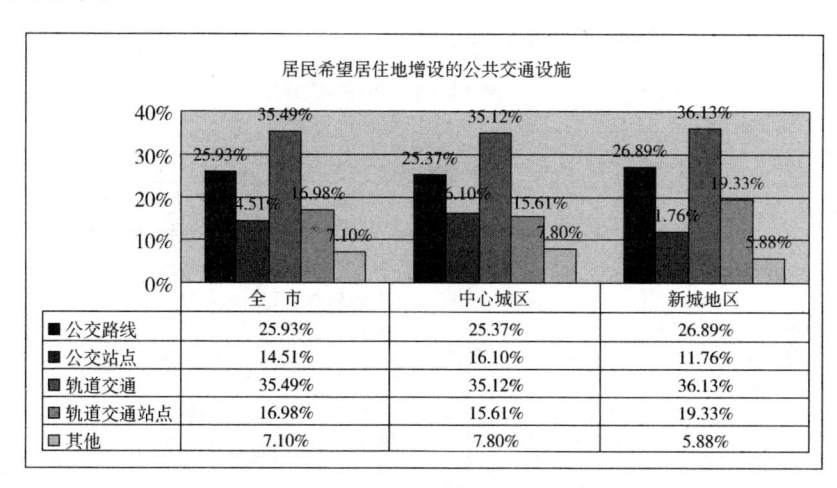

居民希望居住地增设的公共交通设施	全市	中心城区	新城地区
公交路线	25.93%	25.37%	26.89%
公交站点	14.51%	16.10%	11.76%
轨道交通	35.49%	35.12%	36.13%
轨道交通站点	16.98%	15.61%	19.33%
其他	7.10%	7.80%	5.88%

附图 2-11　居民希望居住地增设的公共交通设施

4. 居民到最近的公交站点的实际步行时间为 15 分钟以内

调研样本居住地到最近的公交站点的实际步行时间在 15 分钟以内的，中心城占比为 79.85%，新城占比为 77.22%。具体情况见附图 2-12。

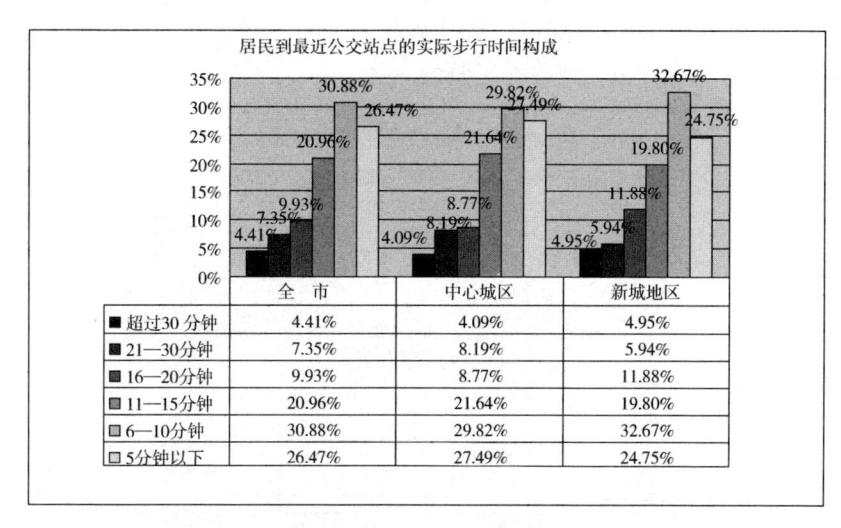

居民到最近公交站点的实际步行时间构成	全市	中心城区	新城地区
超过 30 分钟	4.41%	4.09%	4.95%
21—30 分钟	7.35%	8.19%	5.94%
16—20 分钟	9.93%	8.77%	11.88%
11—15 分钟	20.96%	21.64%	19.80%
6—10 分钟	30.88%	29.82%	32.67%
5 分钟以下	26.47%	27.49%	24.75%

附图 2-12　居民到最近的公交站点的实际步行时间

5. 居民上班主要是乘坐公交车

不管是新城还是中心城，居民上班乘坐最多的公共交通是公交车。其次是自驾车、轨道交通。说明居民乘坐轨道交通还是不太方便。其中中心城居民乘坐公交车的占比达到46.67%，新城达到43.13%；中心城上班选择自驾车的比重为15.56%，新城为18.63%；中心城上班选择轨道交通的比重为12.78%，新城为10.78%。具体情况见附图2-13。

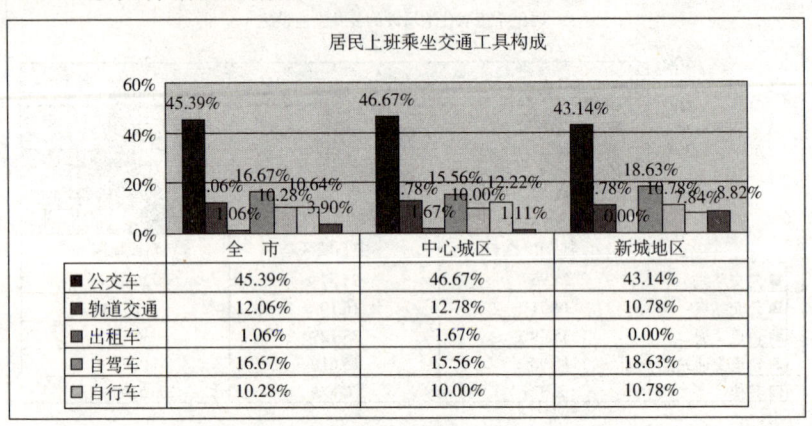

居民上班乘坐交通工具构成	全 市	中心城区	新城地区
公交车	45.39%	46.67%	43.14%
轨道交通	12.06%	12.78%	10.78%
出租车	1.06%	1.67%	0.00%
自驾车	16.67%	15.56%	18.63%
自行车	10.28%	10.00%	10.78%

附图2-13 居民上班乘坐的交通工具构成

6. 调研对象的单程上班通勤时间大多数在1小时以内

调研的居民大多数上班通勤时间在1小时以内。中心城居民单程上班时间花费31—60分钟的占34.57%，花费30分钟以下的占39.51%，二者合计为74.08；新城有37.76%的居民上班时间在31—60分钟之间，有39.8%的居民上班时间在30分钟以内，二者合计为77.56%。

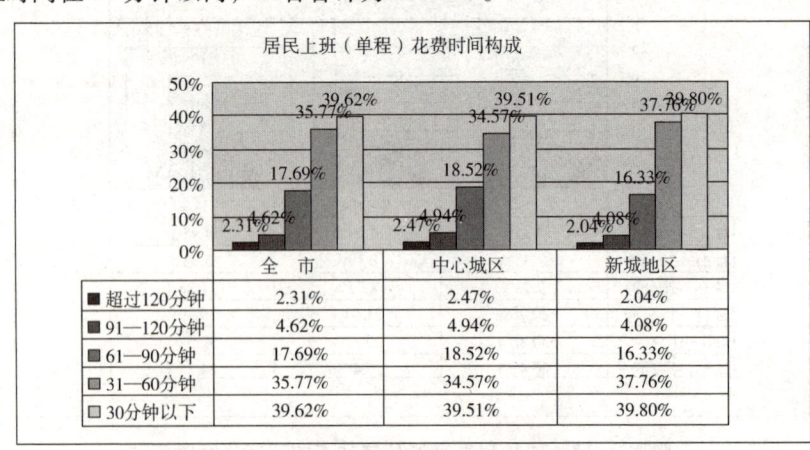

居民上班（单程）花费时间构成	全 市	中心城区	新城地区
超过120分钟	2.31%	2.47%	2.04%
91—120分钟	4.62%	4.94%	4.08%
61—90分钟	17.69%	18.52%	16.33%
31—60分钟	35.77%	34.57%	37.76%
30分钟以下	39.62%	39.51%	39.80%

附图2-14 居民单程上班时间构成

7. 大多数居民认为北京是全国上班通勤时间最长的城市

中心城居民认为北京是全国上班通勤时间最长的城市的占比达到 80.7%，新城占比为 77.23%。具体情况见附图 2-15。

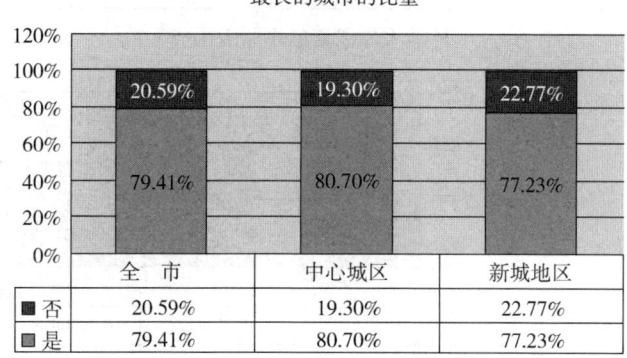

居民认为北京是全国上班通勤时间最长的城市的比重

	全 市	中心城区	新城地区
否	20.59%	19.30%	22.77%
是	79.41%	80.70%	77.23%

附图 2-15 居民认为北京是全国上班通勤时间最长的城市的比重

（二）关于人口流动的调研结果

1. 外地人口来京的目的主要是工作

外地人口来京的目的主要是工作，其次是求学。其中中心城区样本的 80% 的人口来京目的是工作，新城为 83.33%；中心城区样本的有 9.09% 的人口来京目的是学习，新城为 10%。

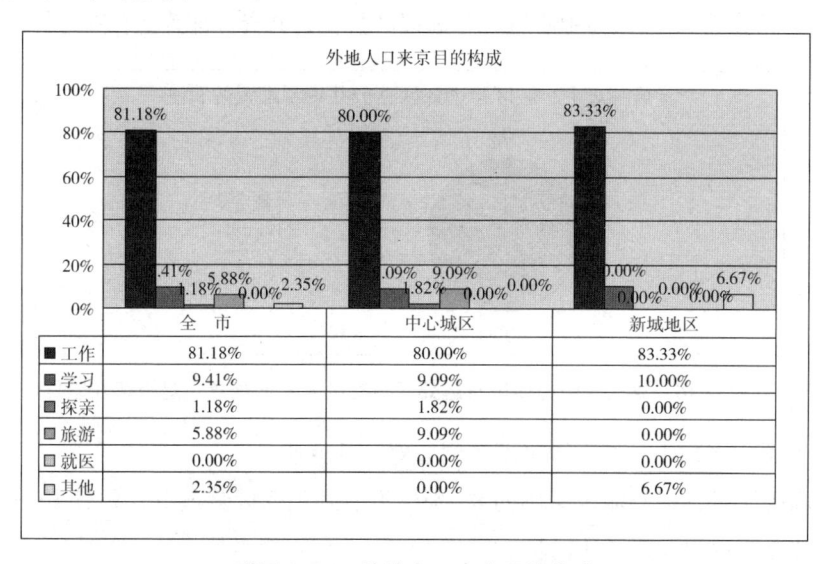

外地人口来京目的构成

	全 市	中心城区	新城地区
工作	81.18%	80.00%	83.33%
学习	9.41%	9.09%	10.00%
探亲	1.18%	1.82%	0.00%
旅游	5.88%	9.09%	0.00%
就医	0.00%	0.00%	0.00%
其他	2.35%	0.00%	6.67%

附图 2-16 外地人口来京目的构成

2. 外地人口来京工作的原因主要是能找到收入较高的工作

外地人口来京工作的原因主要是来京能找到较好的工作，其次是工资收入比家里高。中心城这两个数据分别为46..81%、31.91%，二者合计占73.72%；新城为58.97%和28.21%，二者合计占87.18%。

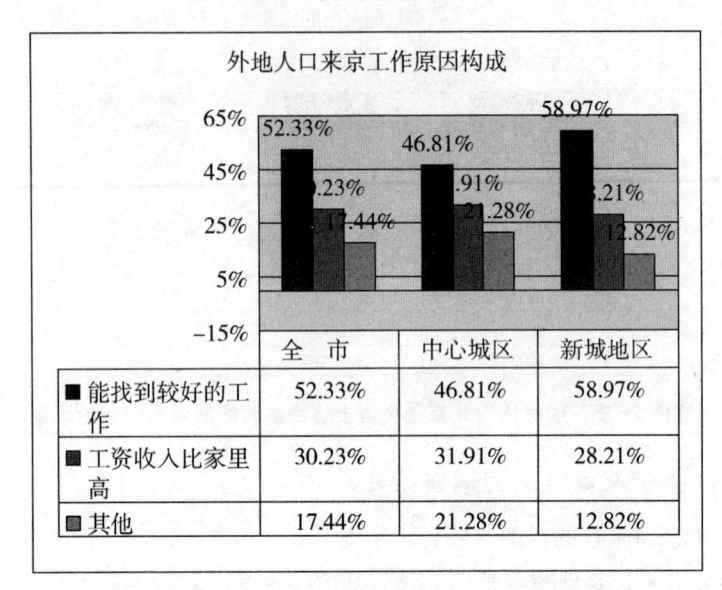

外地人口来京工作原因构成

	全 市	中心城区	新城地区
能找到较好的工作	52.33%	46.81%	58.97%
工资收入比家里高	30.23%	31.91%	28.21%
其他	17.44%	21.28%	12.82%

附图 2-17　外地人口本来京工作原因构成

3. 绝大多数人认为中心城区与远郊区县在公共资源配置上存在差异

99%的调研对象认为中心城区与远郊区县在公共资源配置上存在差异。

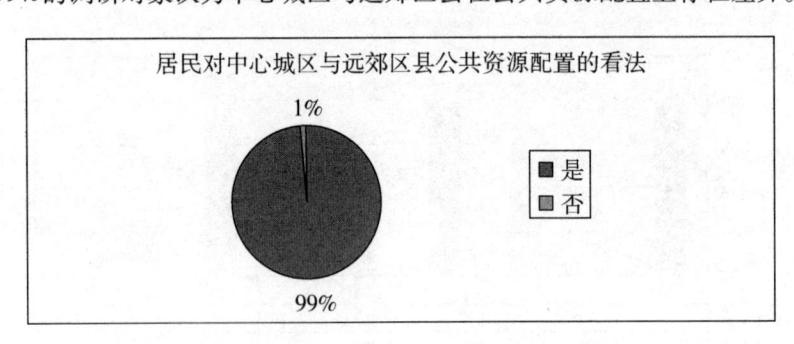

附图 2-18　居民对中心城区与远郊区县在公共资源配置上是否存在差异

4. 绝大多数中心城区居民不愿到远郊区县就业

调研显示，中心城区居民的83.58%不愿到远郊区县就业，只有16.42%的居民选择愿意到远郊区县就业。

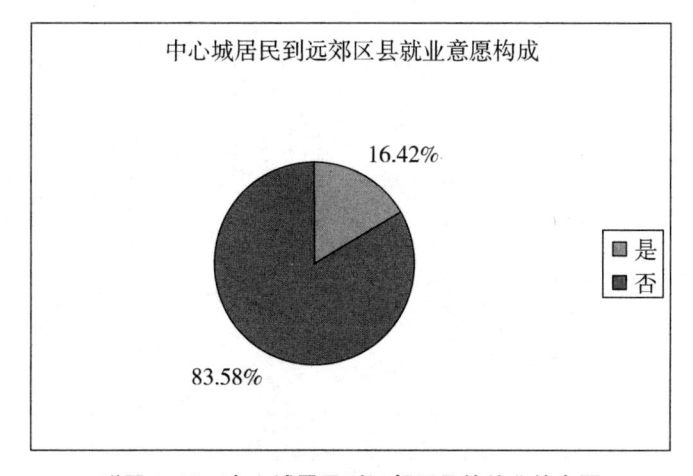

附图 2-19　中心城居民到远郊区县的就业的意愿

5. 绝大多数中心城居民不愿到远郊区县居住

调研显示，中心城居民的 77.56% 不愿到远郊区县居住，只有 22.44% 的居民选择愿意到远郊区县居住。

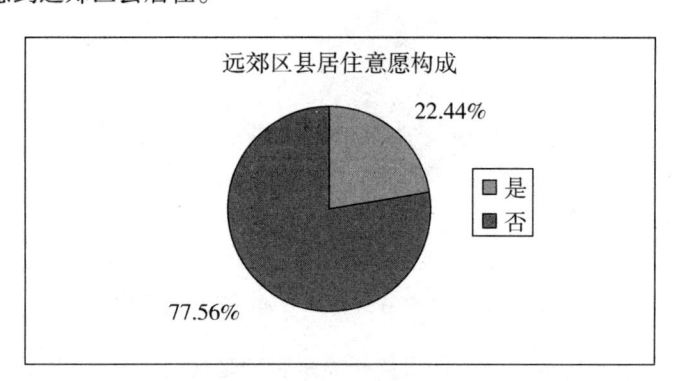

附图 2-20　中心城居民到远郊区县的居住的意愿

6. 郊区优质公共资源短缺是中心城居民不愿到远郊区县居住和就业的原因

不愿到远郊区县居住和就业的原因中，42.59% 的居民选择了郊区优质公共资源短缺，35.8% 的居民选择了旧城设施齐全、生活方便。二者其实是一个问题的两个方面，二者合计达 78.49%。

7. 居民居住在远郊区县遇到的最大困难是交通问题

居民在远郊区县遇到的最大困难是交通问题，选择此项答案的占比达到 62.3%。说明远郊区县亟需改善交通状况。

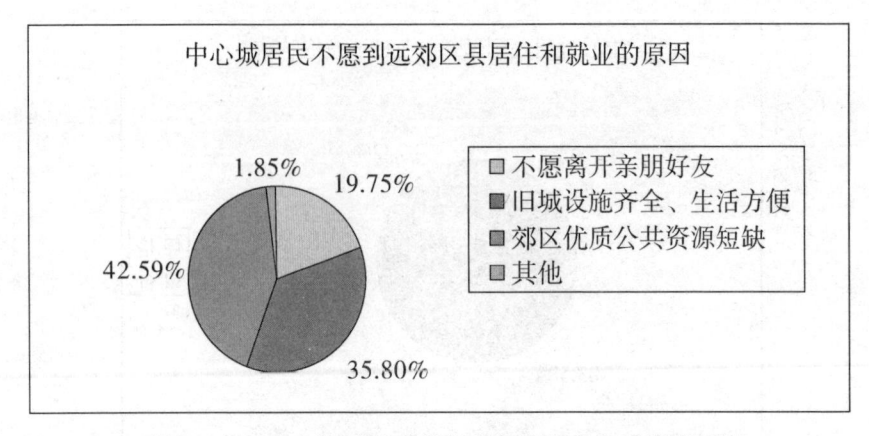

附图 2-21 中心城居民不愿到远郊区县居住和就业的原因

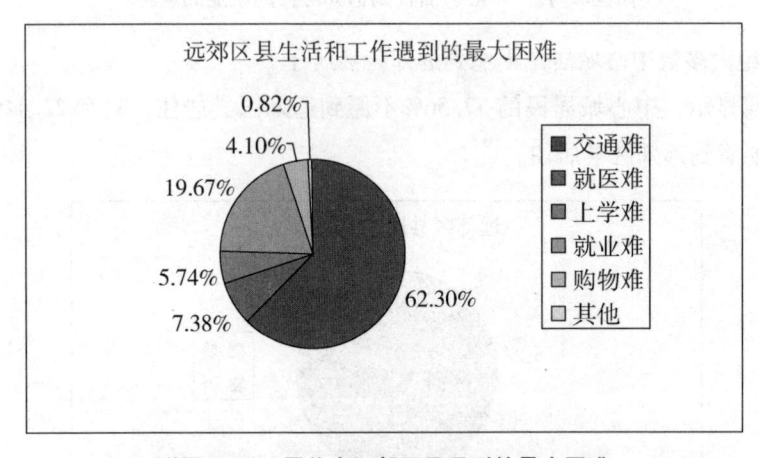

附图 2-22 居住在远郊区县遇到的最大困难

8. 远郊区县吸引居民就业和入住亟需解决的是住房、公交和就医问题

把住房和公交问题作为首选问题考虑的居民分别为42.69%和39.92%，把二者因素作为第二问题考虑的居民分别为19.1%和36.68%；作为第三因素居民考虑的主要是就医、就业和购物问题，占比分别为23.84%、22.09%和17.44%。

9. 绝大多数中心城的企事业单位不愿搬到远郊区县

有88.98%的单位不愿迁至远郊区县，只有11.02%的单位愿意迁至远郊区县。

10. 绝大多数中心城企事业单位未来没有迁至远郊区县的打算

调研数据显示，90%的中心城区企事业单位未来没有迁至远郊区县的打算。

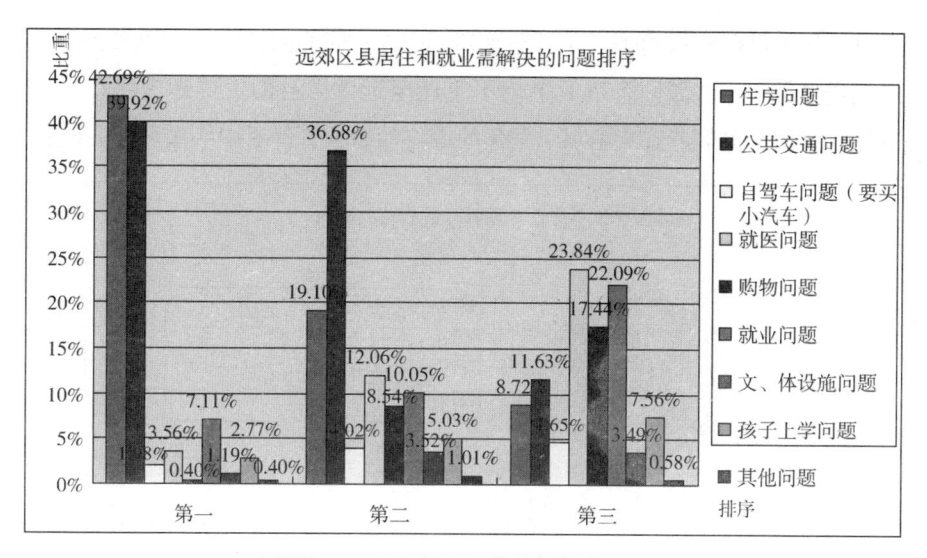

附录2 北京市居民居住意愿调研报告（一）

附图2-23 远郊区县待需解决的问题

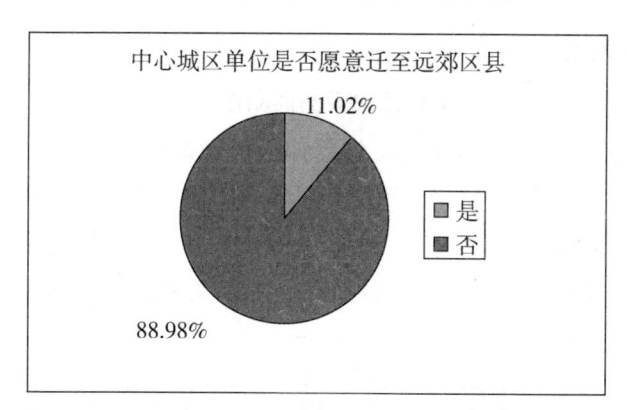

附图2-24 中心城区企事业单位迁至远郊区县的意愿

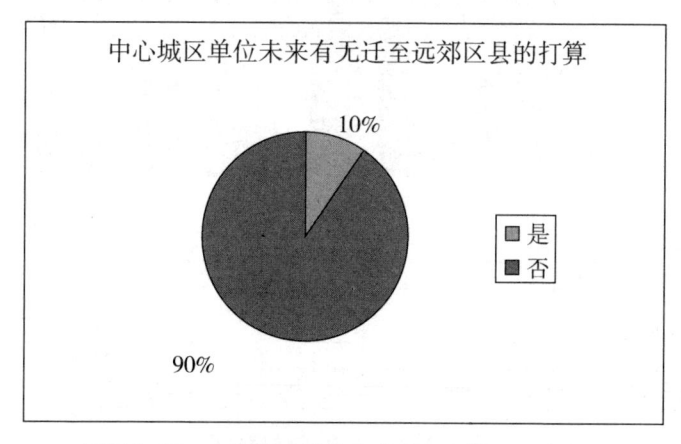

附图2-25 中心城区单位未来迁至远郊区县的意愿

167

11. 中心城区企事业单位不愿迁至远郊区县的主要理由是客户来源和交通问题

调研显示，中心城区企事业单位不愿迁至远郊区县的主要理为：45%的单位的原因是因为其客户在中心城；39%的单位的原因选择了中心城区交通便利。

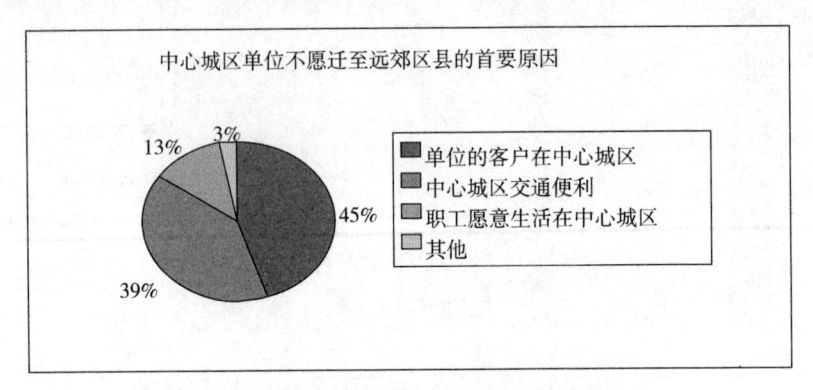

附图 2-26 中心城区单位不愿迁至远郊区县的原因

（三）居民的住房情况

1. 居民目前的住房主要是自己购买的商品房

调研样本的 1/3 居民的住房是自己购买的商品房。其中中心城区比重为 32.76%，新城为 30.1%；经济适用房和两限房的比重很小。其中中心城经济适用房占比为 13.79%，两限房有 0.57%；而新城在抽样调查的数据中没有人住在经济适用房和两限房里。说明新城的经济适用房和两限房极度缺乏。

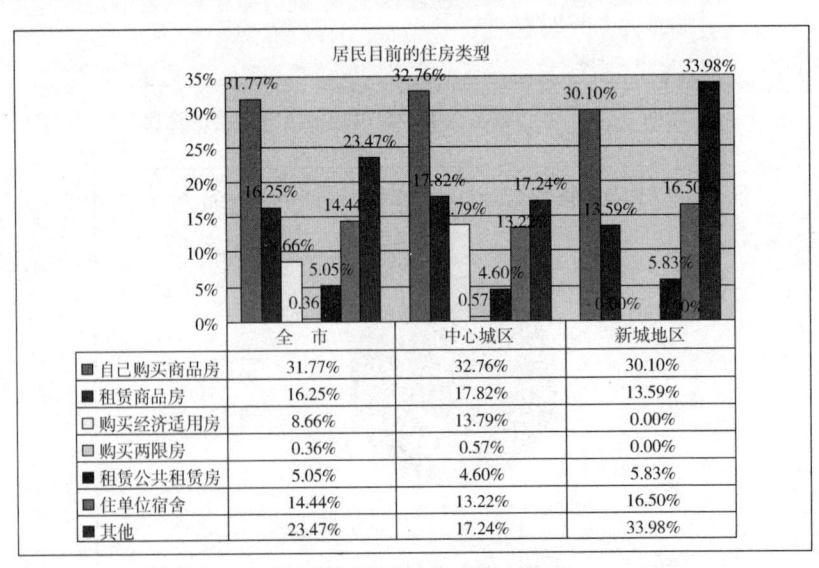

居民目前的住房类型	全　市	中心城区	新城地区
自己购买商品房	31.77%	32.76%	30.10%
租赁商品房	16.25%	17.82%	13.59%
购买经济适用房	8.66%	13.79%	0.00%
购买两限房	0.36%	0.57%	0.00%
租赁公共租赁房	5.05%	4.60%	5.83%
住单位宿舍	14.44%	13.22%	16.50%
其他	23.47%	17.24%	33.98%

附图 2-27 居民的住房类型

2. 40%的居民希望拥有经济适用房

通过对居民住房需求的调查，购买经济适用房的呼声最高，达到40.82%，其次是廉租房，达到17.2%，公共租赁房达16.03%。

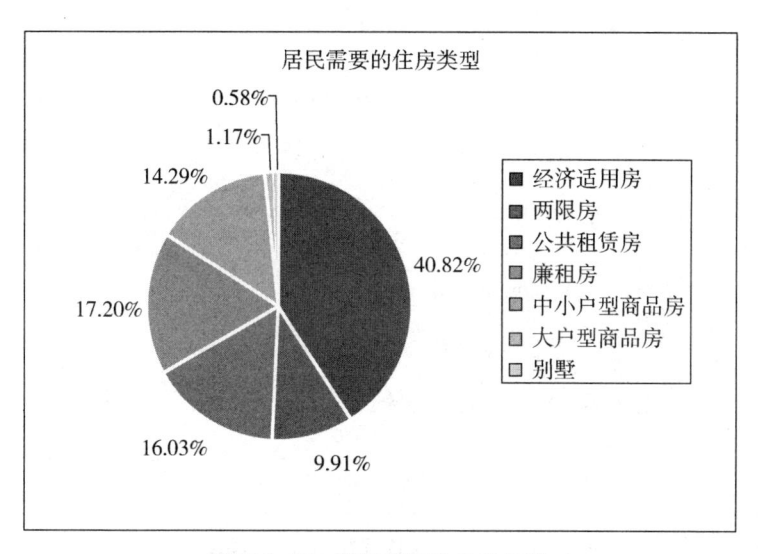

附图2-28 居民需要的住房类型

3. 48%的居民认为应在郊区建设更多的保障性住房，以引导居民到远郊区县居住

调查显示，引导居民到远郊区县居住的政策，首先是在郊区建设更多的保障性住房，（有48.01%的人赞同），其次是税费减免（支持者达26.16%），再次是贷款倾斜（支持者达19.21%）。

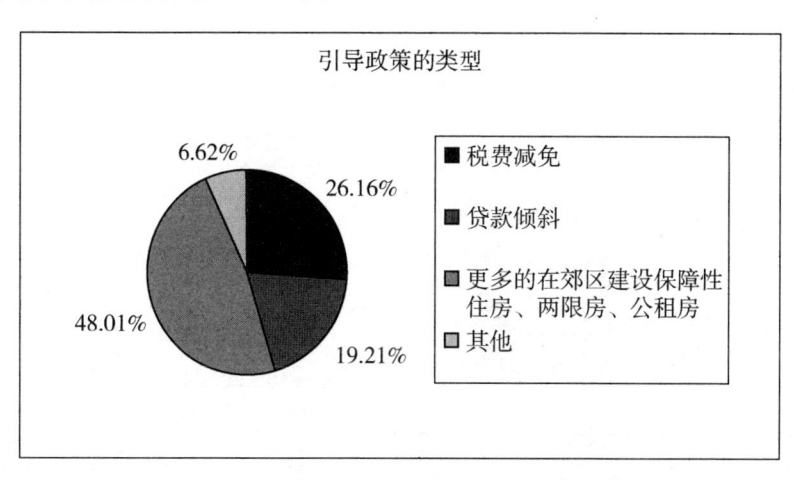

附图2-29 引导居民到郊区居住的政策支持

4. 居民选择居住地首先要考虑的因素是离工作单位的远近

调研结果表明，居民选择居住地首先要考虑的因素是离工作单位的远近，占比为38.91%，其次是离学校的远近，占比达到25.09%。说明居民大多数考虑的"居业联动"和"居学联动"。

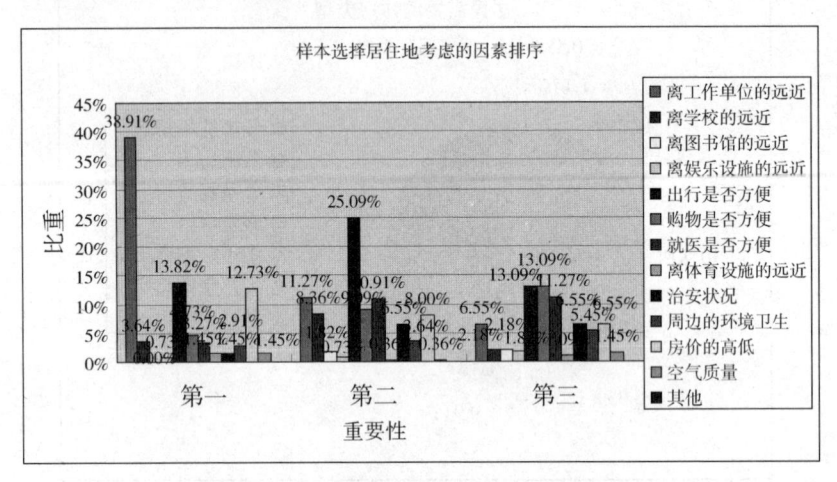

附图2-30　居民选择居住地考虑的因素排序

5. 居住地最需要配置的公共资源是教育、公交和医疗

调研显示，居民认为教育、公交和医疗是最需要配置的公共资源。将三者作为首选要素的居民分别占34.91%、34.18%和12.36%，三者合计占81.45%；将三者作为第二因素考虑的居民分别占12.73%、29.09%和25.82%，三者合计占67.64%；将三者作为第三因素考虑的居民分别占13.45%、6.18和28.73%，三者合计占46.36%。

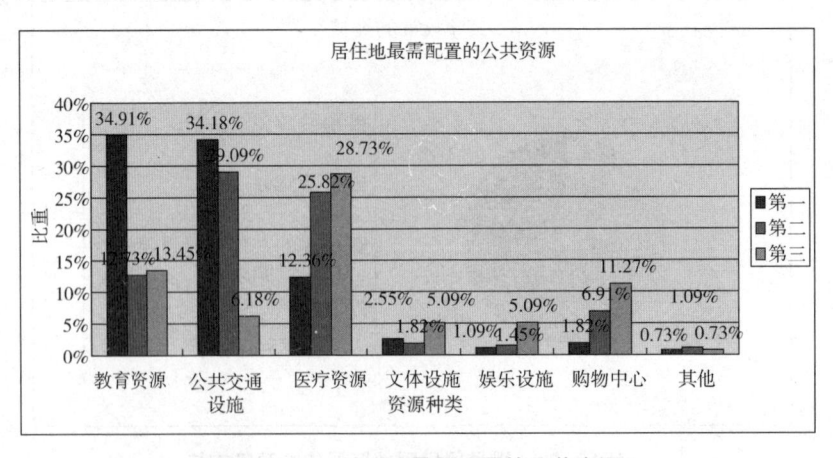

附图2-31　居住地最需配置的公共资源

三、结论与建议

通过本次抽样调查我们得出如下结论：

（一）企业与居民不愿到新城落户的主要原因是新城缺乏优质的公共资源

优质公共资源主要为：公交、学校、医疗、公共住房。为此，我们首先需要大力发展新城的公共交通（包括轨道交通和公交车），尤其是轨道交通；其次要采取政策吸引优质学校、医院到新城开办学校、医院；再次，要在新城大力建设保障性住房，包括经济适用房、廉租房以及公共租赁房。

（二）居业联动是吸引人口入住新城的重要因素

外地人员来京的原因主要是为了找到一份收入丰厚的工作；居民选择居住地的主要原因是离工作单位的远近，因此，我们要根据各新城的功能打造富有特色的产业基地，提供更多的就业机会，这样才能做到居业联动。吸引居民去新城定居和工作，疏解中心城人口。

（三）公共交通的便利性是人口疏解的重要条件

目前居民出行、上班主要还是靠公交车，公交车作为地面交通，容易发生拥堵，这也是新城居民遇到的最大的难题——交通难，通勤时间长，公交路线、轨道交通少。因此要大力发展新城的轨道交通。通过大力发展轨道交通，拉近新城与中心城的时间距离，使更多的人到新城居住、就业。如果交通便利，在新城上班的人也可能住到新城，因为新城的房价便宜，通州新城已经吸引了不在中心城工作的人入住就是实例。

解决交通问题，公交运输也是需要大力发展的，因为它相对轨道交通，成本低、见效快。除了要增设通往新城的公交路线，还要根据居民的需求增设公交站点，使居民离公交站点的时间距离在15分钟以下，增强公共交通的便利性。

（四）在新城建设大量的普通住房和保障性住房是人口疏解的一个有力措施

根据调研结果，想吸引居民入住新城就要解决居民在新城的居住问题。解决的办法一个是在郊区建设更多的中小户型商品房；二是在新城提供更多的保障住房，包括经济适用房、廉租房和公共租赁房。利用房价的市场机制和政府

171

的公共住房的调控,实现中心城人口疏解。

(五) 均衡配置优质教育资源是实现人口疏解的一个重要手段

学校的远近也是居民选择居住地的一个主要条件,为此,要在新城大力发展教育事业,通过税费减免、政府补贴、人才引进、土地政策等吸引优质教育资源到新城办分校,提高新城的教育水平。

附录3

北京市居民居住意愿调研报告（二）

中国银行　赵子薇　首都经济贸易大学　赵秀池

2016年8月至2017年1月，课题组利用问卷星网站、线下问卷填写等方式，进行抽样调查，共收集问卷1057份。其中，收集城六区问卷850份；新城地区问卷207份。调研目的就是了解居民的居住意愿，并与2010年调研数据进行对比，更有针对性地提出城六区人口与功能疏解的对策建议。

（一）调查样本情况

1. 样本户籍所在地构成

本次调研样本大部分是北京市户籍人口。城六区户籍人口占85.24%，新城地区为75.88%；中心城区外省市户籍人口占比为14.77%，新城地区为24.12%。

2. 样本在京居住时间

样本在京居住5年以上比例最高，其次是在京居住半年以上人口，在京暂住三天以上，没领暂住证的人口占到16.67%值得引起关注。其中，中心城区在京居住5年以上的人口占比更高，居住更稳定，为44.09%，新城地区为29.27%；中心城区在京居住半年以上占比为28.35%，新城地区为43.9%。

3. 样本的年龄结构

调研样本的年龄，26~35岁居多，其次是18~25岁、36~45岁、46~55岁的人口。18~35岁的人口占到了82%，这些年龄段的人正是目前劳动大军的主力，也是选择在哪儿居住的中坚力量。

样本在京居住时间情况

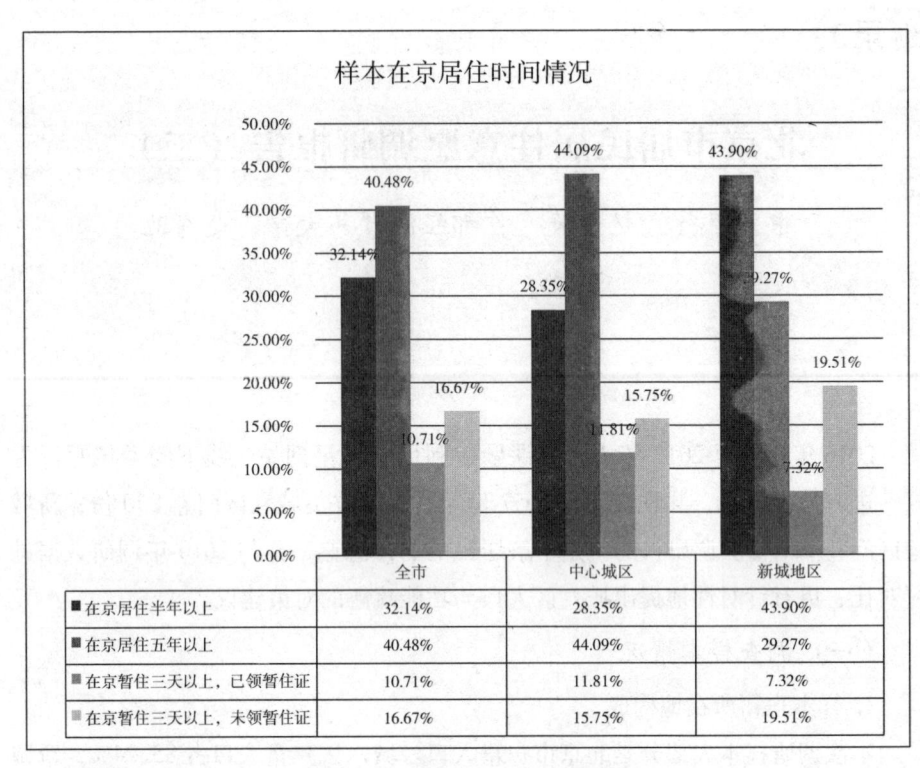

	全市	中心城区	新城地区
在京居住半年以上	32.14%	28.35%	43.90%
在京居住五年以上	40.48%	44.09%	29.27%
在京暂住三天以上，已领暂住证	10.71%	11.81%	7.32%
在京暂住三天以上，未领暂住证	16.67%	15.75%	19.51%

附图 3-1　样本在京居住时间情况

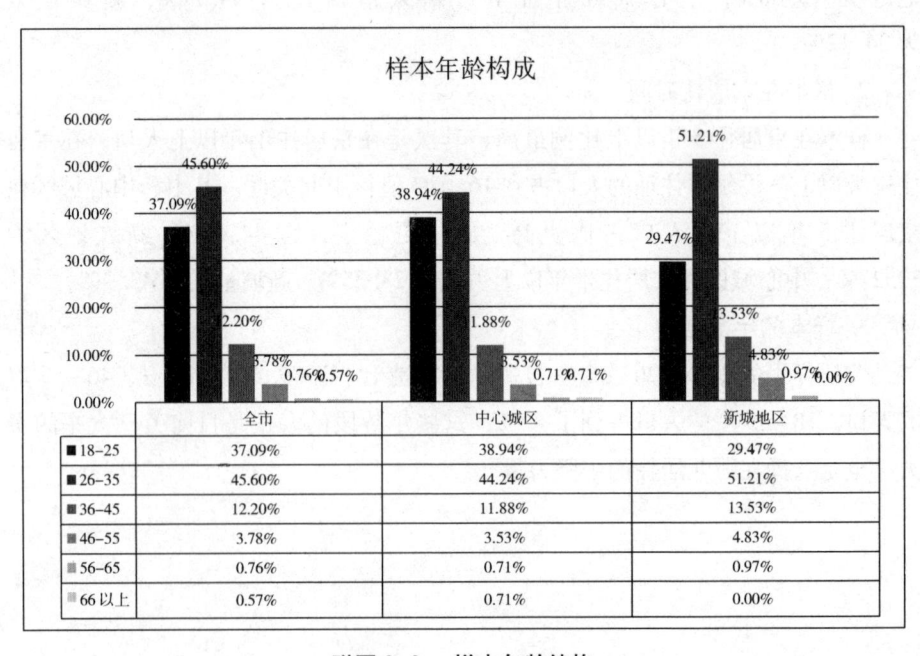

样本年龄构成

	全市	中心城区	新城地区
18-25	37.09%	38.94%	29.47%
26-35	45.60%	44.24%	51.21%
36-45	12.20%	11.88%	13.53%
46-55	3.78%	3.53%	4.83%
56-65	0.76%	0.71%	0.97%
66以上	0.57%	0.71%	0.00%

附图 3-2　样本年龄结构

4. 样本的学历构成

本次调研以本科学历居多，中心城区大学本科占比为53.53%，新城地区为50.72%；其次为硕士、大专。中心城区硕士学历占比为20.82%，新城地区占比为11.59%；中心城区大专学历占比为13.06%，新城地区为15.46%。本次调研样本与2010年相比，本科、硕士、博士学历占比更大，大专、高中、初中以下学历占更小。这样的学历构成在目前的就业人口中有一定的代表性。

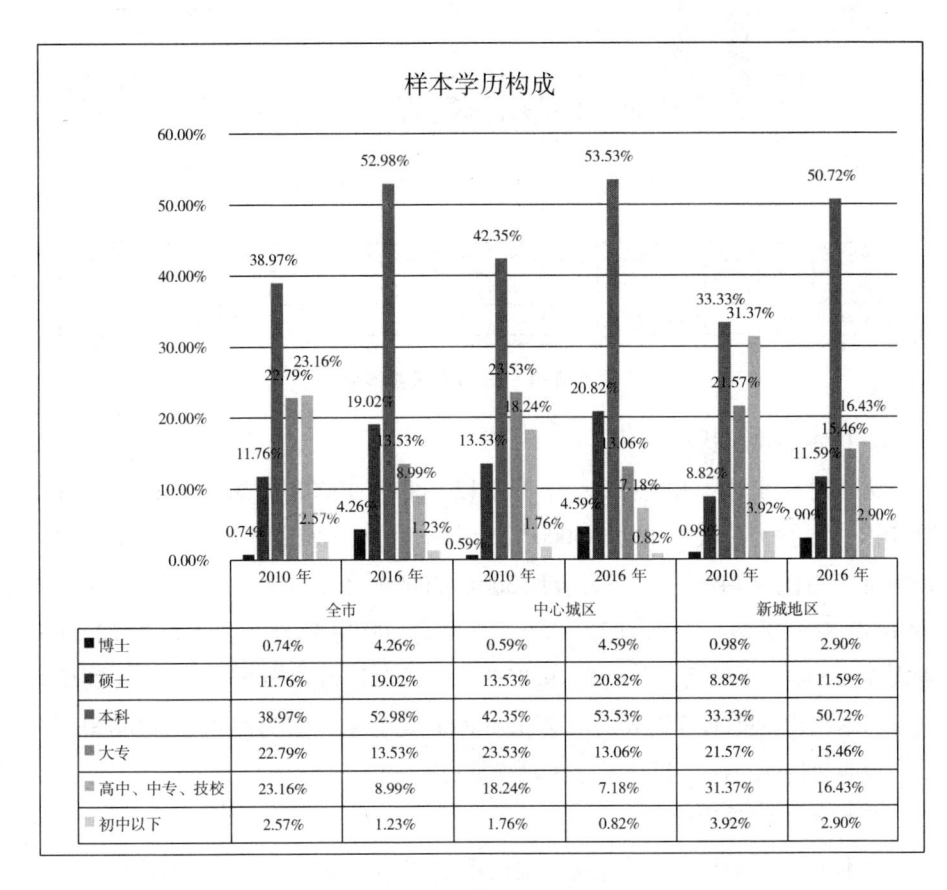

	2010年 全市	2016年 全市	2010年 中心城区	2016年 中心城区	2010年 新城地区	2016年 新城地区
博士	0.74%	4.26%	0.59%	4.59%	0.98%	2.90%
硕士	11.76%	19.02%	13.53%	20.82%	8.82%	11.59%
本科	38.97%	52.98%	42.35%	53.53%	33.33%	50.72%
大专	22.79%	13.53%	23.53%	13.06%	21.57%	15.46%
高中、中专、技校	23.16%	8.99%	18.24%	7.18%	31.37%	16.43%
初中以下	2.57%	1.23%	1.76%	0.82%	3.92%	2.90%

附图3-3 样本学历构成

5. 样本的职业构成

调研样本接近一半是一般职员，其次为中层管理人员占近四分之一、之后为高层管理人、医务人员、教师、公务员等，可以看出，中心城区的人员层次更高，中高层管理人员，尤其是高层管理人员、企业负责人以及私企老板更多在中心城区聚集，中心城区为8.82%，新城地区为0.48%；中层管理人员中心城区为26.24%，新城地区为15.46%。新城地区一般职员最多，占比45.41%，中心城区为35.88%。

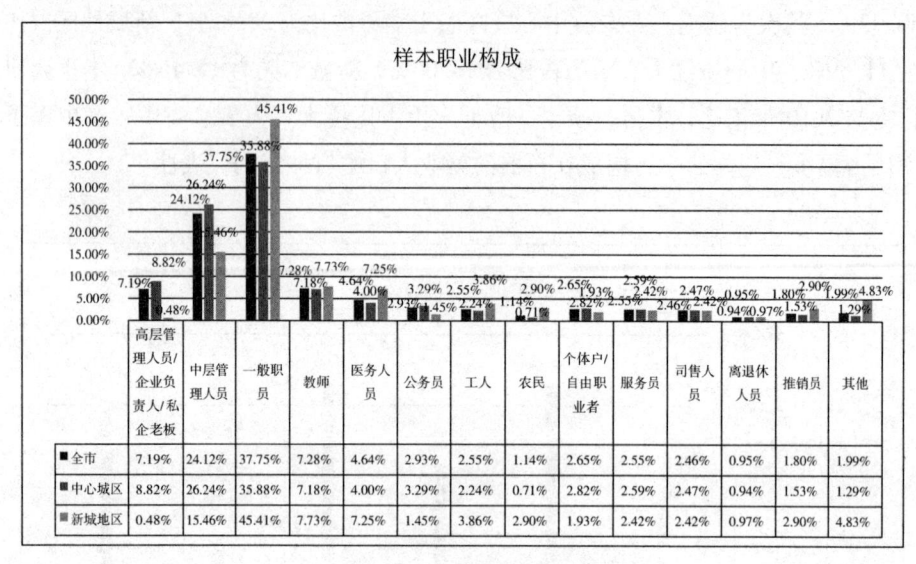

样本职业构成

	高层管理人员/企业负责人/私企老板	中层管理人员	一般职员	教师	医务人员	公务员	工人	农民	个体户/自由职业者	服务员	司售人员	离退休人员	推销员	其他
全市	7.19%	24.12%	37.75%	7.28%	4.64%	2.93%	2.55%	1.14%	2.65%	2.55%	2.46%	0.95%	1.80%	1.99%
中心城区	8.82%	26.24%	35.88%	7.18%	4.00%	3.29%	2.24%	0.71%	2.82%	2.59%	2.47%	0.94%	1.53%	1.29%
新城地区	0.48%	15.46%	45.41%	7.73%	7.25%	1.45%	3.86%	2.90%	1.93%	2.42%	2.42%	0.97%	2.90%	4.83%

附图3-4 样本的职业构成

6. 样本的收入状况

调研的样本中，中心城区月收入以5001~10000元居多，其中占比为23.76%，其次为月收入4001~5000元，占比为16.12%；再次为月收入3001~4000元，占比为14.12%；三者合计3001~10000元占54%。新城地区月收入以3001~4000元居多，占比为25.12%，其次为4001~5000元，占比为22.71%，再次为5001~10000元，占比为19.81%。三者总计占比为67.64%。与2010年调研样本相比，样本月收入由以2001~4000元为主，变为由4001~10000元为主，说明居民收入水平提高了。

7. 样本工作单位性质

样本工作单位中心城区与新城地区不尽相同，中心城区主要是北京市属企事业单位，其次是民营企业，再次是中央在京单位，三者的比例为：24.47%、16.94%和15.18%；新城地区则是以民营企业为主，占比为31.4%，其次分别为个体企业与北京市属企事业单位，占比为16.43%、14.98%。

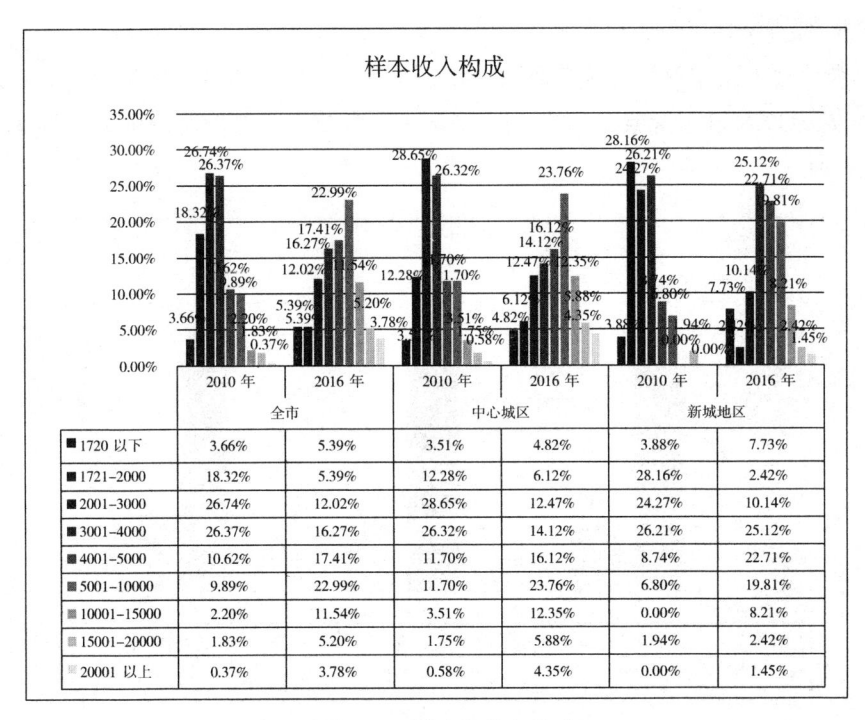

<<< 附录3 北京市居民居住意愿调研报告（二）

样本收入构成

	2010年 全市	2016年 全市	2010年 中心城区	2016年 中心城区	2010年 新城地区	2016年 新城地区
1720以下	3.66%	5.39%	3.51%	4.82%	3.88%	7.73%
1721–2000	18.32%	5.39%	12.28%	6.12%	28.16%	2.42%
2001–3000	26.74%	12.02%	28.65%	12.47%	24.27%	10.14%
3001–4000	26.37%	16.27%	26.32%	14.12%	26.21%	25.12%
4001–5000	10.62%	17.41%	11.70%	16.12%	8.74%	22.71%
5001–10000	9.89%	22.99%	11.70%	23.76%	6.80%	19.81%
10001–15000	2.20%	11.54%	3.51%	12.35%	0.00%	8.21%
15001–20000	1.83%	5.20%	1.75%	5.88%	1.94%	2.42%
20001以上	0.37%	3.78%	0.58%	4.35%	0.00%	1.45%

附图 3-5　样本月收入构成

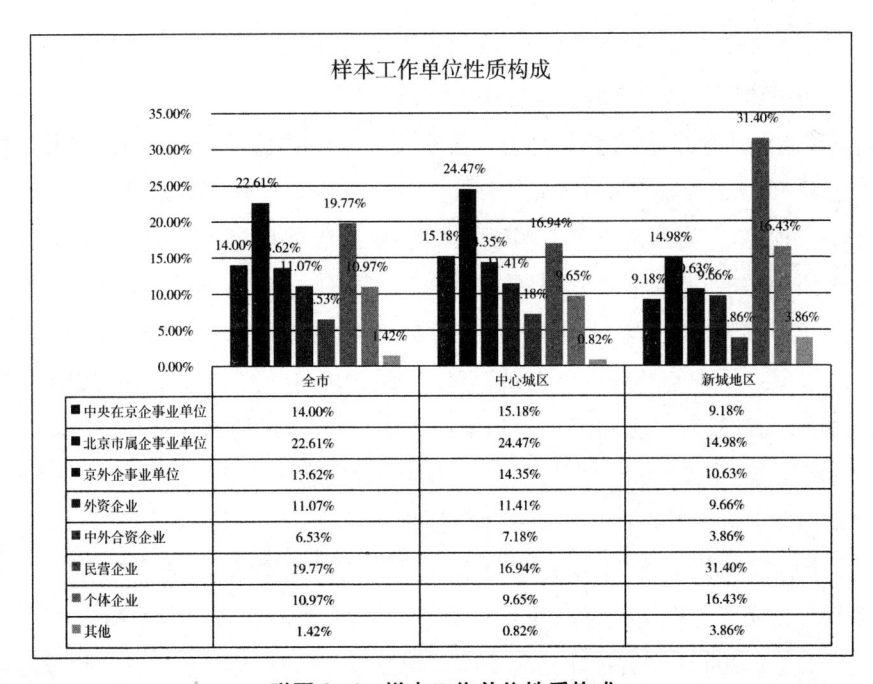

样本工作单位性质构成

	全市	中心城区	新城地区
中央在京企事业单位	14.00%	15.18%	9.18%
北京市属企事业单位	22.61%	24.47%	14.98%
京外企事业单位	13.62%	14.35%	10.63%
外资企业	11.07%	11.41%	9.66%
中外合资企业	6.53%	7.18%	3.86%
民营企业	19.77%	16.94%	31.40%
个体企业	10.97%	9.65%	16.43%
其他	1.42%	0.82%	3.86%

附图 3-6　样本工作单位性质构成

8. 样本工作单位客户来源

调研样本工作单位的客户来源主要是北京市。中心城区工作单位的客户来源有 79.03% 来源于北京市，20.97% 来源于外省市；新城地区分别为：75.59% 和 24.41%。

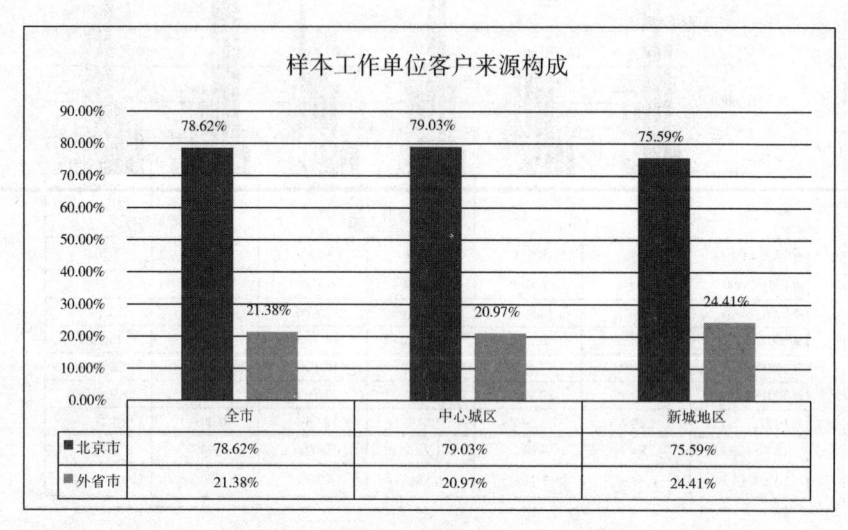

样本工作单位客户来源构成

	全市	中心城区	新城地区
北京市	78.62%	79.03%	75.59%
外省市	21.38%	20.97%	24.41%

附图 3-7 样本工作单位客户来源构成

（二）关于交通资源的调研结果

1. 居民离居住地最近的公共交通是公交车

居民离居住地最近的公共交通是公交车，全市占比达到 62.44%。比 2010 年占比 87.78%，大幅下降了 25.34%。其中，中心城区离公交车最近的占比为 61.41%，比 2010 年 85.71% 大幅下降 24.3%；新城地区占比为 66.67%，比 2010 年的 91.18% 大幅下降 24.51%。

全市居民离轨道交通最近的占比为 37.56%。比 2010 年大幅增加了 25.34%。其中，中心城区占比为 38.59%，比 2010 年大幅增加了 24.3%；新城地区占比为 33.33%，较 2010 年大幅增加了 24.51%。说明这几年我市的轨道交通建设确实有了极大改善。但与公交车的便利性比起来还差的很多。

2. 居民上班主要是乘坐轨道交通与公交车

全市居民上班乘坐最多的交通工具是公交车和轨道交通，二者占比为 51.71%。公交车与轨道交通几乎平分秋色，分别为 24.63% 和 12.78%。其中，中心城区也是如此，二者占比达到 53%，分别为 24.97% 和 28.03%；新城地区二者占比达到 47.05%，二者占比分别为 23.41% 和 23.64%。与 2010 年调研数

178

据相比，对公交车的依赖程度大幅下降，对轨道交通的依赖程度大幅上升。

居民离最近的公共交通构成

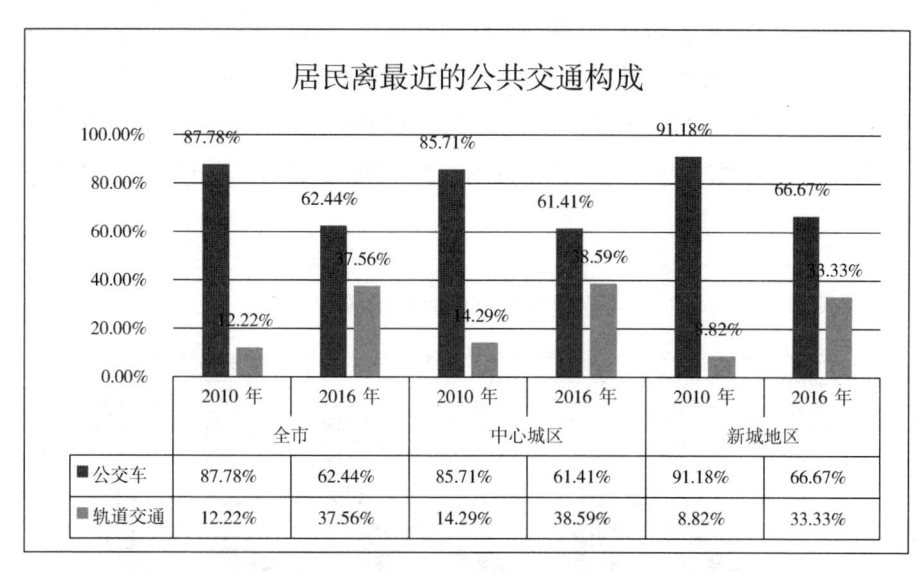

	2010年 全市	2016年 全市	2010年 中心城区	2016年 中心城区	2010年 新城地区	2016年 新城地区
公交车	87.78%	62.44%	85.71%	61.41%	91.18%	66.67%
轨道交通	12.22%	37.56%	14.29%	38.59%	8.82%	33.33%

附图 3-8　居民离最近的公共交通情况

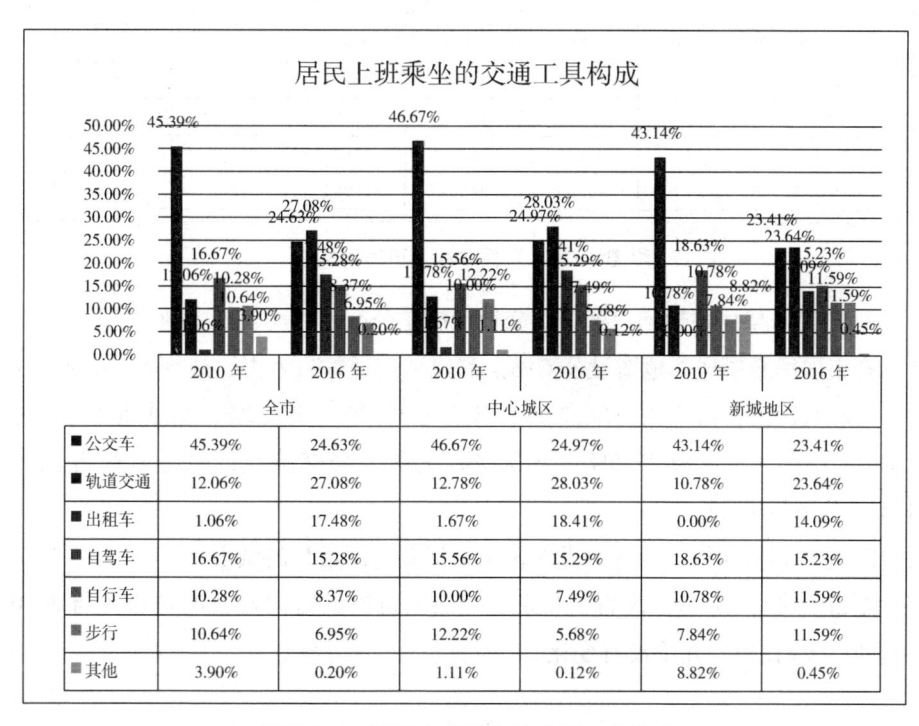

居民上班乘坐的交通工具构成

	2010年 全市	2016年 全市	2010年 中心城区	2016年 中心城区	2010年 新城地区	2016年 新城地区
公交车	45.39%	24.63%	46.67%	24.97%	43.14%	23.41%
轨道交通	12.06%	27.08%	12.78%	28.03%	10.78%	23.64%
出租车	1.06%	17.48%	1.67%	18.41%	0.00%	14.09%
自驾车	16.67%	15.28%	15.56%	15.29%	18.63%	15.23%
自行车	10.28%	8.37%	10.00%	7.49%	10.78%	11.59%
步行	10.64%	6.95%	12.22%	5.68%	7.84%	11.59%
其他	3.90%	0.20%	1.11%	0.12%	8.82%	0.45%

附图 3-9　居民上班乘坐的交通工具构成

3. 居民单程上班通勤时间大多数在30—90分钟之间

全市居民大多数上班通勤时间在31—90分钟以内，占比为58.18%。中心城区居民单程上班时间占比最大的是花费31—60分钟，比例为32.82%；花费61—90分钟的占比为26.24%，二者合计为59.06%。新城地区占比最大的是61—90分钟，比例为30.92%；其次为31—60分钟，比例为23.67%，二者合计为56.49%。

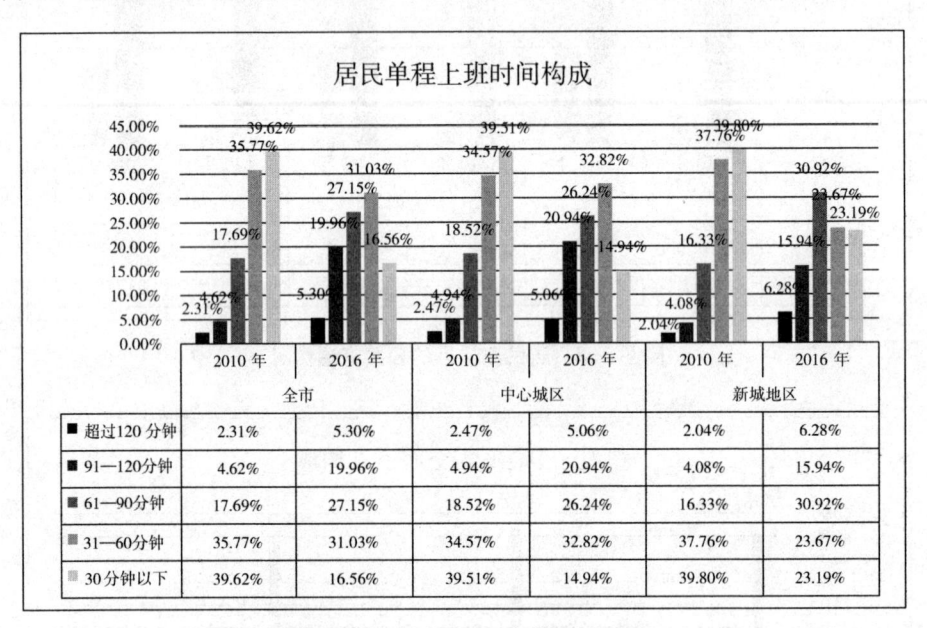

居民单程上班时间构成

	全市 2010年	全市 2016年	中心城区 2010年	中心城区 2016年	新城地区 2010年	新城地区 2016年
超过120分钟	2.31%	5.30%	2.47%	5.06%	2.04%	6.28%
91—120分钟	4.62%	19.96%	4.94%	20.94%	4.08%	15.94%
61—90分钟	17.69%	27.15%	18.52%	26.24%	16.33%	30.92%
31—60分钟	35.77%	31.03%	34.57%	32.82%	37.76%	23.67%
30分钟以下	39.62%	16.56%	39.51%	14.94%	39.80%	23.19%

附图3-10 居民单程上班时间构成

4. 居民希望居住地增设的公共交通设施是公交站点与轨道交通

全市居民希望居住地增设公交站点和轨道交通，二者占比达到57.78%。其中，中心城区二者占比达到58.22%，分别为28.9%、29.32%；新城地区二者占比为56.25%，分别为27.5%、28.75%；其次为公交路线，中心城区占比为21.53%，新城为22.5%。

5. 绝大多数居民认为北京是全国上班通勤时间最长的城市

全市居民有79.41%认为，北京是全国上班通勤时间最长的城市。与2010年的80.27%比较，几乎没有变化。

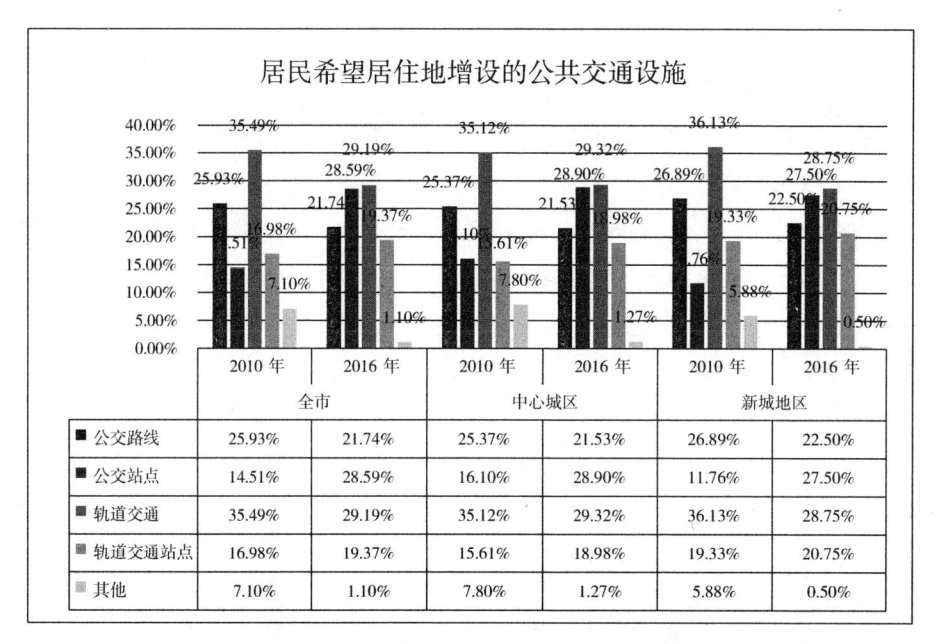

附录3 北京市居民居住意愿调研报告（二）

居民希望居住地增设的公共交通设施

	2010年 全市	2016年 全市	2010年 中心城区	2016年 中心城区	2010年 新城地区	2016年 新城地区
公交路线	25.93%	21.74%	25.37%	21.53%	26.89%	22.50%
公交站点	14.51%	28.59%	16.10%	28.90%	11.76%	27.50%
轨道交通	35.49%	29.19%	35.12%	29.32%	36.13%	28.75%
轨道交通站点	16.98%	19.37%	15.61%	18.98%	19.33%	20.75%
其他	7.10%	1.10%	7.80%	1.27%	5.88%	0.50%

附图 3-11 居民希望居住地增设的公共交通设施

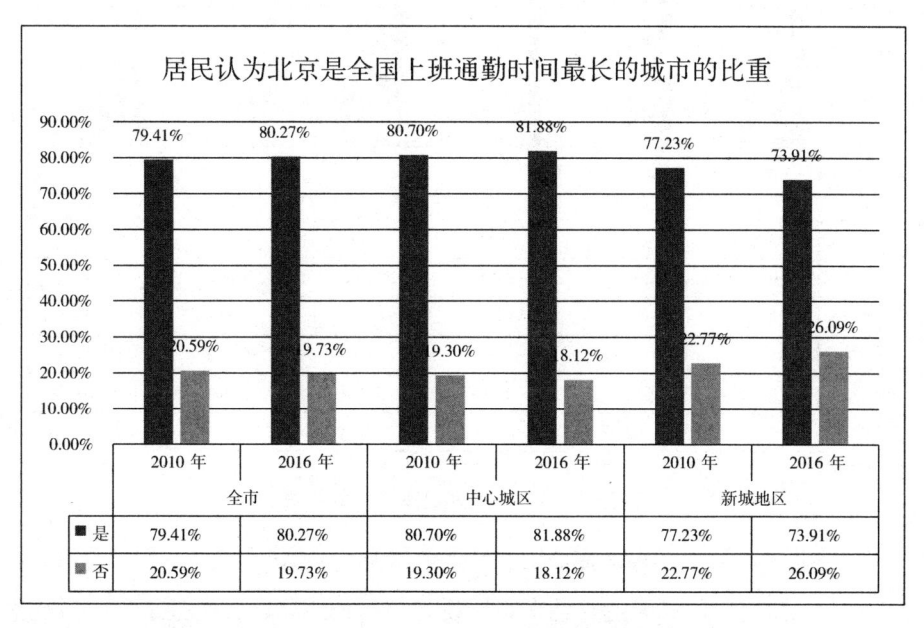

居民认为北京是全国上班通勤时间最长的城市的比重

	2010年 全市	2016年 全市	2010年 中心城区	2016年 中心城区	2010年 新城地区	2016年 新城地区
是	79.41%	80.27%	80.70%	81.88%	77.23%	73.91%
否	20.59%	19.73%	19.30%	18.12%	22.77%	26.09%

附图 3-12 居民认为北京是全国上班通勤时间最长的城市的比重

181

（三）关于人口流动的调研结果

1. 外地人口来京的目的主要是工作

从全市来看，外地人口来京的目的主要是工作，其次是求学。其中，中心城区以工作作为来京目的占比为44.81%，新城地区占比为50%；中心城区以学习作为来京目的的占比25.68%，新城地区占比为21.88%。与2010年调研数据相比，外地人口来京的目的更加多元化。

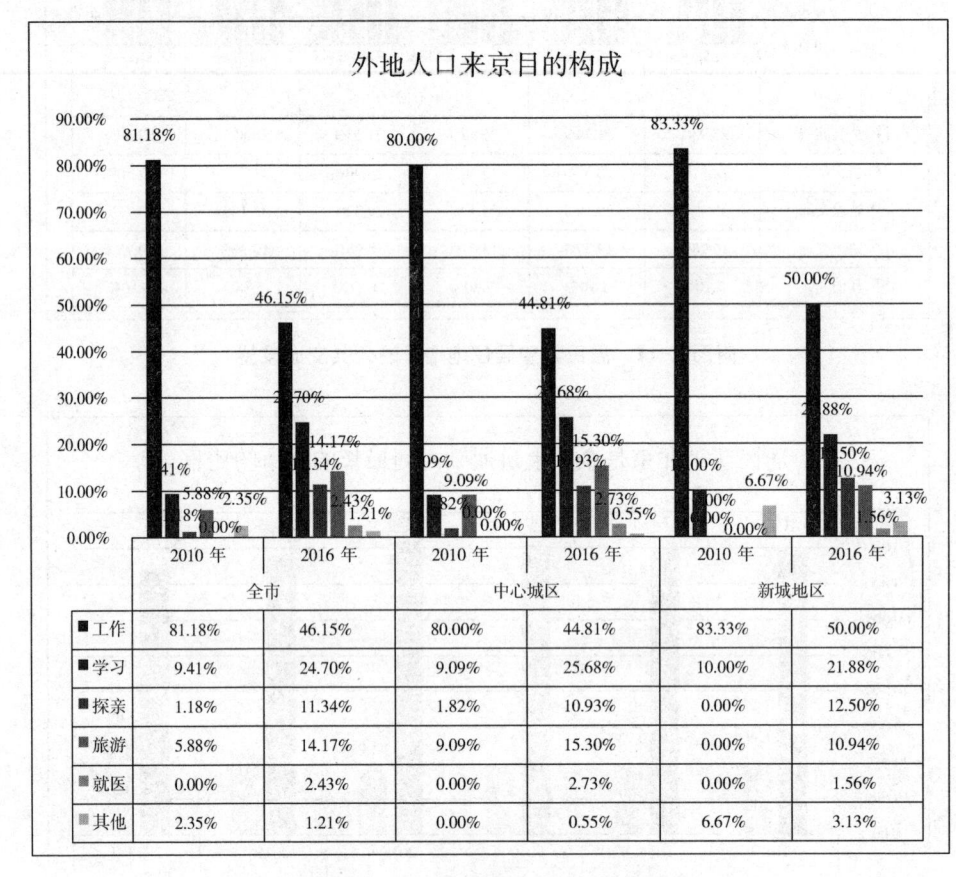

外地人口来京目的构成

	全市 2010年	全市 2016年	中心城区 2010年	中心城区 2016年	新城地区 2010年	新城地区 2016年
工作	81.18%	46.15%	80.00%	44.81%	83.33%	50.00%
学习	9.41%	24.70%	9.09%	25.68%	10.00%	21.88%
探亲	1.18%	11.34%	1.82%	10.93%	0.00%	12.50%
旅游	5.88%	14.17%	9.09%	15.30%	0.00%	10.94%
就医	0.00%	2.43%	0.00%	2.73%	0.00%	1.56%
其他	2.35%	1.21%	0.00%	0.55%	6.67%	3.13%

附图3-13 外地人口来京目的构成

2. 外地人口来京工作的原因主要是能找到收入较高的工作

外地人口来京的原因主要是来京能找到较好的工作，其次是工资收入比家里高。二者合计全市占比达93.7%。中心城区这两个数据分别为48.02%、46.33%，二者合计占94.35%；中心城区和新城地区都为45.9%，二者合计占91.8%。

外地人口本来京工作原因构成

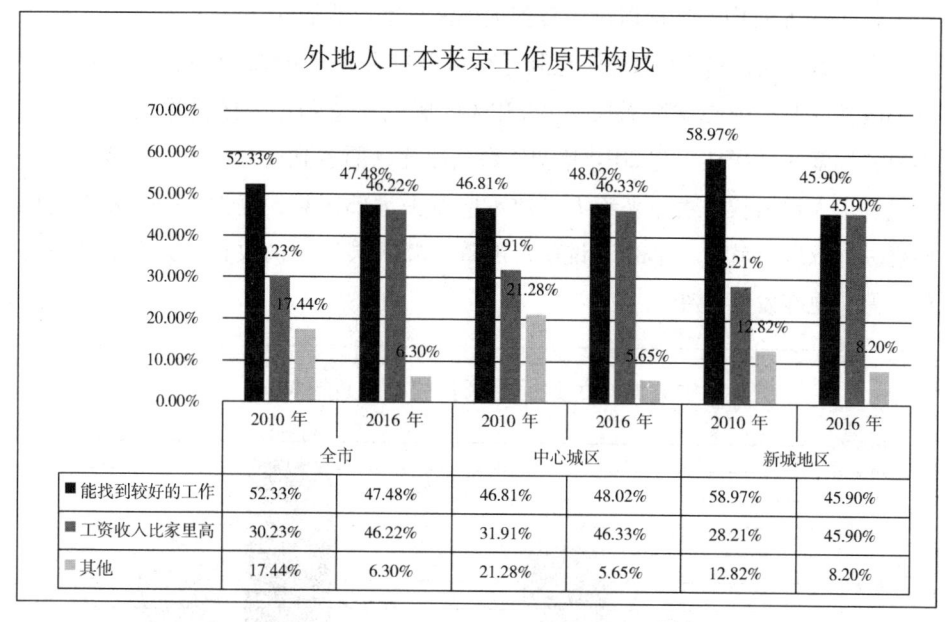

	2010年 全市	2016年 全市	2010年 中心城区	2016年 中心城区	2010年 新城地区	2016年 新城地区
能找到较好的工作	52.33%	47.48%	46.81%	48.02%	58.97%	45.90%
工资收入比家里高	30.23%	46.22%	31.91%	46.33%	28.21%	45.90%
其他	17.44%	6.30%	21.28%	5.65%	12.82%	8.20%

附图 3-14 外地人口本来京工作原因构成

3. 绝大多数人认为中心城区与远郊区县在公共资源配置上存在差异

73.13%的居民认为中心城区与新城地区在公共资源配置上存在差异，有 26.87%的居民认为没有差异。与 2010 年调研数据进行比较，认为中心城区与远郊区县在公共资源配置上没有存在差异的居民占比由 1%上升至 26.87%。说明，近年来远郊区县的公共资源确实有了很大提升。

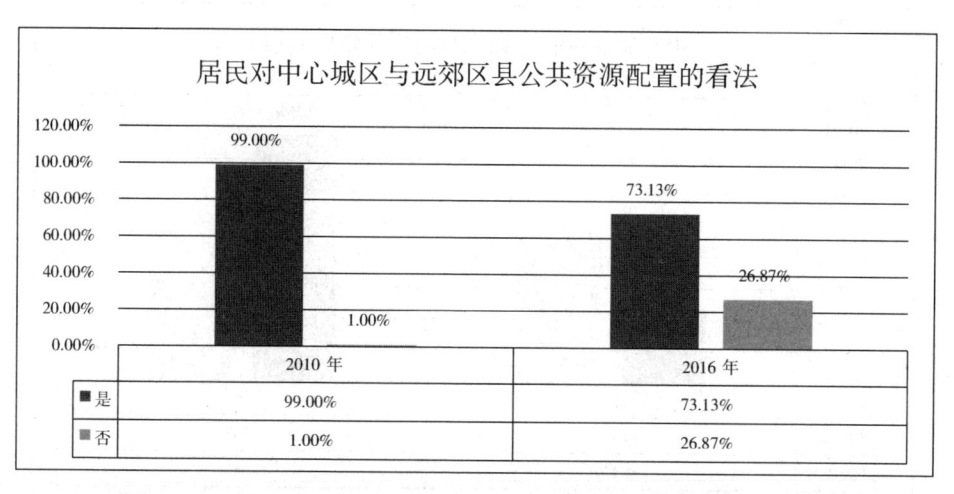

居民对中心城区与远郊区县公共资源配置的看法

	2010年	2016年
是	99.00%	73.13%
否	1.00%	26.87%

附图 3-15 北京市中心城区与远郊区县在公共资源配置上是否存在差异

4. 一半左右中心城区居民愿意到远郊区县就业或居住

中心城区居民有54.71%愿意到远郊区县就业，有45.29%的居民不愿意到远郊区县就业；中心城区居民有48.12%的居民愿意到远郊区县居住，51.88%不愿到远郊区县居住。与2010年调研数据相比，愿意到远郊区县就业或居住的居民有了大幅增长。由原来绝大多数不愿意去远郊区县，变为有一半左右居民愿意去远郊区县就业与居住。说明，随着远郊区县环境的改善，人们的就业与居住意愿也在发生改变。

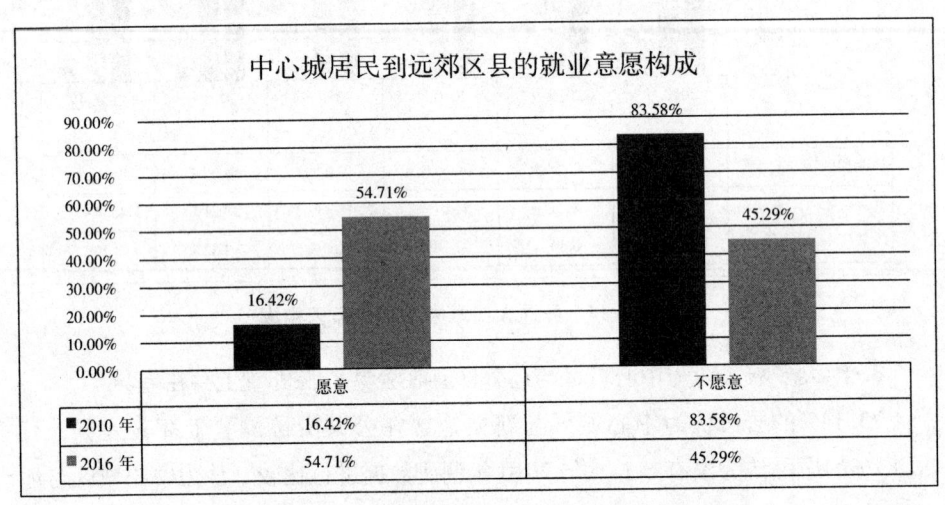

中心城居民到远郊区县的就业意愿构成

	愿意	不愿意
2010年	16.42%	83.58%
2016年	54.71%	45.29%

附图3-16　中心城居民到远郊区县的就业意愿构成

中心城居民到远郊区县的居住意愿构成

	愿意	不愿意
2010年	22.44%	77.56%
2016年	48.12%	51.88%

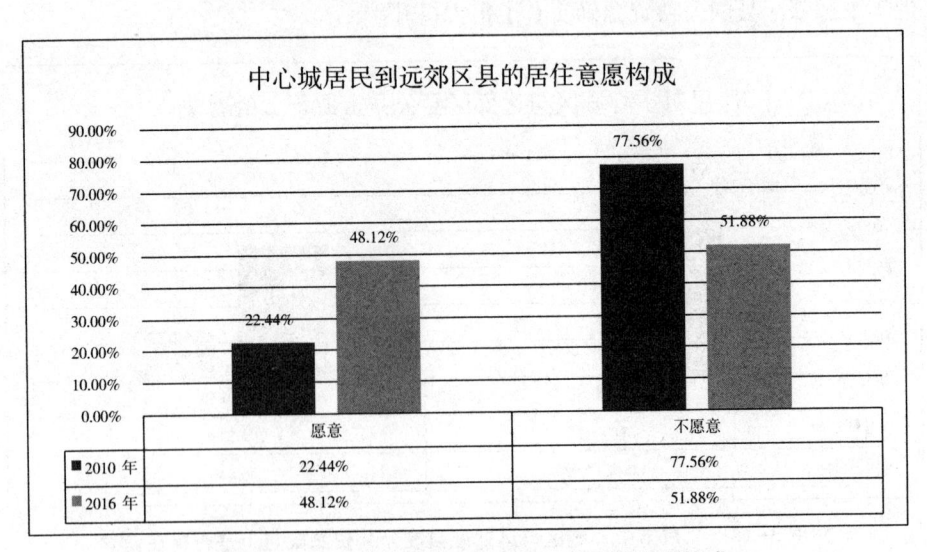

附图3-17　中心城居民到远郊区县的居住意愿构成

5. 旧城设施齐全是居民不愿到远郊区县居住和就业的主要原因

不愿到远郊区县居住和就业的原因中，41.9%的居民选择了旧城设施齐全、生活方便，30.51%的居民选择了郊区优质公共资源短缺。二者其实是一个问题的两个方面，二者合计达72.41%。

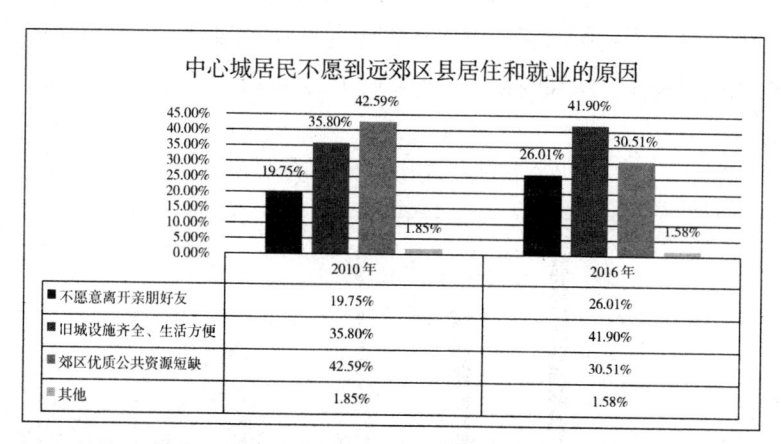

中心城居民不愿到远郊区县居住和就业的原因

	2010年	2016年
不愿意离开亲朋好友	19.75%	26.01%
旧城设施齐全、生活方便	35.80%	41.90%
郊区优质公共资源短缺	42.59%	30.51%
其他	1.85%	1.58%

附图 3-18　中心城居民不愿到远郊区县居住和就业的原因

6. 居民居住在远郊区县遇到的最大困难是交通问题

居民在远郊区县遇到的最大困难仍是交通问题，但占比由2010年的62.3%，大幅下降为25.73%。说明近几年，远郊区县交通状况确实有很大改善。其次，居民在远郊区县遇到的最大困难就是就医、上学、就业，分别占比为24.14%、22.02%和17.51%。

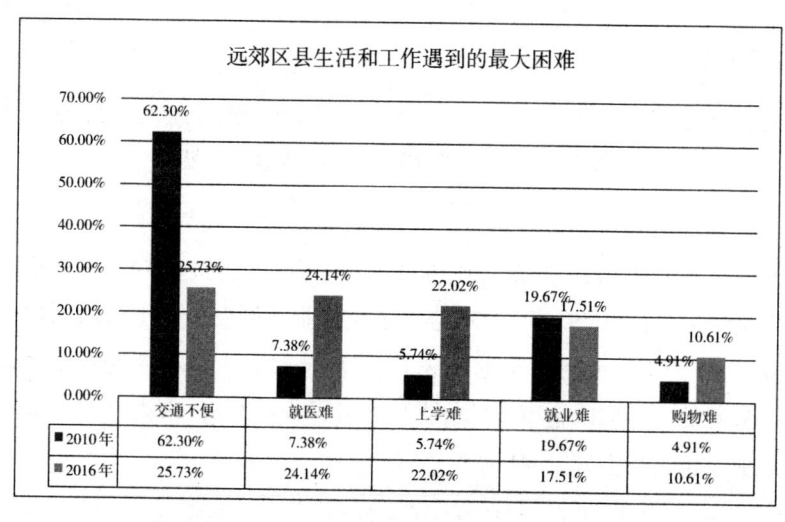

远郊区县生活和工作遇到的最大困难

	交通不便	就医难	上学难	就业难	购物难
2010年	62.30%	7.38%	5.74%	19.67%	4.91%
2016年	25.73%	24.14%	22.02%	17.51%	10.61%

附图 3-19　远郊区县生活和工作遇到的最大困难

7. 远郊区县吸引居民居住和就业亟待解决的是公交、住房和自驾车问题

调研显示，公交问题作为首选问题的居民为32.36%；其次为住房问题和自驾车问题，分别占比为26.87%和15.8%。住房问题的占比比2010年下降了15.82%，自驾车问题比2010年提高了13.82%。说明，随着住房供应的不断增加，人们的住房问题有所改善，由于小汽车采取摇号的方式，小汽车限购问题日益引起人们的关注，从某种程度上也影响了远郊区县人们的出行。

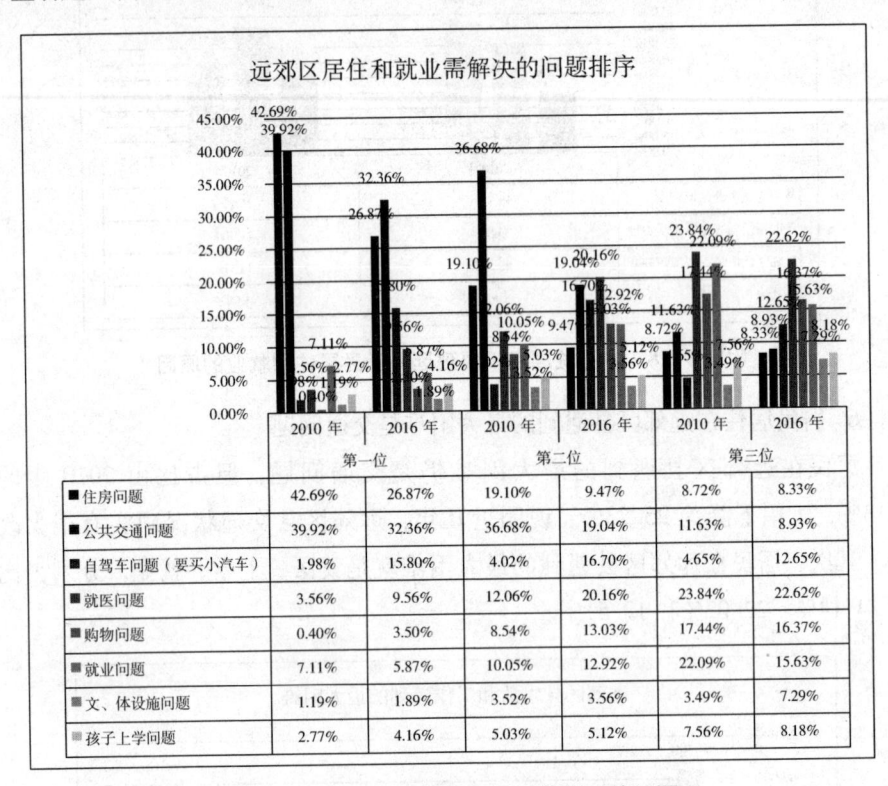

远郊区居住和就业需解决的问题排序

	第一位		第二位		第三位	
	2010年	2016年	2010年	2016年	2010年	2016年
住房问题	42.69%	26.87%	19.10%	9.47%	8.72%	8.33%
公共交通问题	39.92%	32.36%	36.68%	19.04%	11.63%	8.93%
自驾车问题（要买小汽车）	1.98%	15.80%	4.02%	16.70%	4.65%	12.65%
就医问题	3.56%	9.56%	12.06%	20.16%	23.84%	22.62%
购物问题	0.40%	3.50%	8.54%	13.03%	17.44%	16.37%
就业问题	7.11%	5.87%	10.05%	12.92%	22.09%	15.63%
文、体设施问题	1.19%	1.89%	3.52%	3.56%	3.49%	7.29%
孩子上学问题	2.77%	4.16%	5.03%	5.12%	7.56%	8.18%

附图3-20 北京市远郊区县亟待解决的问题

8. 近一半中心城区企事业单位没有搬到远郊区县的意愿与打算

本次调研中有57.18%的企事业单位愿迁至远郊区县，有42.82%的单位不愿意迁至远郊区县。有59.18%的中心城区企事业单位未来有迁至远郊区县的打算，有40.82%企事业没有迁至远郊区县打算。与2010年调研数据相比较，愿意迁至远郊区的中心城区企事业单位占比上升了56.16%；未来有去远郊区县打算的企事业单位占比上升了49.18%。

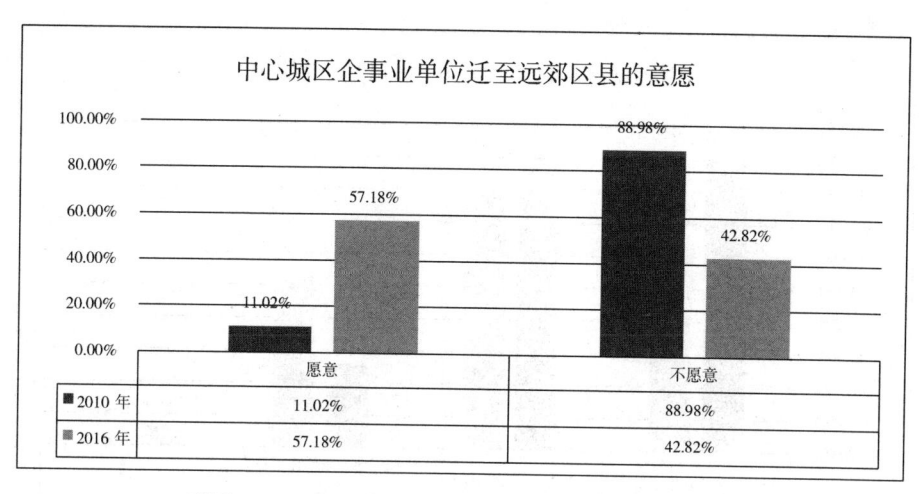

<<< 附录3 北京市居民居住意愿调研报告（二）

中心城区企事业单位迁至远郊区县的意愿

	愿意	不愿意
2010 年	11.02%	88.98%
2016 年	57.18%	42.82%

附图 3-21 中心城区企事业单位迁至远郊区县的意愿

中心城区企事业单位迁至远郊区县的打算

	愿意	不愿意
2010 年	10.00%	90.00%
2016 年	59.18%	40.82%

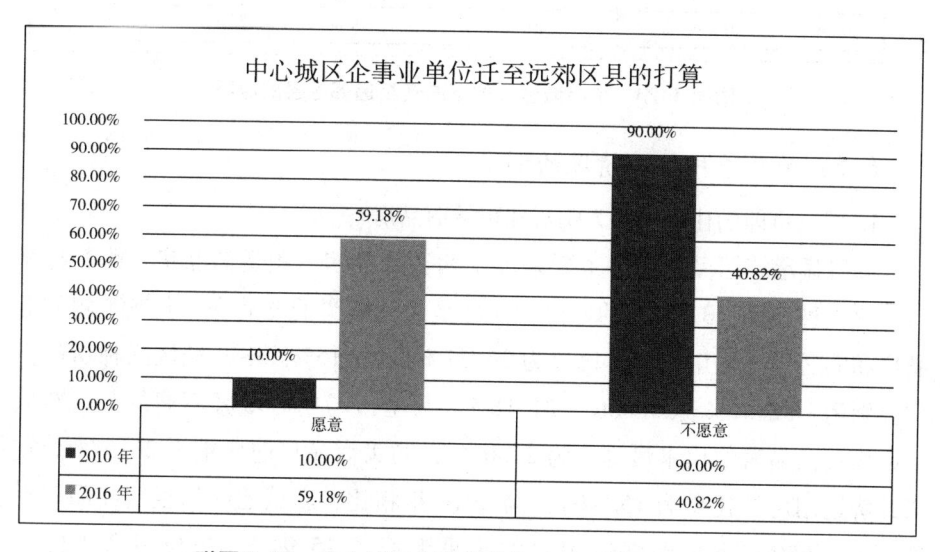

附图 3-22 中心城区企事业单位迁至远郊区县的打算

9. 企事业单位不愿迁至远郊区县的主要理由是交通和客户来源问题

调研数据显示，中心城区企事业单位不愿迁至远郊区县的原因中，40%的单位是因为中心城区交通便利；31.62%的单位是因为其客户在中心城区；26.8%的单位是因职工愿意生活在中心地区所以不愿迁至远郊区县。与2010年调研数据相比，交通问题的占比没有发生什么变化，单位客户在中心城区的比重减少了13.38%，职工愿意生活在中心城区的比重上升了13.8%。

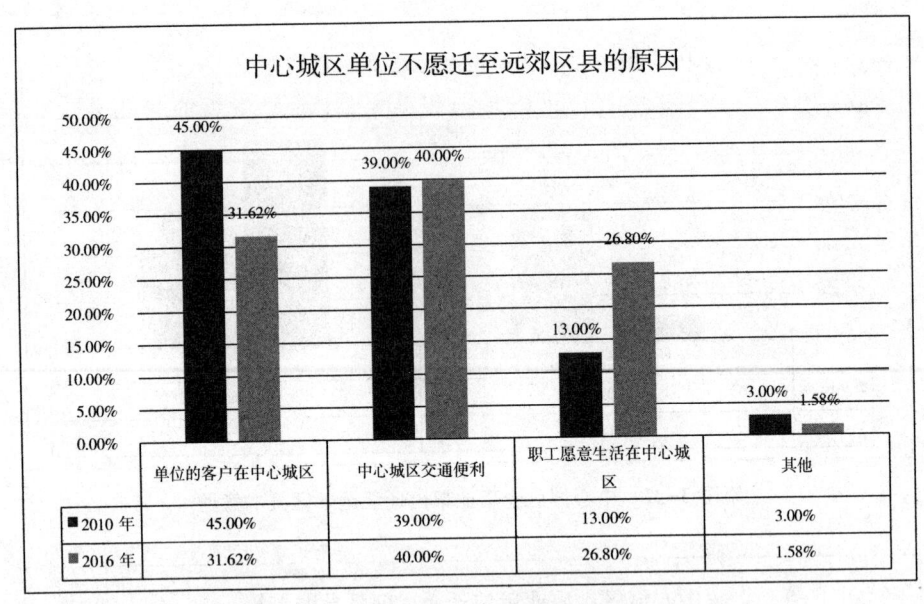

中心城区单位不愿迁至远郊区县的原因

	单位的客户在中心城区	中心城区交通便利	职工愿意生活在中心城区	其他
2010年	45.00%	39.00%	13.00%	3.00%
2016年	31.62%	40.00%	26.80%	1.58%

附图3-23　中心城区单位不愿迁至远郊区县的原因

（四）关于居民住房情况的调研

1. 居民目前的住房主要为购买和租赁商品房

调研显示，居民的住房主要来源于购买商品房、租赁商品房、购买经济适用房三种途径。31.22%的居民的住房是自己购买的商品房。其次为租赁商品房和购买经济适用房，占比分为26.11%和20.15%。中心城区三种房的占比分别为：32.35%、25.88%、21.18%。与全市与中心城区不同的是，新城地区租赁商品房的比重最高，为27.05%；购买商品房的比重为26.57%，购买经济适用房的比重为15.94%。与2010年相比，新城地区的租赁商品房上涨了13.465%，购买经济适用房的比重上涨了15.94%，单位宿舍下降了8.77%左右。

2. 大多数居民希望得到保障房

调研结果显示，居民希望得到经济适用房、两限房、公共租赁房、廉租房的占比分别为22.73%，19.16%，18.88%、14.84%，共计占比为75.61%。说明居民对保障房的需求非常强烈。

附录3 北京市居民居住意愿调研报告（二）

居民目前的住房类型

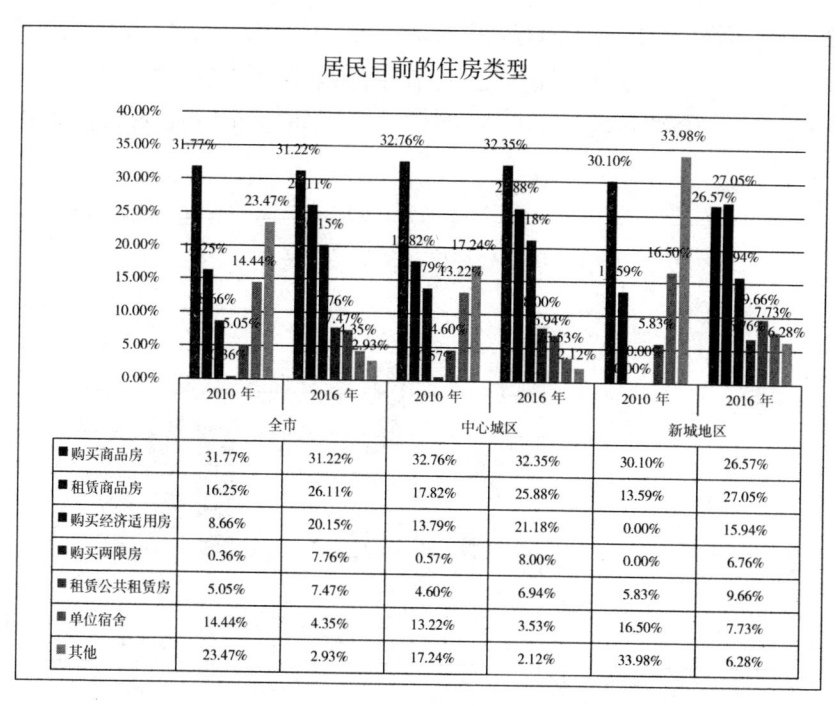

	2010年 全市	2016年 全市	2010年 中心城区	2016年 中心城区	2010年 新城地区	2016年 新城地区
购买商品房	31.77%	31.22%	32.76%	32.35%	30.10%	26.57%
租赁商品房	16.25%	26.11%	17.82%	25.88%	13.59%	27.05%
购买经济适用房	8.66%	20.15%	13.79%	21.18%	0.00%	15.94%
购买两限房	0.36%	7.76%	0.57%	8.00%	0.00%	6.76%
租赁公共租赁房	5.05%	7.47%	4.60%	6.94%	5.83%	9.66%
单位宿舍	14.44%	4.35%	13.22%	3.53%	16.50%	7.73%
其他	23.47%	2.93%	17.24%	2.12%	33.98%	6.28%

附图3-24 居民目前的住房类型

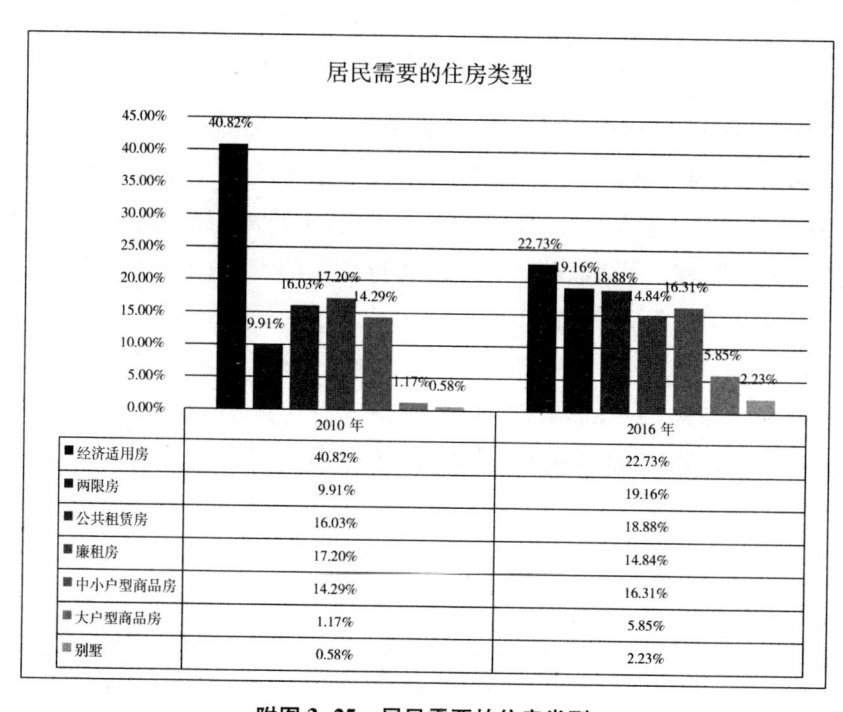

居民需要的住房类型

	2010年	2016年
经济适用房	40.82%	22.73%
两限房	9.91%	19.16%
公共租赁房	16.03%	18.88%
廉租房	17.20%	14.84%
中小户型商品房	14.29%	16.31%
大户型商品房	1.17%	5.85%
别墅	0.58%	2.23%

附图3-25 居民需要的住房类型

189

3. 引导居民到郊区居住的有效手段是贷款倾斜、税费减免以及提供保障房

调查显示，引导居民到远郊区县居住的政策，首先是贷款倾斜，占比34.93%，其次是税费减免，占比32.32%，再次是更多的在郊区建设保障房，占比为30.85%。

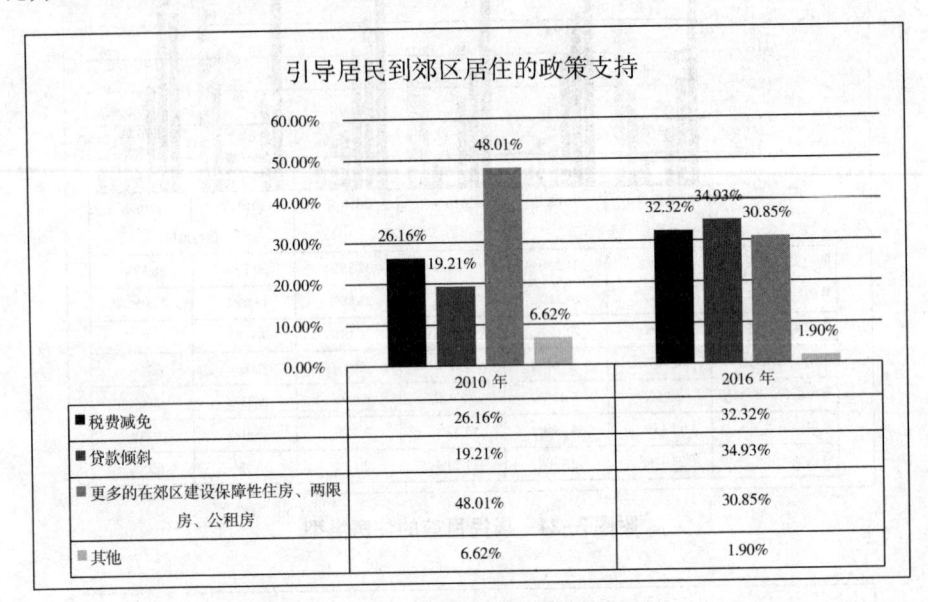

	2010年	2016年
税费减免	26.16%	32.32%
贷款倾斜	19.21%	34.93%
更多的在郊区建设保障性住房、两限房、公租房	48.01%	30.85%
其他	6.62%	1.90%

附图 3-26　引导居民到郊区居住的政策支持

4. 居民选择居住地首先要考虑的因素是离工作单位的远近

调研结果表明，居民选择居住地首先考虑的因素是离工作单位的远近，占比为32.45%，其次是离学校的远近，占比达到25.25%，说明居民大多数考虑的"居业联动"和"居学联动"。第三是出行是否方便，占比为11.54%。

5. 居住地最需要配置的公共资源是公交、教育和医疗

调研显示，排在第一位的需要是公交、教育和医疗。将三者作为首选要素的居民分别占35%、27.15%和20.91%，三者合计达到83.06%。排在第二位的是医疗资源、公交和文体设施。三者合计达到70.61%。

<<< 附录3　北京市居民居住意愿调研报告（二）

居民选择居住地考虑的因素排序

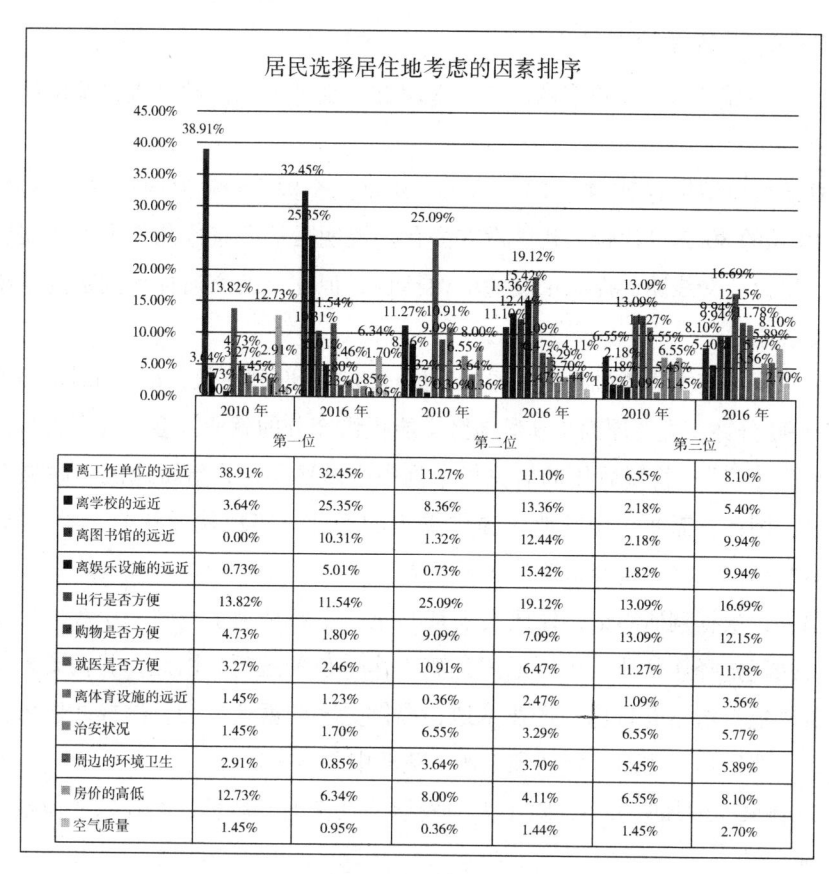

	2010年 第一位	2016年 第一位	2010年 第二位	2016年 第二位	2010年 第三位	2016年 第三位
离工作单位的远近	38.91%	32.45%	11.27%	11.10%	6.55%	8.10%
离学校的远近	3.64%	25.35%	8.36%	13.36%	2.18%	5.40%
离图书馆的远近	0.00%	10.31%	1.32%	12.44%	2.18%	9.94%
离娱乐设施的远近	0.73%	5.01%	0.73%	15.42%	1.82%	9.94%
出行是否方便	13.82%	11.54%	25.09%	19.12%	13.09%	16.69%
购物是否方便	4.73%	1.80%	9.09%	7.09%	13.09%	12.15%
就医是否方便	3.27%	2.46%	10.91%	6.47%	11.27%	11.78%
离体育设施的远近	1.45%	1.23%	0.36%	2.47%	1.09%	3.56%
治安状况	1.45%	1.70%	6.55%	3.29%	6.55%	5.77%
周边的环境卫生	2.91%	0.85%	3.64%	3.70%	5.45%	5.89%
房价的高低	12.73%	6.34%	8.00%	4.11%	6.55%	8.10%
空气质量	1.45%	0.95%	0.36%	1.44%	1.45%	2.70%

附图3-27　北京市居民选择居住地考虑的因素排序

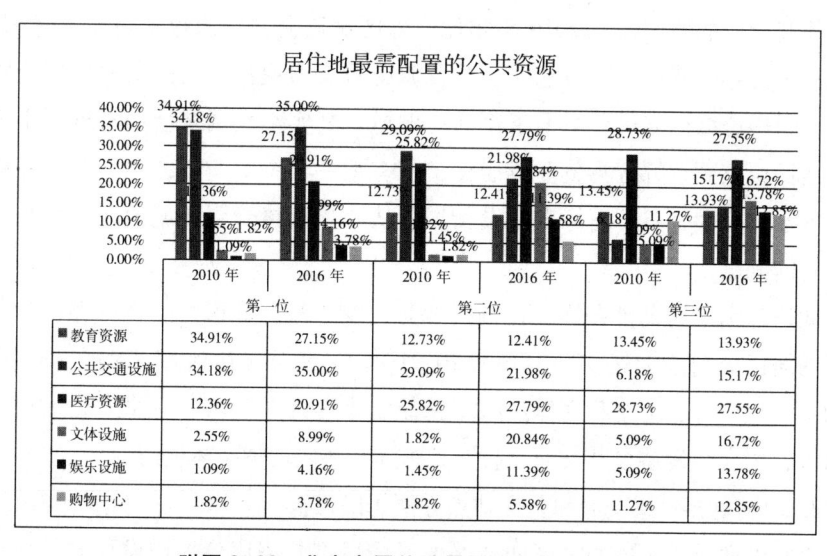

居住地最需配置的公共资源

	2010年 第一位	2016年 第一位	2010年 第二位	2016年 第二位	2010年 第三位	2016年 第三位
教育资源	34.91%	27.15%	12.73%	12.41%	13.45%	13.93%
公共交通设施	34.18%	35.00%	29.09%	21.98%	6.18%	15.17%
医疗资源	12.36%	20.91%	25.82%	27.79%	28.73%	27.55%
文体设施	2.55%	8.99%	1.82%	20.84%	5.09%	16.72%
娱乐设施	1.09%	4.16%	1.45%	11.39%	5.09%	13.78%
购物中心	1.82%	3.78%	1.82%	5.58%	11.27%	12.85%

附图3-28　北京市居住地最需配置的公共资源

（五）调研结论与建议

1. 在新城地区提供更多的产业是解决北京交通拥堵问题和人口疏解问题的根本

这次调研结果有79.41%的人认为，北京是全国上班通勤时间最长的城市。与2010年的80.27%比较，几乎没有变化。说明虽然北京这几年大力发展轨道交通，增设公交线路，提高了交通的便捷性，但北京的交通拥堵问题的解决仍然非常棘手。

从居民单程上班通勤时间来看，新城地区花费时间更长，1/3的居民需要花费61—90分钟，主要原因是新城地区不能提供充分的就业机会，没有实现真正的"职住平衡"。新城居住的居民仍会到中心城区上班，新城地区"睡城"现象明显，因此，需要在新城地区提供更多的产业，实现就近就业，居业联动，就会减少居民的在途时间，减少交通拥堵。

另外，根据调研结论，外地人来京的原因主要是为了找到一份收入丰厚的工作；居民选择居住地的主要原因是离工作单位的远近，因此，我们要根据各新城的功能打造富有特色的产业基地，提供更多的就业机会，这样才能做到居业联动。吸引居民去新城定居和工作，疏解中心城人口。

2. 新城要增加吸引力，除了大力发展公共交通、教育、医疗，还应增加文体设施

从调研数据上看，旧城设施齐全，生活方便市中心城区居民不愿到远郊区县居住和就业的原因，与2016年相比，郊区优质公共资源短缺占比下降12%，说明经过几年的建设，新城地区公共资源配置有所提高，居民也意识到新城的改变，但中心城区居民更习惯于生活在旧城。其实本次调查已经有近一半中心城区居民愿意到远郊区县就业或居住，也有近一半企事业单位愿意并打算搬到远郊区县，说明，只要高标准建设新城，从心里上接受到新城地区居住与就业只是时间问题。

调研显示，居民排在第一位的需要是公交、教育和医疗。将三者作为首选要素的居民分别占35%、27.15%和20.91%，三者合计达到83.06%。排在第二位的是医疗资源、公交和文体设施。三者合计达到70.61%。因此，新城要增加吸引力，要大力发展公共交通、教育、医疗，还应增加文体设施。

3. 增设更多轨道交通和公交站点方便居民出行

根据调研结果，中心城区和新城地区居民都希望居住地增设更多的轨道交

通和公交站点。近几年由于多条地铁线路的开通,轨道交通占比与2010年数据相比有所下降,但仍在第一位,所以,轨道交通还需要大力发展。

2016年与2010年相比,对公交站点的需求增加了近15%,占比达到28.59%,说明需求更加强烈。并且本次调研数据还显示,53%的居民距离公交站点的步行时间都在16分钟以上。说明居民对公交站点有较大需求,需要增设更多的公交站点以方便居民出行。

4. 在新城地区建设更多的保障房有利于中心城区人口疏解

根据调研结论,大部分都愿意得到保障房,吸引人们去郊区居住的一个重要因素也是保障房,所以,在新城地区建设更多的保障房,肯定有利于中心城区人口疏解。

5. 通过财税金融手段促进中心城区人口疏解

财税金融手段可以改变当事人的收益和成本,从而引导其迁移到有政策支持的地区就业和居住。本次调研的结果也显示,贷款支持和税费减免是引导居民到郊区居住和就业的一个重要影响因素,因此,可以适当推出相应的政策,鼓励中心城区的居民前往新城地区。

附录4

北京市优质公共资源配置与人口疏解分析[①]

首都经济贸易大学 赵秀池 教授

摘要：本文分析了北京市优质公共资源配置与人口分布现状，提出了实现中心城人口疏解的相应对策。指出，人口迁移的一个重要因素是各种优质公共资源的吸引。北京的教育、医疗卫生、文化、体育、公共交通资源在中心城高度聚集是导致人口在中心城聚集的一个重要原因。为此，要疏解中心城人口，需采取如下措施：政府主导，在新城高标准配置优质公共资源；优先疏解中心城教育、医疗资源；强化轨道交通的引导作用，降低新城居民出行的成本。

关键词：北京市 优质公共资源 人口 疏解

Abstract: This article analyses the quality public resource allocation and distribution of the population in Beijing, raised some implementation of Center City population untwiningcountermeasures. Pointed out that migration is an important factor is the attractions. of quality public resources, and Beijing´s educational resources, health, culture, sports, public transport resources gathered in Center City is a key reason of causing population gathered in Center City. To do this, untwining Center City population, take the following measures: the Government-led, in high standard configuration in new high quality public resources; priority untwining Center City education, health care resources, and strengthen the guiding role of rail transport, reduce the cost of new town residents travel.

Keywords: Beijing Quality Public Resource Allocation Population Distribution

---

① 本论文为"北京市属高等学校人才强教计划资助项目"（PHR）研究成果。该文发表于《人口研究》2011年第5期。

北京市2009年常住人口已经达到1755万，提前11年达到了2020年人口的控制目标，人口高度在中心城聚集已经造成环境污染、交通拥堵等"大城市病"，因此，疏解中心城人口是当务之急。本文从优质公共资源配置的角度分析了人口过度在中心城聚集的原因，并提出相应对策。

一、公共资源配置与人口的关系

（一）公共资源的概念界定

公共资源是公众共同享有的社会公共服务与城市基础设施。社会公共服务是指在社会发展领域中的公共服务，主要包括教育、医疗卫生、文化、体育、公共安全、社会福利和社会救助等内容；城市基础设施是为城市发展和居民生活提供一般条件的公共设施，包括公用事业、公共工程、城市环境和交通设施等。城市基础设施是城市赖以生存和发展的基础，在城市发展中处于重要的先导地位。它涵盖市域范围内交通、能源、水资源、城市环境、信息和防灾减灾体系等方面。

本论文涉及的公共资源主要为：教育、医疗卫生、文化、体育、交通等内容。

由于公共资源的数量与质量是有差异的。因此，优质公共资源是指公共资源中质量较高、服务水平较高的公共资源。比如作为公共资源的高中教育，按优质高低层次排序，依次为：市属重点高中、区属重点高中、普通高中。一般来讲，市属重点高中比区属重点高中配置的教育资源以及教学水平都要高，区属重点高中又好于普通高中；作为公共资源的医院，按优质高低层次排序，依次为三级甲等、三级乙等、三级丙等、二级甲等、二级乙等、二级丙等、一级甲等、一级乙等、一级丙等，共十等。三级甲等医院是医疗设施、医疗水平最好的医院。所谓优质公共资源也是比较而言，三级甲等医院比三级乙等优质，三级乙等医院比三级丙等医院优质，等等。每个人看病都愿意到最好的医院，但在没有办法的情况下，也可以退而求其次，到次优的医院。所以优质公共资源也是一个比较的过程。

（二）公共资源配置与人口的关系

人口迁移的一个重要因素是各种优质公共资源的吸引，包括交通、教育、医疗、文化等。人们都希望到好医院看病、送孩子到重点中学读书、选择交通方便的地方居住、工作，因此，公共资源的配置尤其是优质公共资源的配置是导致人口迁移和聚集的一个重要原因。

自1920年，美国城市人口超过农村人口、完成城市化之后，城市发展开始向郊区化扩展，"二战"后更呈现出规律性的逐年上升趋势。1950年，美国大都市区人口的59%在中心城市，41%在郊区，到1990年，这个比例正好反了过来，60%人口在郊区，40%人口在中心城市。导致美国人口向郊区迁移的一个主要原因就是政府在郊区教育、医疗、公共交通的大量投资，在郊区，无论是师资质量和教学手段，还是图书资料和教学设备等，郊区远优于中心城市。比如，1994年，纽约市在郊区政府平均每年为每个学生支出达9688美元，而中心城市为8205美元；郊区学校平均每名学生配备的图书数量平均为20本，中心城市为9.4本。1996年，59%的郊区学生可上互联网，中心城市的比例只有47%。

二、北京市公共资源配置现状

本文将北京市分为中心城和新城两个区域。

本文中的中心城是指首都的"城六区"（东城、西城、朝阳、海淀、丰台和石景山六区）或原"城八区"，即原东城、原西城、原崇文、原宣武、朝阳、海淀、丰台和石景山八个区。"城六区"或原"城八区"构成首都功能核心区和城市功能拓展区。其中，首都功能核心区包含原东城、原西城、原崇文、原宣武四个区，现在是新东城和新西城两个区，集中体现北京作为我国政治、文化中心功能，是首都功能及"四个服务"的最主要载体，承担国家政治文化中心、金融管理中心和国际交往中心的职能，同时具有服务全国的会展、体育、医疗、商业和旅游等功能；城市功能拓展区包含朝阳、海淀、丰台、石景山四个区，是体现北京现代经济与国际交往功能的重要区域，是国家高新技术产业基地，国内外知名的高等教育和科研机构聚集区，著名的旅游、文化、体育活动区，也是中国与世界联系的重要节点。

相对首都的中心区而言的新城地区是指，通州、顺义、大兴、昌平、房山、亦庄、门头沟、平谷、怀柔、密云、延庆共十一个区县，即原来人们指的远郊区县。这十一个远郊区县构成城市发展新区和生态涵养发展区。城市发展新区包含通州、顺义、大兴、昌平、房山区和亦庄开发区六个区，是北京发展制造业和现代农业的主要基地，也是北京疏散城市中心区产业与人口的重要区域，是未来北京经济社会发展的重心所在。生态涵养发展区包含门头沟、平谷、怀柔、密云、延庆五个区县，是北京的生态屏障和水源保护地，是环境友好型产业基地，是保证北京可持续发展的支撑区域，也是北京市民休闲游憩的理想空间。

(一) 教育资源配置现状分析

教育资源包含学前教育、小学、中学以及高等教育资源。教育资源的配置直接影响着人口的搬迁。居民选择居住地的一个主要因素就是"随学而居"。为了孩子能上好的学校，家长不惜重金在学校附近买房、租房，甚至想办法把户口迁过去。因此，关注教育资源的配置对中心城人口的疏解有着重要意义。一个区域如果有了好的教育资源，就会有人到该区域安家居住，就会到附近找工作，就会形成一个人口聚集地。因此，通过均衡教育资源，就能从一定程度上实现中心城人口的疏解。

1. 大学教育资源配置现状分析

目前驻京普通高校共计 58 所，其中中心城区有 54 所，占全市的 93%，大部分位于海

海淀和朝阳区；新城地区只有 4 所，占全市的 7%。高等教育资源分布极为不均衡。尽管昌平和良乡均设有大学城，但入驻学校很不理想，至今良乡大学城只有 4 所高校入驻，昌平大学城只有 5 所高校入驻。

2. 中学教育资源配置现状分析

(1) 普通中学学校数与普通中学毕业生人数

从近三年情况来看，普通中学学校数与普通中学毕业生人数占比均变化不大。2008 年与 2009 年数据表明，中心城区普通中学学校数占比 48.8%，新城地区占比 51.2%。学校的分布相对来说比较均衡。

2008 年中心城区普通中学毕业生人数占比为 56.7%；新城地区占比为 43.3%；2009 年中心城区普通中学毕业生人数占比为 56%；新城地区占比为 44%；说明尽管中心城区与新城地区普通中学学校数量大体相同，但中心城区的学生人数比新城地区的学生人数要高 13.4%。居民有送孩子到中心城优质高中读书的愿望。见附表 4-1。

附表4-1 中心城与新城普通中学学校数与毕业生数情况比较

区县	普通中学校数（所）				普通中学毕业生数（人）			
	2008	占全市比重（%）	2009	占全市比重（%）	2008	占全市比重（%）	2009	占全市比重（%）
全市	674	100	647	100	183170	100	171943	100
中心城区	329	48.8	316	48.8	10386	56.7	96331	56.0
首都功能核心区	101	15	95	14.7	40835	22.3	35825	20.8
城市功能拓展区	228	33.8	221	34.2	63026	34.4	60506	35.2
新城地区	345	51.2	331	51.2	79309	43.3	75612	44.0
城市发展新区	229	34	223	34.5	51033	27.9	48190	28.0
生态涵养发展区	116	17.2	108	16.7	28276	15.4	27422	15.9

资料来源：根据历年《北京区域统计年鉴》整理

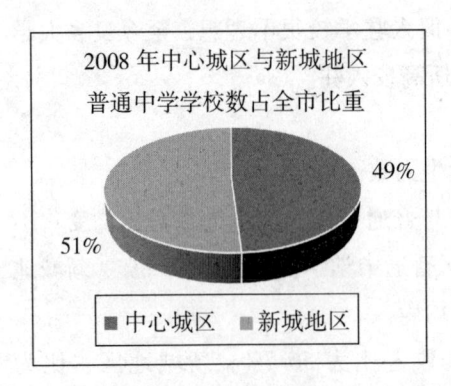

附图4-1 2008年普通中学学校数比较

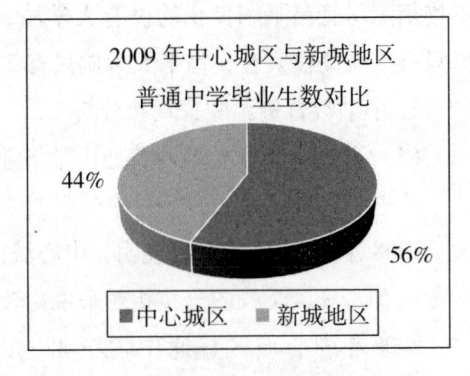

附图4-2 2009年普通中学毕业生数比较

（2）高中教育

从2010年数据可以看出，高中教育资源中心城与新城出现明显差异。示范高中数与普通高中数均呈三七开局面。优质教育资源向中心城区集中非常明显。见附表4-2。

附表4-2 2010年中心城与新城高中教育资源比较

区县	示范高中数 2010年	占全市比重（%）	普通高中数 2010年	占全市比重（%）
全　市	74	100	193	100
中心城区	52	70.27	137	70.98
首都功能核心区	27	36.49	48	24.87
原东城区	7	9.46	17	8.81
原西城区	9	12.16	19	9.84
原崇文区	5	6.76	4	2.07
原宣武区	6	8.11	8	4.15
城市功能拓展区	25	33.78	89	46.11
朝阳区	7	9.46	23	11.92
海淀区	11	14.86	46	23.83
丰台区	4	5.41	15	7.77
石景山区	3	4.05	5	2.59
新城地区	22	29.73	56	29.01
城市发展新区	14	18.92	45	23.31
房山区	4	5.41	11	5.70
通州区	3	4.05	8	4.15
顺义区	3	4.05	5	2.59
昌平区	2	2.70	11	5.70
大兴区	2	2.70	10	5.18
生态涵养发展区	8	10.8	11	5.70
门头沟区	1	1.35	2	1.04
怀柔区	1	1.35	3	1.55

续表

区县	示范高中数 2010 年	占全市比重（%）	普通高中数 2010 年	占全市比重（%）
平谷区	2	2.70	2	1.04
密云区	3	4.05	2	1.04
延庆县	1	1.35	2	1.04

资料来源：根据北京市教委网站数据整理

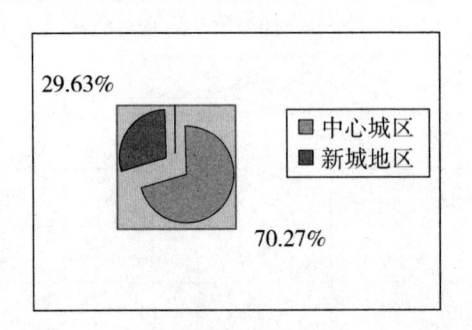

附图 4-3　中心城区与新城地区示范高中占比

资料来源：根据北京市教委网站资料整理

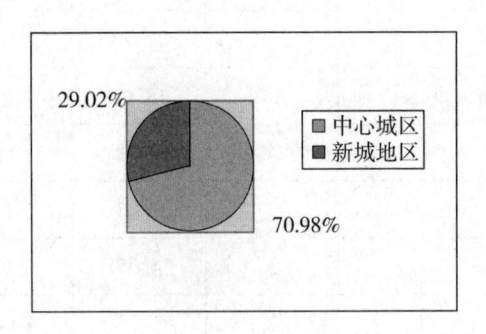

附图 4-4　中心城区与新城地区普通高中占比

资料来源：根据北京市教委网站资料整理

（3）重点小学

根据有关数据，北京市重点小学有 33 所，全部分布在中心城区。优质小学教育资源严重失衡。

(4) 一级一类幼儿园分布情况

一级一类幼儿园是学前教育中最好的教育资源,无论是硬件设施,还是教学质量都达到了较高水平。但在中心城和新城的分布极不平衡。按北京市教委2007年发布的数据,全市共有一级一类幼儿园281所,其中中心城区有238所,占全市的84.7%;新城才有43所,占全市的15.3%。

(二) 医疗卫生资源配置现状分析

1. 三级甲等医院

2016年,北京一共有65家三级甲等医院,其中中心城区拥有60家,占全市三级甲等医院数量的92.31%;而新城只有5家,占全市的7.69%。优质医疗资源分布严重不均衡。因此有大病、急病,居民都要跑到中心城就医;不仅如此,北京很多医院如安贞医院、天坛医院、协和医院等还承担着治疗全国疑难杂症的任务,造成中心城有大量的进京就医流动人口,增加了中心城区人口的压力。

2. 卫生机构

中心城与新城的医疗卫生机构严重失衡,优质医疗卫生资源明显在中心城过度集中。2009年中心城与新城的医疗卫生机构二者比重为57.61∶42.39,接近六四开;其中诊所、卫生所、医务室、护理站在中心城与新城的分布,二者比重为59.27∶40.73;疾病预防控制中心(防疫站)的分布为58.06∶41.94;门诊部、医院尤甚,门诊部比重为73.08∶26.92;医院比重为69.65∶30.35。但社区卫生服务中心(站)、卫生院、妇幼保健院(所、站)等低层次的医疗机构在新城地区的比重偏高,社区卫生服务中心(站)和妇幼保健院(所、站)在中心城与新城比重分布为:44.9∶55.1和42.11∶57.89;卫生院在新城地区极为普遍,中心城与新城比重为5.2∶94.8。见附表4-3。

3. 卫生机构从业人员

(1) 中心城地区卫生机构人员数、卫生技术人员和执业助理医师人数

中心城地区卫生机构人员、卫生技术人员和执业助理医师人数中心城区明显高于新城地区,大致均呈七三开局面。医疗机构从关人员在中心城区和新城地区配置严重失衡。见附表4-4。

附表4-3 2009年中心城地区与新城地区卫生机构占比

区县	医疗卫生机构 2009年	占全市比重(%)	医院 2009年	占全市比重(%)	社区卫生服务中心(站) 2009年	占全市比重(%)	卫生院 2009年	占全市比重(%)	门诊部 2009年	占全市比重(%)	妇幼保健院(所、站) 2009年	占全市比重(%)	疾病预防控制中心(防疫站) 2009年	占全市比重(%)	专科疾病防治院(所、站) 2009年	占全市比重(%)	诊所、卫生所、医务室、护理站 2009年	占全市比重(%)
全　　市	6603	100	522	100	1395	100	116	100	768	100	19	100	31	100	27	100	3592	100
中心城地区	3869	58.6	359	68.8	627	44.9	6	5.2	610	79.4	8	42.2	18	58.1	14	51.9	2151	59.9
首都功能核心区	1065	16.1	99	19	53	3.8	0	0	114	14.8	4	21.1	13	41.9	6	22.2	731	20.4
城市功能拓展区	2804	42.5	260	49.8	574	41.1	6	5.2	496	64.6	4	21.1	5	16.1	8	29.6	1420	39.5
新城地区	2734	41.4	163	31.2	768	55.1	110	94.8	158	20.6	11	57.8	13	41.9	13	48.1	1441	40.1
城市发展新区	2046	31	123	23.6	608	43.6	76	65.5	151	9.9	6	31.6	7	22.5	7	25.9	1032	28.7
生态涵养发展区	688	10.4	40	7.7	160	11.5	34	29.3	7	0.91	5	26.3	6	19.4	6	22.2	409	11.4

资料来源：根据2009年《北京区域统计年鉴》计算整理

附录4 北京市优质公共资源配置与人口疏解分析

附表4-4 中心城与新城地区卫生机构从业人员比较

区县	卫生机构人员数(人) 2008	占全市比重(%)	2009	占全市比重(%)	卫生技术人员(人) 2008	占全市比重(%)	2009	占全市比重(%)	执业助理医师(人) 2008	占全市比重(%)	2009	占全市比重(%)
全市	193799	100	208156	100	149916	100	160435	100	58773	100	62348	100
中心城地区	144274	74.45	153350	73.7	110854	73.94	117887	73.5	42520	72.35	45083	72.3
首都功能核心区	61444	31.71	62371	30	47122	31.43	47869	29.8	17616	29.97	17947	28.8
城市功能拓展区	82830	42.74	90979	43.7	63732	42.52	70018	43.6	24904	42.37	27136	43.5
新城地区	49525	25.55	54806	26.3	39062	26.06	42548	26.5	16253	27.65	16712	26.8
城市发展新区	30289	15.63	38459	18.5	23558	15.71	29768	18.6	9689	16.49	11521	18.5
生态涵养发展区	19236	9.93	16347	7.9	15504	10.34	12780	7.9	6564	11.17	5191	8.3

资料来源：根据历年《北京区域统计年鉴》计算整理

（2）执业医师、注册护士、医院床位

中心城平均每千人拥有的执业医师、注册护士、医院床位均比新城地区高出1~2倍。这些医疗资源在中心城区高度聚集。

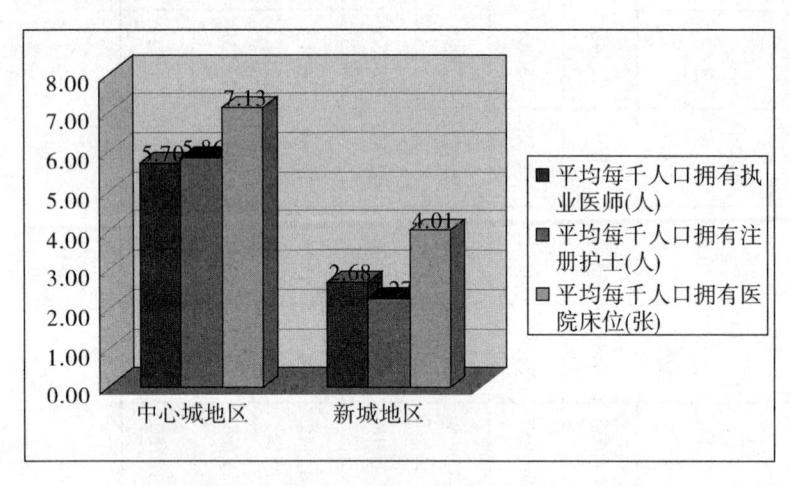

附图4-5 中心城区与新城地区平均每千人拥有执业医师、注册护士、医院床位

（三）文化、体育资源配置现状分析

1. 公共图书馆

近三年，北京市的公共图书馆数量都没有变化，中心城区与新城地区图书馆的比例为56∶44，接近六四开。2009年，中心城地区的总藏书为全市占比的88.99%，接近9成；总流通人次为全市占比的82.59%；书刊外借册次数占到74.98%。优质图书资源明显在中心城集中。

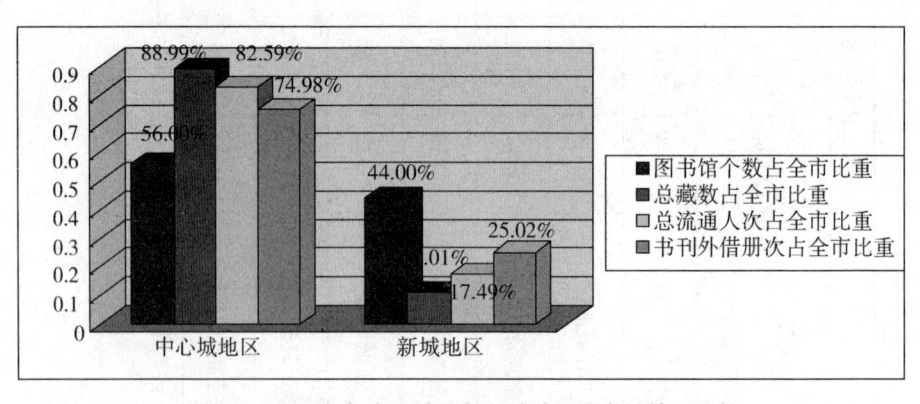

附图4-6 2009年中心城区与新城地区图书馆情况比较

2. 文化机构

根据2009年的数据，中心城文化馆占全市的45%，新城占55%，新城占比较高；但，中心城的博物馆占全市的77.86%，新城只占22.14%，博物馆大多集中在中心城。

附表4-5　2009年中心城区与新城地区文化馆博物馆情况比较

区县	文化馆数 个数	文化馆数 占全市比重（%）	博物馆数 个数	博物馆数 占全市比重（%）
全　　市	20	100	140	100
中心城区	9	45	109	77.86
首都功能核心区	4	20	61	43.57
城市功能拓展区	5	25	48	34.31
新城地区	11	55%	31	22.14
城市发展新区	6	30	19	13.57
生态涵养区	5	25	12	8.57

3. 体育场地情况

中心城与新城的体育场地个数均分秋色，但体育馆和游泳馆的数量远远高于新城地区，达到或超过七三开比例；体育场和各种训练房也都在六四开比例。优质体育资源也相对集中在中心城区。

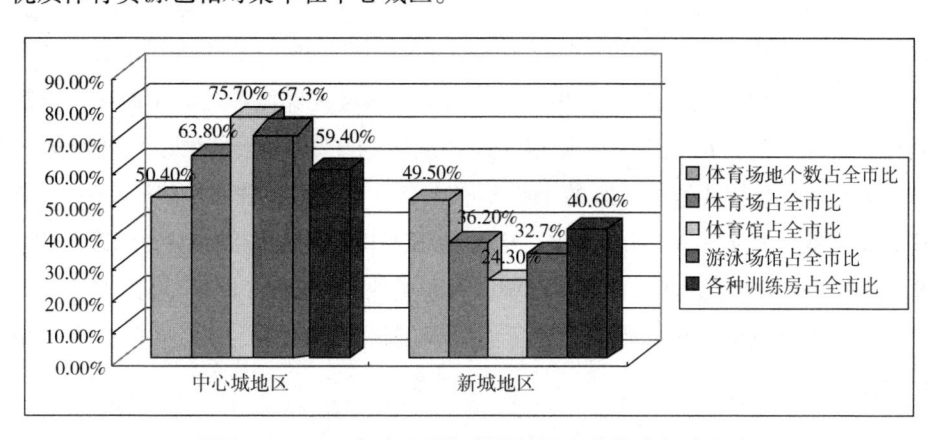

附图4-7　2009年中心城与新城地区各种体育场地占比

（四）公共交通现状分析

公共交通包括公交车、轨道交通两种形式。中心城的公共交通与新城相比，四通八达，既有公交车，也有轨道交通；不仅如此，中心城的通勤成本远远低于新城地区。而新城的公共交通明显配置不足，很多新城还没有轨道交通，公交车的通达性和便利性与中心城相比有很大差距。从本课题组8月份的抽样调查来看，居民不愿去新城就业和居住的一个主要原因就是交通不便。

三、北京市人口分布现状

近年来北京人口分布现状如下：

1. 北京市人口规模持续高速增长

根据北京市历年统计年鉴的数据测算，北京市人口规模总量有持续加快的趋势。2000年到2009年，常住人口规模从1363.6万人增长到1755万，10年增长391.4万人，年均增长43.49万人，增长率为2.85%。已提前11年突破了2020年北京人口的控制目标。

2. 中心城区人口密度大大高于全市人口平均密度

以首都功能核心区、城市功能拓展区、城市发展新区、生态涵养发展区分项来统计，城市人口密度逐级下降，出现级别分明的四级结构。首都功能核心区2009年常住人口为211.1万人，占全市人口比重为12%，常住人口密度为22849人/平方公里；城市功能拓展区常住人口为868.9万人，占全市人口比重为49.5%，常住人口密度为6810人/平方公里；城市发展新区常住人口为491.7万人，占全市人口比重为28%，常住人口密度为781人/平方公里；生态涵养发展区常住人口为183.3万人，占全市人口比重为10.4%，常住人口密度为210人/平方公里。北京市人口主要集中在城市功能核心区和城市功能拓展区。首都功能核心区人口密度最大，是城市功能拓展区的3.36倍，是城市发展新区的29.26倍，是生态涵养发展区的108.8倍。中心城区人口密度7893人/平方公里，新城地区是449人/平方公里，中心城区人口密度是新城地区的17.58倍。根据2005—2009年数据测算，中心城区与新城地区常住人口占全市比重基本为六四开，没有发生变化；而中心城区的面积仅是全市的8.34%。人口在中心城区高度聚集。

附表4-6　2005—2009首都中心城区与新城地区人口密度情况

区域	项目	2005年	2006年	2007年	2008年	2009年
全市	区域面积（平方公里）	16410.54	16410.54	16410.54	16410.54	16410.54
	常住人口（万人）	1538	1581	1633	1695	1755
	占全市人口比重（%）	100	100	100	100	100
	常住人口密度（人/平方公里）	937	963	995	1033	1069
中心城地区	区域面积（平方公里）	1368.32	1368.32	1368.32	1368.32	1368.32
	常住人口（万人）	953.2	979.7	1012.3	1043.9	1080
	占全市人口比重（%）	61.98	61.97	61.99	61.59	61.54
	常住人口密度（人/平方公里）	6966	7160	7398	7629	7893
首都功能核心区	区域面积（平方公里）	92.39	92.39	92.39	92.39	92.39
	常住人口（万人）	205.2	206.1	206.9	208.3	211.1
	占全市人口比重（%）	13.3	13	12.7	13	12
	常住人口密度（人/平方公里）	22210	22308	22394	22546	22849

续表

区域	项目	2005年	2006年	2007年	2008年	2009年
城市功能拓展区	区域面积（平方公里）	1275.93	1275.93	1275.93	1275.93	1275.93
	常住（万人）	748	773.6	805.4	835.6	868.9
	占全市人口比重（%）	48.6	48.9	49.3	48.9	49.5
	常住人口密度（人/平方公里）	5862	6063	6312	6549	6810
新城地区	区域面积（平方公里）	15042.22	15042.22	15042.22	15042.22	15042.22
	常住（万人）	584.8	598.3	620.7	651.1	675
	占全市人口比重（%）	38.02	37.83	38.01	38.41	38.46
	常住人口密度（人/平方公里）	389	398	413	433	449
城市发展新区	区域面积（平方公里）	6295.57	6295.57	6295.57	6295.57	6295.57
	常住（万人）	411.6	424.7	446.2	470.8	491.7
	占全市人口比重（%）	26.8	26.9	27.3	27.3	28
	常住人口密度（人/平方公里）	654	675	709	748	781

续表

区域	项目	2005 年	2006 年	2007 年	2008 年	2009 年
生态涵养发展区	区域面积（平方公里）	8746.65	8746.65	8746.65	8746.65	8746.65
	常住人口（万人）	173.2	176.6	174.5	180.3	183.3
	占全市人口比重（%）	11.3	11.1	10.7	11.2	10.4
	常住人口密（人/平方公里）	198	202	200	206	210

资料来源：根据历年《北京统计年鉴》整理

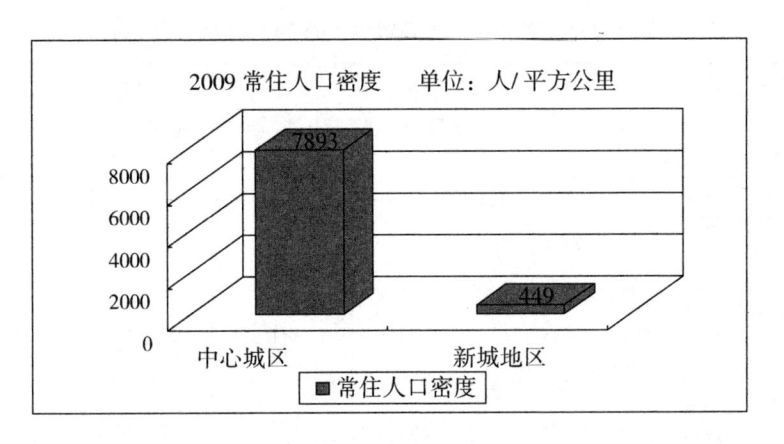

附图 4-8 2009 年中心城区与新城地区常住人口密度比较
（单位：人/平方公里）

资料来源：根据历年《北京区域统计年鉴》整理

北京市各区县的人口分布差异非常大。图表15所示为北京市2009年分区域人口密度，人口主要集中于城六区，其中原东城、原西城、原崇文、原宣武四区的人口最为集中。

根据美国福布斯杂志公布的2009年全球人口最稠密的20个城市人口密度情况，北京以常住人口密度11500人/平方公里，排在第20名，尽管数据与国内公布的数据有误差，但也给我们敲响了警钟。2009年北京市首都功能核心区常

2009年18区县常住人口密度（人/平方公里）

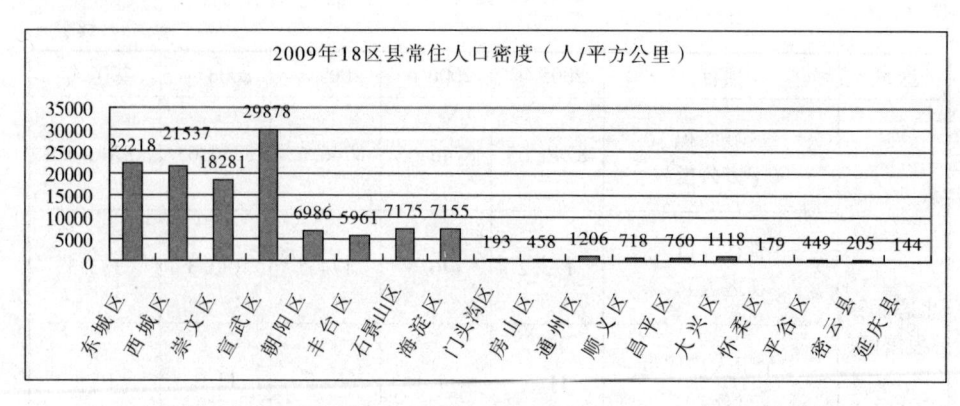

东城区 22218
西城区 21537
崇文区 18281
宣武区 29878
朝阳区 6986
丰台区 5961
石景山区 7175
海淀区 7155
门头沟区 193
房山区 458
通州区 1206
顺义区 718
昌平区 760
大兴区 1118
怀柔区 179
平谷区 449
密云县 205
延庆县 144

附图 4-9 北京市 2009 年各区县人口密度（单位：人/平方公里）

资料来源：2009 年《北京区域统计年鉴》

住人口密度为 22849 人/平方公里，应仅次于加尔各答，排在第三位，因此，建设宜居城市、疏解中心城人口是当务之急。

附表 4-7 2009 年全球人口最稠密的 20 个城市人口密度

城市	孟买（印度）	加尔各答（印度）	卡拉奇（巴基斯坦）	拉各斯（尼日利亚）	深圳（中国）
排名	1	2	3	4	5
区域面积（平方公里）	484	531	518	1340	466
常住人口（万人）	1435	1270	900	738	800
常住人口密度（人/平方公里）	29650	23900	18900	18150	17150
城市	首尔（韩国）	台北（中国）	金奈（印度）	波哥达（哥伦比亚）	上海（中国）
排名	6	7	8	9	10
区域面积（平方公里）	1049	376	414	518	746
常住人口（万人）	1750	570	600	700	1000
常住人口密度（人/平方公里）	16700	15200	14350	13500	13400

续表

城市	孟买 （印度）	加尔各答 （印度）	卡拉奇 （巴基斯坦）	拉各斯 （尼日利亚）	深圳 （中国）
城市	利马 （秘鲁）	北京 （中国）	新德里 （印度）	金沙萨 （刚果）	马尼拉 （菲律宾）
排名	11	12	13	14	15
区域面积 （平方公里）	596	748	1295	469	686
常住人口 （万人）	700		1430	500	720
常住人口密度 （人/平方公里）	11750	11500	11050	10650	10550
城市	德黑兰 （伊朗）	雅加达 （印度尼西亚）	天津 （中国）	班加罗尔 （印度）	胡志明市 （越南）
排名	16	17	18	19	20
区域面积 （平方公里）	686	1360	453	534	518
常住人口 （万人）	720	1420	453	540	490
常住人口密度 （人/平方公里）	10550	10500	10500	10100	9450

资料来源：美国福布斯杂志

3. 外来人口成为城市人口的重要组成部分

外来人口成为北京人口增长的主要因素，常住人口中外来人口与户籍人口的比例逐渐上升。这一比例在1990年约为1∶4，2000年为1∶4.32，2006年为1∶3.12，2009年为1∶2.45，即目前外来人口占到北京户籍人口的40.87%，有2.45个户籍人口，就有1个外来人口。

外来人口占常住人口的比重不断上升，从2000年的19%，上升为2009年的29%。即每3个人中就有1个外来人口。

附表4-8 2000—2009年北京市外来人口与户籍人口比例

年份	常住人口（万人）	户籍人口（万人）	外来人口（万人）	户籍人口与外来人口之比	外来人口占常住人口的比重
2000	1363.6	1107.5	256.1	4.32	0.19
2001	1385.1	1120.5	264.6	4.23	0.19
2002	1423.2	1136.3	286.9	3.96	0.20
2003	1456.4	1148.8	307.6	3.73	0.21
2004	1492.7	1162.9	329.8	3.53	0.22
2005	1538.0	1180.7	357.3	3.30	0.23
2006	1581.0	1197.6	383.4	3.12	0.24
2007	1633.0	1213.3	419.7	2.89	0.26
2008	1695	1229.9	465.1	2.64	0.27
2009	1755	1245.8	509.2	2.45	0.29

资料来源：根据历年《北京统计年鉴》及《北京国民经济和社会发展公报》整理

根据2005—2009年数据测算，外来人口主要集中于中心城区。2009年，中心城区外来人口占全市的63.45%，新城地区占36.55%。

从中心城与新城外来人口增长情况统计结果看，中心城外来人口的增加量高于新城，但新城外来人口增速高于中心城区。2009年中心城区外来人口增加24.9万人，新城外来人口增加19.2万人；中心城区外来人口增速为7.71%，新城地区外来人口增速为10.32%。中心城外来人口占其常住人口的比重由2005年的26%增长为2009年的30%，新城地区外来人口占其常住人口的比重由2005年的19%，增长为28%。中心城与新城外来人口增长情况见图表71。

附表4-9 2005年—2009年北京市中心城区与新城地区外来人口增长情况

区域	人口及比重	2005	2006	2007	2008	2009
全市	常住人口	1538.0	1581.0	1633.0	1695	1755
	外来人口	357.3	383.4	419.7	465.1	509.2

续表

区域	人口及比重	2005	2006	2007	2008	2009
中心城地区	常住人口（万人）	953.2	979.7	1012.3	1043.9	1080
	外来人口（万人）	245.6	259.2	280	298.2	323.1
	外来人口占全市外来人口%	68.77	67.61	66.71	64.12	63.45
	外来人口占常住人口%	26	26	28	29	30
	外来人口增长量（万人）	9.7	13.6	20.8	18.2	24.9
	外来人口增长率%	4.11	5.54	8.02	6.5	7.71
新城地区	常住人口（万人）	584.8	598.3	620.7	651.1	675
	外来人口（万人）	111.7	124.2	139.7	166.9	186.1
	外来人口占全市外来人口%	31.23	32.39	33.29	35.88	36.54
	外来人口占常住人口%	19	21	23	26	28
	外来人口增长量（万人）	6.1	12.5	15.5	27.2	19.2
	外来人口增长率%	5.78	11.19	12.48	19.47	10.32

资料来源：根据2005、2006、2007、2008年《北京区域统计年鉴》整理

城乡接合部地区成为外来人口集中居住地区，有些地区出现了外来人口数量超过户籍人口的现象。据北京市环境卫生协会2007年8月调查统计，朝阳、海淀、丰台三区位于五环路内的16个乡镇的102个行政村内，有北京户籍居民19.3万人，户籍农民20.2万人，流动人口87.4万人，流动人口是户籍人口的2.2倍。

（3）中心城人口继续聚集，没有实现中心城的人口疏解，新城承接人口的能力有限

北京市常住人口从2005年的1538万人到2009年的1755万人，增加了217

213

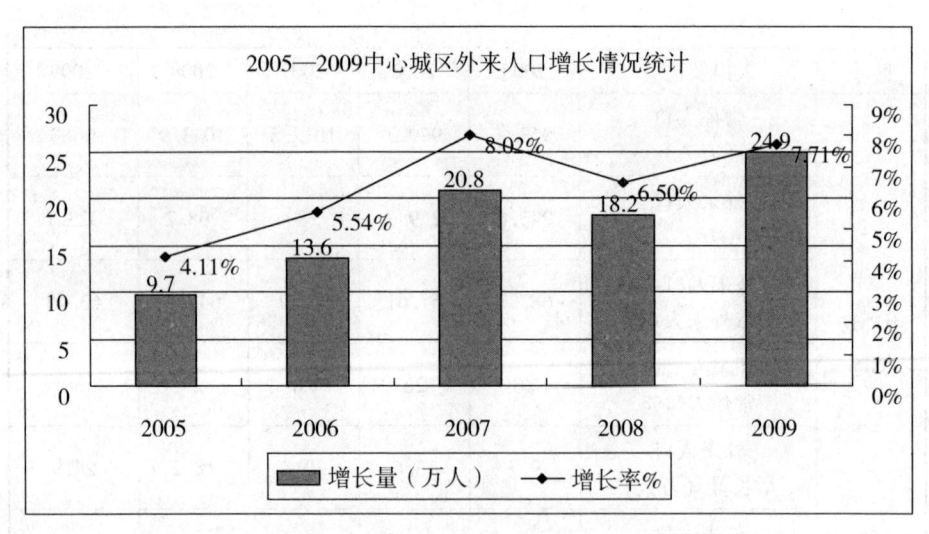

2005—2009中心城区外来人口增长情况统计

附图4-10　2005—2009年中心城区外来人口增长情况统计

2005—2009新城地区外来人口增长情况统计图

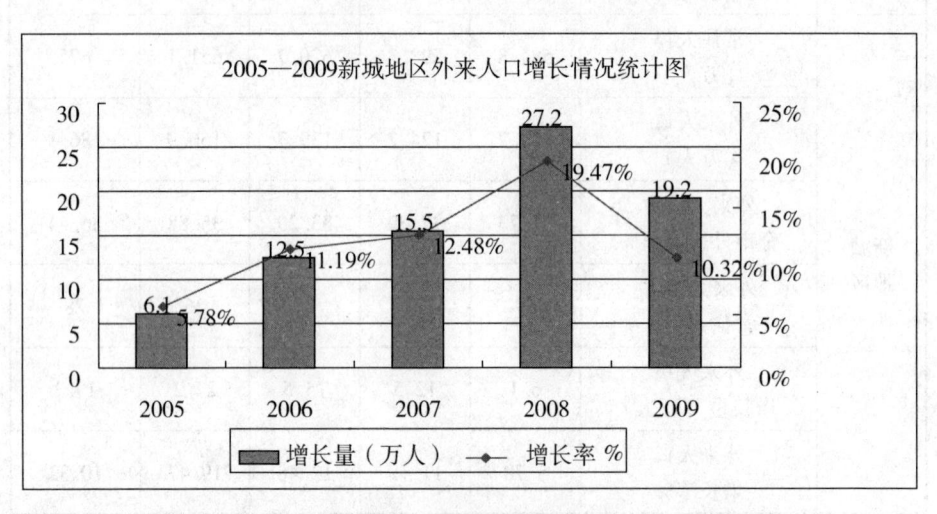

附图4-11　2005—2009年北京市新城地区外来人口增长情况

资料来源：根据2005、2006、2007、2008年《北京区域统计年鉴》整理

万人。其中中心城区人口增加了126.8万人，占新增常住人口的58.43%；而新城地区增加了90.2万人，占41.57%。因此，北京市常住人口的增长主要还是在中心城区。

北京市户籍人口从2005年的1180.7万人到2009年的1245.8万人，增加了65.1万人。占新增常住人口的30%。其中中心城区户籍人口增加了49.28万人，占新增户籍人口的75.7%；新城地区户籍人口增加了15.8万人，占新增户籍人口的24.3%。户籍人口的增长将近8成在中心城区。

北京市外来人口从2005年的357.3万人到2009年的509.2万人增加了151.9万人，占新增常住人口的70%。其中，中心城区外来人口从2005年的245.6万人到2009年的323.12万人，增加了77.52万人，占全市新增外来人口的51.03%；新城地区外来人口从2005年的111.7万人到2009年的186.1万人，增加了74.4万人，占全市新增外来人口的48.96%。

因此，无论是从常住人口，还是户籍人口、外来人口角度，还是从新增人口的绝对数量还是增加比例来看，中心城新增的人口都比新城要多，中心城区巨大的磁力作用显而易见。

不过，从中心城和新城增加的人口比例来看，中心城区对户籍人口的吸引力更大，新增户籍人口的75.7%都落到了中心城，能到中心城落户的应该是高层次人才；中心城区与新城地区吸收的外来人口差别很小，几乎是五五平分。说明，低层次人才有一半到了中心城，一半到了新城。

课题组8月份的抽样调查报告显示，人们选择新城的一个很大原因是居住成本问题，新城的房价便宜，低层次人才可以在那里生存；外来人口选择中心城区的主要原因，是他们的客户在中心城区，离开了客户他们就会失业，这些人往往是建筑工人、服务行业的服务员，他们住在单位宿舍或是租住在城乡结合部的平房里，同样可以维持生活。

四、均衡配置优质公共资源，实现北京中心城人口疏解的政策建议

1. 政府主导，在新城高标准配置优质公共资源

中心城优质的公共资源对外来人口形成了强大的吸引力，使中心城人口流动形成盆地聚集效应。新城集聚人口将是一个长时期的过程，不仅需要有足够的就业岗位、良好的交通条件以及完善的基础设施和学校、医院等公益性服务设施，而且需要政府从产业转移、住宅建设、社会保障以及吸引人才、人口管理等方面不断完善相关政策，形成增加政府引导性投资→自主性投资→基础设施与公共服务改善→产业转移→人口转移的新城发展路径，达到疏解和吸引人口的目的。

而教育、医疗、卫生、交通等公共资源本身就是公共物品。公共物品往往有大量的需求，但因为收费困难，没有市场供给。因此，在新城高标准配置优质公共资源，一定要政府主导。

2. 北京中心城应重点疏解优质教育、医疗资源

离学校的远近是居民选择居住地的一个主要条件，为此，要在新城大力发展教育事业，提高新城的教育水平。

目前新城医疗、教育等优质资源引入未达到预期效果，名校办分校、名院办分院的相关政策不配套，人员编制和经费面临很多困难。为此，应制定相应的土地、人才、税收等优惠政策让企业和职工到新城获得比较利益，促使优质资源到新城办校、办院。

对于从中心城区迁出且符合迁入新城条件的企事业单位，新城在土地出让政策方面应给予较大的置换优惠。同时，对新城公益事业建设的土地出让费用也应予以相应倾斜优惠，鼓励中外企业投资建设新城的公益事业（如学校、医院等），借助社会力量建设和完善新城教育、医疗等优质资源，增强新城的吸引力。

通过配对帮扶，提高医院、学校等的质量。由中心城的优质医院、学校与新城的医院、学校建立帮扶对子，提高新城学校、医院的质量。

3. 强化轨道交通的引导作用，大力发展新城与中心城间的轨道交通等公共交通

城市公共交通是与人民群众生产生活息息相关的重要基础设施。提供良好的公交服务是政府的基本责任。大力发展轨道交通是拉近中心城与新城距离、疏解中心城人口和功能的一个基本条件。

东京都市圈在每一次规划中，都根据发展需要制定了相应的区域内交通规划，遵循"优先公共交通"原则，使公共交通发挥最大作用。东京的城市轨道交通建设，在资金上还得到了政府的支持，如日本地铁建设采用补助金制度，对于市郊铁路，由国家和地方政府负担36%的补贴，而对单轨等新交通方式，国家的补贴达2/3。东京非常注重交通网络体系的建设。首先是修建了一条环市中心的轻轨线，依托各个交通枢纽中心把各个副中心连接起来。之后，再以这些副中心为起点，修建了众多呈放射状、向近郊或邻近城市延伸的轻轨线，并在线路末端发展起新的中小城市和工业中心。现在，快捷的铁道客运系统成为东京居民出行的首选交通工具。在东京23个区，公共交通承担着70%的出行需求，为世界之最；其中在城市中心区，90.6%的客运量由轨道交通承担。

目前比较各新城与中心城区的轨道交通联系基本上还没有完成，公共交通最便捷的新城通州，从北苑站到天安门乘地铁也需要将近一个小时，住在新城在交通上花费的时间成本太高。

因此，需要加快各新城与中心城、新城与新城的轨道综合交通走廊建设，城

铁、环路、高速路建设会使新城与中心城的距离缩短。轨道交通的建成，必将带动新城轨道交通沿线的房地产开发，带动企业和居民入住新城创业、就业和居住。

另外，香港公交出行分担率达89%，世界最高。主要原因是轨道交通四通八达，无论是轨道交通的换乘、还是轨道交通与地面交通的换乘都非常方便快捷，以及大型轨道交通车站综合体的建立。大型轨道交通车站综合体集购物、办公、居住、交通功能于一身，能吸引大量的商业企业入驻、提供大量的就业岗位和居住空间，有力的推动新城居业联动，实现居业平衡。我们可借鉴香港的做法，尝试在新城城市中心区与轨道交通枢纽中心建立轨道交通车站综合体，为新城的繁荣与发展创造契机。

4. 降低新城居民出行的成本

目前居民出行、上班主要还是靠公交车，公交车作为地面交通，容易发生拥堵，这也是新城居民遇到的最大的难题——交通难，通勤时间长，公交路线、轨道交通少。

解决交通问题，公交运输也是需要大力发展的，因为它相对轨道交通，成本低，见效快。除了要增设通往新城的公交路线，还要根据居民的需求增设公交站点，使居民离公交站点的时间距离在15分钟以下，增强公共交通的便利性。

为此，应采取以下措施：

①改革北京市市域内高速路的收费制度

把高速路收费站移至六环以外。六环以内的高速路不应对北京市域范围出入的车辆收费。

②加大郊区公交车的补贴力度

新城公交车应与中心城采取同样的定价方法，并适当优惠。目前郊区公交车采取阶梯票制，中心城采取一票制。到郊区的交通成本太高，建议加大市政府对郊区公交车的补贴，与中心城公交车采取同样的定价方法，并适当优惠。

③缩短居民到公交站点的距离，增加居民出行的便利性

根据居民需要安排公交站点，可借鉴东京的做法，从居民住处到附近的公交站点基本上都不要超过15分钟的步行时间。

④改革出租车收费制度

北京的出租车不管是中心城还是新城，都实行统一价格，越远价格越高。中心城与新城的起步价皆为10元（三公里以内）。超出（含）三公里至十五公里以内的公里数每公里按2元计费。超出（含）十五公里以外的公里数（每公

里加收 50%空驶费）按 3 元计费。因此，居住新城的出行成本较高。

为此，应借鉴香港的出租车定价制度，中心城与新城采取不同的收费制度：中心城价格贵，新城价格便宜，而且路程越远，收费越低。比如，市区的出租车（港岛及九龙行使）起步费 15 港币（2 公里），以后 1.4 港币/200 米；而新城的出租车（新界行使）起步费 12.5 港币（2 公里），以后 1.2 港币/200 米；大屿山行驶，起步费 12 港币（2 公里）以后 1.2 港币/200 米。

目前，郊区的公交线路收费比市区高，建议郊区的公交线路与市区的公交线路采取同一个价格。或借鉴美国的做法，郊区乘车比市区优惠；城市距离越长，越优惠。比如，芝加哥市区公交票价 2 美元（第一次乘车票价 2 美元，如果换乘 0.1 美元）；郊区乘车 1.5 美元。周末或节假日郊区城铁采取优惠政策，周六购票周日仍然有效。以降低新城的通勤成本。

5. 促进京津冀区域经济合作，缓解北京人口压力

前几年亚洲开发银行的一项研究表明，在国际大都市北京和天津周围，环绕着 3798 个贫困村、32 个贫困县、272.6 万贫困人口。可见，正是由于北京市与周边地区和全国其他地区的经济发展水平存在较大差距，使得北京对周边地区人口具有较大的拉力作用。要改变人口向北京过度集聚现象，就必须完善京津冀区域合作机制，建设大都市圈，提高周边城市的人口吸纳能力。通过新城建设加强对北京周边地区及其中小城市（镇）的经济辐射，增加这些地区的经济活力和就业吸纳能力，使其不仅可以吸纳一部分北京的管理人才和有技术专长的劳动力，还可以分流相当一部分外来人口。

当前，京津冀区域经济合作取得了一定成效，京津冀各项发展规划也在制定和落实当中，但还存在体制、机制、观念等方面的障碍，必须予以突破。目前要借落实京津冀发展规划之际，实现京津冀地区市场一体化、产业一体化、资源一体化、环境一体化、政策一体化、空间一体化，降低本区域经济、社会的运行成本，努力使京津冀地区成为推动我国北方乃至全国经济增长的"引擎"，从而减少周边地区人口向北京聚集，同时促进北京人口向周边城市扩散。

参考文献：

1. 北京市政府．北京城市总体规划（2004 年至 2020 年）。
2. 北京市"十一五"时期功能区域发展规划。
3. 历年《北京区域统计年鉴》。
4. 历年《北京统计年鉴》。

附录5

首都旧城区保护性改造问题与政策建议[①]

首都经济贸易大学 赵秀池 教授

摘要：首都旧城区是首都职能的主要承载区和历史文化名城保护区。首都旧城区保护性改造意义非常重大。进行旧城区保护性改造既要注意首都历史文化的传承，又要体现首都功能核心区的功能定位，一直是北京市政府以及各界人士关注的焦点。本文在首都旧城区保护性改造的历史沿革基础上，分析了当前首都旧城区保护性改造面临的问题，提出了相应的对策建议。

关键词：首都 旧城区保护性改造 问题对策

Problems and Policy Recommendations of the Old Town
Protective Transformation of Capital

Capital University of Economicsand Business , Professor Zhao Xiuchi

Abstract：The Old Town of Capital is the main bearing zone of protected areas and historical and cultural city capital functions. The Old Town Protective Transformation of Capital is very significant. The Old Town Protective Transformation is necessary to pay attention to the protection of the capital's historic and cultural heritage, but also reflects the functional orientation capital function core area, it has been the focus of the Beijing Municipal Government and the public interest. Based on the history analysis, we analyze the problems of the Old Town Protective Transformation of Capital, puts forward corresponding countermeasures.

Keywords：Capital the Old Town Protective Transformation Question Countermeasure

---

① 该论文得到北京市社科基金项目——基于旧城改造的北京市核心区人口疏解模式研究（项目编号：13JGB121）的支持。该文2016年11月10日发表于《商业经济研究》。

首都旧城区是首都职能的主要承载区和历史文化名城保护区。首都旧城区保护性改造意义非常重大。旧城区保护性改造既要注意首都历史文化的传承，又要体现首都功能核心区的功能定位，一直是北京市政府以及各界人士关注的焦点。本文在首都旧城区保护性改造的特点与历史沿革基础上，分析了当前首都旧城区保护性改造面临的问题，提出了相应的对策建议。

一、北京市旧城改造的特点与历史沿革

（一）旧城改造的特点

1. 地域独特

北京市旧城即首都功能核心区，包括东城区和西城区，面积共93平方公里，是首都功能的主要载体，集中体现了北京作为全国的政治中心、文化中心、国际交往中心、科技创新中心的功能。是国家和北京市行政、事业单位和机构的重要集聚地。区内交通四通八达，是北京市地上公共交通和轨道交通最为密集的地区，教育、医疗资源也非常丰富，人口密度明显高于其他区域。根据北京市统计局2013年区域统计年鉴计算，首都功能核心区人口密度是城市功能拓展区的3倍，是城市发展新区的22倍，是生态涵养发展区的110倍。

2. 历史悠久

北京的建城史可以追溯到公元前1045年，迄今已有约3054年。北京是国务院1982年公布的第一批国家级历史文化名城，也是较完整保留至今的中国古代都城，具有悠久的历史和灿烂的文化。首都功能核心区有我国现存的唯一保存较好的封建皇城，拥有我国现存唯一的、规模最大的、最完整的皇家宫殿建筑群；独特的"胡同四合院"居住形态；丰富的街道对景视线走廊；特色鲜明的京城传统文化——被称为国粹的京剧，以及独具北京特色的市井习俗、庙会戏曲、老商号等。

3. 民主公益

旧城改造与百姓利益息息相关，在旧城改造时要切实做到以人为本，考虑居民的根本利益，维护好居民的合法权益。在经济利益与民生发生冲突时，应以民生为重，因此旧城改造具有较强的民主公益特色。

4. 目标多重

旧城改造既要兼顾城市人口和功能布局调整、居民居住条件改善、历史风貌保护品质提升等多重目标；又要疏散旧城的人口，保留适宜居住人群传承历史文化；既要为旧城疏散的居民对接新区安置房，又要做好核心区内腾退区域的环境整治、基础设施升级改造等内容。

（二）北京市旧城改造的历程

回顾北京市旧城改造六十余年的历史，大致经历了如下四个阶段：

（一）1949—1973年救急救危，无保护概念阶段

该阶段的旧城民居修缮和改造工作主要停留在消除房屋安全隐患、增加居住面积方面。政府对旧城民居改造缺乏保护概念，临时救急救危的做法不仅没有从根本上解决居民的居住困难，反而增加了旧城区的拥挤程度和保护的难度。

（二）1974—1985年保护理念不明确，小规模解危解困阶段

该阶段主要尝试了"滚雪球"、单位自建住房及"四合院的接、推、扩"方式。小规模解危解困阶段虽然在一定程度上有效满足了当时的居住需求，但加剧了旧城建筑密度和文物风貌毁损程度，导致了危旧房数量的明显上升。

（三）1986—2004保护与发展冲突，大拆大建阶段

本阶段旧城大量的危旧房使得居民居住安全问题日益凸显，成片的危旧房屋改造成为本阶段旧城民居修缮改造的主旋律，大规模的危改如火如荼地开展起来，在有效改善旧城居民居住条件的同时，也直接导致了旧城胡同、四合院的成片消失和古都历史风貌的永久性破坏。

（四）2005—2008年，旧城改造以微循环等小规模渐进式方式为主

随着《北京历史文化名城保护条例》的出台，旧城整体保护的思路正式确立。该阶段旧城保护不仅要加强文物保护单位保护，更要加强旧城整体风貌保护。

（五）2008至今，保护与发展并举，"修缮、改善、疏散"向"疏散、修缮、改善"发展

1. 2008—2009年，保护与发展并举，"修缮、改善、疏散"为原则

2007年底市委、市政府在深入调研基础上，提出了按照"修缮、改善、疏散"的总体要求，采取"政府主导、财政投入、居民自愿、专家指导、社会监督"方式，对旧城内房屋、街巷进行修缮和整治工作。

2. 2010年至今，保护与发展并举，"疏散、修缮、改善"为原则

2010年市委、市政府专门成立了历史文化名城保护委员会，进一步加强首

都历史文化名城保护组织领导工作,将旧城改造工作思路调整为"疏散、修缮、改善",明确了旧城改造工作要引导人口、资源和功能同步输出。

二、旧城区保护性改造存在的问题

(一)牵涉部门、法规众多

旧城改造工作既涉及市发展改革、财政、规划、建设、文物、国土资源、交通、环保、市政、园林、旅游、城管执法、市政专业公司等众多行政主管部门和单位,又需要遵守一系列相关法律、法规,如:国务院出台的《全国历史文化名城名镇名村保护条例》《国有土地上房屋征收和补偿条例》,北京市政府出台的《北京历史文化名城保护条例》《北京城市总体规划(2004—2020年)》,以及各行政主管部门诸如立项、规划设计等相关规范性文件。

(二)涵盖内容、领域广泛

旧城改造工作内容横跨了多学科领域,涵盖了保护古都历史风貌,改善旧城民生,优化城市功能、落实首都功能定位、疏解非首都功能、疏解旧城人口等内容。

(三)争议较多、难度较大

旧城改造与人口疏解始终是社会关注的焦点,如保护和发展谁优先、如何进行保护、疏散旧城人口问题等都经历了很多争议和政策调整。随着商品房价格上涨以及《国有土地上房屋征收与补偿条例》(下简称《征补条例》)的出台,疏散以自愿原则为主,导致旧城疏散人口工作难度越来越大。

(四)人口迁出意愿不强,对接安置难度增大

根据2010年"均衡配置优质公共资源 加强中心城人口与功能疏解"课题组的抽样调研,绝大多数中心城居民不愿到远郊区县就业(约占83.58%)和居住(约占77.56%)。绝大多数中心城企事业单位(约占90%)也没有未来迁至远郊区县的打算。主要原因是郊区优质公共资源短缺状况一时难以改变[①]。从现有项目的实施情况看,外迁对接安置房地理位置都在四环以外,甚至六环周边,对居民缺乏吸引力,搬迁难度很大。

---

① 资料来源:赵秀池、刘欣葵《北京中心城人口疏解与新城发展机制研究》,经济科学出版社,2011。

（五）旧城改造政策、人口疏解模式尚需探索

依据 2011 年公布的《征补条例》），现有的危改项目（包括棚户区改造项目）如何与《征补条例》结合，纳入征补范围实施尚处于探讨阶段。原有的房改带危改政策，对于人口疏解效果不明显。

（六）支持力度不够，存在区县难以解决的困难

全市对旧城功能定位的实现，缺乏统筹支持的政策。文保区"因保而衰"趋势加剧，旧城功能复兴亟待整体设计。目前全市性的旧城改造和拆迁安置政策缺位。人口疏解资金缺口大，外迁安置房源选址、建设难。在外区集中建设安置房工作进展缓慢，虽然市里和相关区县都作了很多工作，但在规划选址、建设推进、配套设施、成本控制等方面还需要更有力的全市统筹协调和更优惠的政策。

三、对策建议

（一）指导思想

通过首都旧城区保护性改造，进行房屋修缮，改善居民住房条件，完善市政基础设施，保护古城历史风貌，促进旧城居民疏散和产业发展。使人们既能感受到城市传统文化的博大精深，又能体验到城市现代文化的强大魅力，使旧城更宜居宜业。

（二）基本原则

1. 政府主导、统筹规划

在保护性改造工作中，应突出政府的统筹主导作用，重点突出市、区政府在城市规划、资源统筹、财政支持方面的优势，站在全市"一盘棋"的高度，站在历史文化名城保护的高度，统筹旧城区人口疏散、保护性改造、市政基础设施建设、环境整治优化等工作。

2. 政策引导、多方参与

要制定一系列有关旧城改造的政策，鼓励多方参与。将社会力量作为保护性改造的重要推动力，通过广泛的社会民意表达途径，形成保护与发展的社会共识。

3. 疏散优先、改善民生

要把做好人口疏散安置工作作为开展保护性改造的前提条件，在尊重居民意愿的基础上，通过保护性改造、重点工程、环境整治等多种推进方式，货币

补偿、对接安置、就近平移等多种安置途径逐步疏散旧城区人口，引导旧城区优质资源与人口共同输出，保留适宜居住的人群，积淀和传承传统文化，切实改善民生。

4. 整体保护、渐进更新

旧城改造既要强调整体保护，又要强调渐进更新。整体保护强调古都风貌保护的整体性，注意旧城"凸"字形轮廓，"中轴线""一轴一线"等重要城市景观线的保护。渐进式更新较具灵活性，适应于重点文物建筑、个别独立院落进行的"小规模、微循环、渐进式"的修缮改造方式。

5. 传承文化、优化发展

始终坚持首都功能核心区保护性改造的公益宗旨，不是单纯挖掘旧城经济价值，更多的是文化价值、社会价值，做好优秀传统文化的保护与传承，推动旧城发展环境的不断优化。

（三）完善相关机制

1. 建立旧城保护性改造政策特区

（1）简化项目审批立项手续

针对旧城保护性改造项目专门制定立项流程，根据项目特点，删除不必要的审批申请要件；变手续串联办理为并联办理；规划方案增加文物保护、交通设计、节能改造等内容，通过审理规划方案，集中审理文保、交评、环评等工作；规划方案通过相关部门集中联审，各部门加盖审核通过公章，代替各自的审批文件，凭各部门加盖公章的规划方案，直接办理立项及土地手续。

（2）给予财政税费政策支持

尝试将固定资产投入补贴作为项目资本金，进行融资放大；对于涉及直管公房的改造项目，在征收环节中，区政府将产权划转至实施主体名下，建议免收或者减半收取相关税费。

（3）产权交易管理提供便利

一是应明确直管公房在实施主体对承租人进行妥善安置后，可以将直管公房产权统一划转至实施主体名下；二是对于一些已经用于经营的直管公房、私房等产业用房，可考虑根据规划调整业态，实施产权性质变更。

2. 拓宽融资渠道，进行多元化融资

（1）坚持政府资金长效投入机制

要坚持基础设施投资、财政补贴、税费减免等财政资金长期、足额对旧城区保护性改造的投入，例如从土地收益中确定一定比例定向支持核心区保护性改造，或者从保障性住房建设资金中明确相应比例专项支持核心区保护性改造和对接安置房建设，切实建立旧城区保护性改造稳定的财政支持补给制度。

（2）完善多方参与的融资机制

我市已经成立了全国规模最大的保障性住房投资建设中心，要不断创新融资模式，通过特许经营、公私合营（PPP模式）、建设移交（BT）模式、建设经营管理移交（BOT）模式、基金（REITS）等方式，倡导社会资本参与旧城区保护性改造工作。

（3）建立各类专项基金

通过建立保护性改造专项基金、文化创意专项基金（PE）、文物保护专项资金，以补偿旧城改造、文化聚集产业区建设、文保单位的腾退和修缮中资金的不足，保障旧城区保护性改造的顺利进行。

3. 建立基础设施和公共服务改善联动机制

（1）改善旧城交通网络

一方面要加大发展轨道交通、公共交通和快速交通的力度，增加核心区的地铁网络密度，鼓励发展城市快速交通网络；另一方面，要以保持旧城传统街道、胡同肌理为前提，充分利用现状道路恢复完善胡同交通体系，对局部区域路网进行改善提升。

（2）加大地下空间合理利用

充分利用地下空间，建设地下隧道和交通环廊，修建地下综合停车场，允许民宅对地下空间合理利用。

（3）改善市政基础设施和公共服务设施

建议以胡同为单位加快市政基础设施改善，采取胡同市政与院落改造同步或者单独提升市政的方式积极加快市政基础设施改造。社区公共服务设施的设置水平应当与居住人口规模相适应。

4. 健全多元化疏散安置机制

（1）多措并举推进人口疏散

以政府为主导、调动各方力量推进人口疏散，通过优质公共资源均衡配置，住房、产业布局的调整等实现人口疏散。

（2）加快对接安置房筹集和管理

要尽可能多的提供多样化的安置房，让居民有更多的选择余地；且在旧城人口疏散前就要提供好安置房，让输出人口自愿搬迁到输入地区。对符合保障房条件的外迁居民可优先得到保障房，不再进行摇号轮候。

（3）资源功能同步输出

在人口输出的同时，要就输出的相应医疗、教育等优质公共资源和相关管理标准，由市发展改革部门尽快牵头明确。

（4）发挥产业引导人口分布作用

制定相应指导意见，建议输出区发挥资源和产业集中优势，输入区发挥土地环境等优势，引进输出区适宜的优势产业，在输入区形成产业园区或产业带，带动旧城区的人口疏散和输入区的发展建设。

参考文献：

[1] 赵秀池、刘欣葵：《北京中心城人口疏解与新城发展机制研究》，经济科学出版社，2011年。

[2] 胡伟：《探讨多主体合作的旧城改造模式》，《管理观察》，2015年第1期。

附录6

关于组织开展"疏解整治促提升"专项行动（2017—2020年）的实施意见

京政发〔2017〕8号

各区人民政府，市政府各委、办、局，各市属机构：

为深入贯彻落实党的十八大和十八届三中、四中、五中、六中全会及中央城市工作会议精神，坚持以习近平总书记视察北京重要讲话精神为根本遵循，按照市委十一届十二次全会部署，深入推进京津冀协同发展，着力疏解非首都功能，优化提升首都核心功能，加快建设国际一流的和谐宜居之都，市政府决定，2017至2020年期间，在全市范围内组织开展"疏解整治促提升"专项行动，并提出以下实施意见。

一、基本原则

组织开展"疏解整治促提升"专项行动是疏解非首都功能，优化首都发展布局，降低中心城区人口密度，推动京津冀协同发展的必然要求；是有效治理"大城市病"，提高城市治理能力和水平，创造良好人居环境的迫切需求；是优化提升首都核心功能，全面提升城市发展质量的重大举措。"疏解整治促提升"专项行动要坚持以下原则：

（一）以服务人民群众为工作出发点。坚持公开透明操作、依法有序推进、深入细致工作，通过疏解整治，实现空间腾退、"留白增绿"、改善环境、消除隐患、补齐短板、提升功能，打造一批精品街区、胡同等和谐宜居示范区，增强人民群众获得感。

（二）疏解整治与优化提升并举。始终以疏解非首都功能为工作导向，以城市环境和秩序整治为工作重点，以优化提升首都核心功能和提高和谐宜居水平为目标，将各项工作任务整体打包、统筹安排、协同推进，促进资源优化配置和城市品质提升。

（三）专项行动任务与人口调控目标挂钩。综合考虑首都发展空间容量，围绕实现全市特别是中心城区人口调控目标，核定各专项工作任务，并将责任落实到各有关部门和各区政府，将任务细化到项目、具体到区域，确保人随功能走、人随产业走。

（四）全面推进与重点突破相结合。在保持整体有序推进的同时，以城六区为重点、以核心区为重中之重，集中力量、攻坚克难，以重点带动一般。城六区以外各区同步加大工作力度，积极做好功能、产业、人口等的疏解和承接工作。

二、工作内容

（一）拆除违法建设

坚决遏制全市新增违法建设，确保新增违法建设零增长。进一步加大全市违法建设拆除量，发挥集中连片拆除违法建设对人口调控的带动效应。扎实推进城六区拆除违法建设工作，全面拆除道路、小街巷、胡同两侧的违法建设。加大违法建设拆除后综合整治和管控力度，确保还绿、复耕比例。

（二）占道经营、无证无照经营和"开墙打洞"整治

在全市范围内特别是城六区坚决取缔无证无照占道经营违法行为，严格管控道路两侧经营商户占道经营行为，加强对经过审批许可设立的便民服务点等占道经营行为的规范管理。坚决依法加快取缔无证无照经营行为，确保存量无证无照经营行为大幅下降，并严禁新增无证无照经营行为。集中整治临街房屋"开墙打洞"行为，清理违规底商；封实开凿门窗，恢复原貌。规范升级中心城区老街区沿街房屋商业经营。

（三）城乡结合部整治改造

持续开展城乡结合部地区社会治安、出租房屋、违法建设、安全生产、消防安全、市场经营、环境卫生等综合整治。推进"一绿"地区城市化建设，加快"二绿"地区城乡一体化建设。

严控开发强度，推动集体建设用地腾退减量和集约利用。完善垃圾、污水处理等基础设施，改善人居环境。整合城乡结合部地区管理资源，健全常态化管理机制。

（四）中心城区老旧小区综合整治

加快推进中心城区老旧小区违法建设、群租房、地下空间、低端业态等综合整治工作。以整体打包方式，推进抗震加固、节能改造、加装电梯、架空线入地、上下水改造、补建停车位、增设养老和文化健身等便民设施、楼顶绿化等一体化实施。健全完善老旧小区管理机制，有条件的老旧小区引入物业管理。

（五）中心城区重点区域整治提升

全面整治中心城区重点区域违法建设、违法经营、违法出租行为，加快疏解低端业态，防止人口无序聚集。全面排查消除安全隐患，确保城市安全运行。实施环境提升工程，消除环境"脏乱差"现象。加快完善道路微循环系统，改善交通出行环境。做好文物腾退保护利用工作，实现旧城整体保护，恢复古都风貌。

（六）疏解一般制造业和"散乱污"企业治理

全面治理环保不达标、无证无照经营、违规经营、安全隐患严重的一般制造业和低端服务业企业，确保东城区、西城区完全退出制造业生产环节，中心城区"散乱污"企业得到明显整治。疏解腾退空间重点发展符合首都城市战略定位的文化与科技创新型产业，实现中心城区工业用地减量提质发展。

（七）疏解区域性专业市场

制定疏解清单，按照整体推进、重点突破的原则，推进区域性专业市场和区域性物流基地疏解，加快相关市场和物流中心升级改造。积极引导和推动农副产品、基础原材料等大宗商品的仓储物流功能外迁。疏解腾退空间主要用于补充公共服务设施及便民生活服务设施。

（八）疏解部分公共服务功能

制定实施部分教育资源疏解、市属医疗卫生资源率先疏解促进协同发展工作方案，优化调整教育医疗资源布局。加快疏解普通高等学校本科教育和职业教育，积极引导以面向全国招生为主的一般性培训机构控制在京尤其是在城六区的培训规模。推动市属医疗卫生资源优先向薄弱地区疏解，切实降低中心城区就诊数量。

（九）地下空间和群租房整治

全面综合治理地下空间，在全市范围内消除人防工程和普通地下室"散租住人"现象，加快推进地下空间集体宿舍、地下旅馆整治。全面清除现有违法群租房，严格禁止新增违法群租房，依法加强对房屋中介经营机构的监管力度。

做好地下空间清理后续利用工作，鼓励公益性使用。

（十）棚户区改造、直管公房及"商改住"清理整治

加大城六区集中连片棚户区改造力度，加快推进核心区棚户区改造和环境整治，保护好历史文化街区和历史建筑。全面排查和消除直管公房转租、转借及改变用途行为，制定出台深化直管公房管理体制改革相关政策。全面整治违规"商改住"行为，加强商业办公用房监管。

三、政策保障

（一）发挥财政资金引导作用。整合市级疏解整治资金，设立100亿元"疏解整治促提升引导资金"；各区同步配比安排资金，与市级引导资金一并拨付各区设立的资金平台，集中捆绑使用。对未按计划完成专项任务的，预拨付引导资金予以扣回，用于奖励完成任务好的区。充分利用基金管理平台、政府和社会资本合作（PPP）、政府购买服务等方式，积极吸引社会资本参与，切实发挥政府资金"四两拨千斤"作用，实现政府资金与社会资金的统筹使用。

（二）强化规划用地管控。编制实施城乡建设用地减量五年规划和年度计划，制定与人口调控目标相适应的建筑规模规划控制方案，对中心城区符合规划但尚未实施的项目适度压缩建筑规模。完善棚户区改造跨项目跨区域资金平衡政策，严格控制商品房开发建设规模和强度。实行城乡建设用地"拆建挂钩""增减挂钩"机制以及城六区以外的平原地区建设用地指标与承接转移人口挂钩机制。出台非首都功能疏解腾退空间管理和使用实施意见，确保疏解整治腾退空间服务于优化提升首都核心功能、改善人居环境。强化市、区、街道（乡镇）三级规划设计统筹机制，提高疏解腾退整治空间规划设计水平，突出首都历史文化特色，打造高品质城市公共空间。

（三）完善法制机制保障。建立城市管理执法环节与立法环节反馈互动机制，不断完善城市管理法规、标准和考核体系。配合立法机关做好房屋租赁管理相关法规的立法工作，健全出租房屋登记备案制度，落实房屋租赁各方责任。修订完善并严格落实"门前三包"管理规定和标准。在与疏解整治提升工作密切相关且需要集中行使行政处罚权的领域制定综合执法方案。制定重点区域综合整治联合执法方案，并进一步完善全市城市管理、市场秩序整治联合执法平台，建立多部门联合执法机制。聚焦新增违法建设、新增无照无证经营等领域整治工作，建立健全及时发现、快速处置机制。

（四）加大改革创新力度。坚持问题导向，加强政策研究，大胆推进改革。针对专项行动在推进实施、巩固提升、防止反弹、严控新增等环节特点，鼓励各区、各部门先行先试，创新政策措施，及时总结经验，强化制度建设，推动形成城市治理长效机制。率先在中心城区开展老旧小区综合整治试点，聚焦实施主体，强化资金统筹；搭建投融资平台，积极吸引社会资本投入。开展中心城区棚户区改造项目货币化安置试点，加快定向安置房在郊区布局。推进公共服务类建设项目投资审批改革试点工作，并不断总结完善。

四、组织实施

（一）加强市级统筹。各专项任务由分管副市长牵头，加强市级统筹、纵向领导、横向协调，切实提高工作效率。各专项任务要以2020年为时间节点，按照量化、细化、具体化、项目化的要求，落实工作任务量、工作区域、工作时间，并研究制定各年度专项行动方案，报市政府批准后组织实施。各牵头部门每月检查工作落实情况，分管副市长每季度进行检查调度，并将任务落实情况报市政府。各牵头部门要切实发挥牵头抓总作用，加大组织协调、建章立制、政策创新力度，积极研究解决专项行动实施中遇到的重点难点问题；各专项任务涉及的其他部门要主动参与、积极配合，确保上下衔接、整体联动。在"疏解整治促提升"专项行动实施过程中，各级国有企业要积极发挥模范带头作用。

（二）落实属地责任。各区政府作为专项任务的责任主体，要结合区域实际，制定专项行动工作方案，将任务细化、责任落实，全力抓好实施工作，有效提升区域人居环境和发展水平。要切实维护群众利益，把"疏解整治促提升"专项行动与改善民生紧密结合，确保首都社会和谐稳定。

（三）动员社会参与。坚持人民城市人民建、人民城市人民管，突出市民主体地位，动员人民群众广泛参与。加大宣传力度，加强政策解读，推出典型案例，凝聚社会共识，营造人人动手、广泛参与、共建共享的良好氛围。充分发挥媒体监督作用，对环境秩序差、工作不严不实等问题及时进行曝光，推动工作落实。

（四）加强督查考评。建立各专项任务台账和各区工作任务台账，确保专项行动有计划、可监测、能考核。各牵头部门和各区政府要建立任务数据核查核验机制和市区比对机制，确保各项数据真实准确。加强市级专项督查，引入第三方评估，并将专项行动落实情况纳入市政府绩效考评范围，推动各项政策措施落实。广泛开展"比、学、赶、帮、超",选择工作成效明显的地区进行现场观摩,总结经验,推广典型,推动专项行动深入有效实施。

附件:

"疏解整治促提升"专项行动(2017—2020年)任务分工表

序号	名称		牵头单位
1	拆除违法建设		市规划国土委
2	占道经营、无证无照经营和"开墙打洞"整治	占道经营整治	市城管执法局
		无证无照经营整治	市工商局
		"开墙打洞"整治	
3	城乡结合部整治改造	城乡结合部整治	首都综治办
		城乡结合部改造	市城乡办
4	中心城区老旧小区综合整治		市住房城乡建设委 市重大项目办
5	中心城区重点区域整治提升		城六区政府
6	疏解一般制造业和"散乱污"企业治理	一般制造业	市经济信息化委
		"散乱污"企业	
7	疏解区域性专业市场		市商务委
8	疏解部分公共服务功能	教育资源、培训机构	市教委
		医疗卫生资源	市卫生计生委
9	地下空间和群租房整治	地下空间清理整治	市民防局
		群租房治理	首都综治办
9	棚户区改造、直管公房及"商改住"清理整治	棚户区改造	市重大项目办 市住房城乡建设委
		直管公房清理整治	市住房城乡建设委
		"商改住"清理整治	市住房城乡建设委、市规划国土委

北京市人民政府
2017年1月20日

附录7

关于"十四五"时期深化推进"疏解整治促提升"专项行动的实施意见

京政发〔2021〕1号

各区人民政府，市政府各委、办、局，各市属机构：

现将《关于"十四五"时期深化推进"疏解整治促提升"专项行动的实施意见》印发给你们，请认真贯彻落实。

北京市人民政府
2021年1月20日

关于"十四五"时期深化推进"疏解整治促提升"专项行动的实施意见

为全面贯彻党的十九大和十九届二中、三中、四中、五中全会精神，学习贯彻习近平总书记对北京重要讲话精神，落实市委十二届十六次全会部署，坚持稳中求进工作总基调，立足首都城市战略定位，以首都发展为统领，深入实施京津冀协同发展战略，坚持新发展理念，构建新发展格局，坚定不移疏解非首都功能，有效治理"大城市病"，大力改善人居环境，全面提升城市品质，不断增强发展活力，促进人口均衡发展，加快建设国际一流的和谐宜居之都，现就"十四五"期间在全市范围内深化推进"疏解整治促提升"专项行动提出如下实施意见。

一、基本原则

深化推进"疏解整治促提升"专项行动是落实京津冀协同发展规划纲要和北京城市总体规划的重要支撑，是优化首都功能、做好人口调控工作的重要举措,是提高城市治理能力和治理水平、推动首都减量发展和高质量发展的重要抓手,是持续改善人居环境、带领人民创造美好生活的生动实践。深化推进"疏解整治促提升"专项行动要坚持以下原则:

(一)突出提升导向。坚持以人民为中心,适应人民对美好生活的向往,主动治理与接诉即办相结合,精准补短板、强弱项,解决百姓身边问题,提升"七有""五性"保障水平,促进产业提质增效,大力改善人居环境,不断增强人民群众的获得感、幸福感、安全感。

(二)突出系统观念。坚持疏解整治提升一体化谋划与实施,注重以提促疏、以提促治,发挥任务集成、集束发力效应,内部功能重组与向外疏解相促进,调控人口总量规模,优化人口区域分布,带动城市功能全面提升。

(三)突出难题解决。聚焦城市治理重点难点、高频易发问题,坚持源头治理,创新体制机制,强化政策集成,加大资金统筹,着力破解城市发展和治理难题,有效治理城市乱象,不断完善防反弹控新生机制,促进城市运行更加安全有序。

(四)突出分区施策。落实城市总体规划和分区规划,以中心城区为重点、核心区为重中之重,分区施策,着力降低核心区"四个密度",强化中心城区和城市副中心品质提升,增强平原新城综合承载能力,改善生态涵养区人居环境水平。

(五)突出共建共享。坚持政府引导,充分运用市场化、法治化手段,多方联动,广泛动员,拓宽渠道,激发社会各界参与城市治理的积极性、主动性、创造性,努力开创共建共治共享新局面。

二、重点任务

(一)一般性产业疏解提质

坚持疏存量、优增量,推动一般性产业从整区域、大范围集中疏解向精准疏解、高效升级转变,加快"腾笼换鸟",适应社会需求升级,提升产业竞争力,促进产业更高质量发展。

1. 一般制造业。依据区域功能定位,有序疏解一般制造业企业,保留一定的重要应急物资和城市生活必需品生产能力,推进不符合首都功能定位的一般制造业企业动态调整退出。调整优化保障城市运行的危险化学品企业布局,加强安全生产、运行管理。提升制造业发展质量,高效利用一般制造业腾退空间和土地发展高精尖产业项目，严控规划工业用地改变用途。完善关键产业链条，推进制造业企业智能化、绿色化、数字化改造。

2. 区域性批发市场。继续深化区域性专业市场疏解，巩固疏解成效，实现区域性专业市场动态清零。大力推动大红门地区、永定门外地区、雅宝路、新发地等区域转型发展，逐步推进市场向专业化、品牌化、规范化、数字化等方向发展，满足市民高品质基础性消费需求。结合区域功能定位，加快腾退空间和低效空间的再利用。

3. 区域性物流中心。巩固区域性物流中心疏解成效，加强对现状合规存量物流仓储用地的有效利用，紧紧围绕超大型城市运行保障和居民生活需要，加快构建现代物流体系。加快落实物流专项规划，优化物流设施布局，建设昌平南口、房山窦店等城市物流基地，加快现有顺义空港物流基地及天竺综合保税区、平谷马坊物流基地、通州马驹桥物流基地、大兴京南物流基地的转型升级，在对外交通便利的物流节点建设物流中心，规范城市末端配送组织，加强冷链仓储设施建设，基本形成安全稳定、便捷高效、绿色低碳的城市物流、仓储、配送体系。

4. 传统商业服务。加强线上线下相结合的便民服务网点建设，精准补建便民商业服务网点，实现基本便民商业服务功能在城市社区的全覆盖。鼓励、引导餐饮企业拓展养老助餐配餐服务功能，采用多种形式发展老年餐桌。推进传统商圈转型升级，提升环境品质和服务功能。推动传统商场改造，鼓励增加社区便民服务功能。发展便民服务综合体，提升一站式便民综合服务水平。促进便利店、资源回收、家政维修等生活性服务业转型提质，支持连锁化、品牌化、标准化发展。

（二）公共服务功能疏解提升

适应城市功能调整优化需要，加快推进教育、医疗等公共服务设施向中心城区以外布局发展，全面提升城市副中心和平原新城公共服务能力和水平。

5. 高等教育。有序疏解中心城区部分普通高等学校，压缩高等院校中心城区在校学生规模，北京电影学院、北京信息科技大学等高校新校区建成投用，首都医科大学、首都体育学院等高校新校区加快建设，实现中心城区校址整体腾退。统筹新老校区资源，结合区域规划和功能，有序推动已疏解高校老校区腾退空间的合理利用。

6. 医疗卫生。制定市属医疗卫生机构功能疏解优化布局计划，安贞医院、积水潭医院等新院区建成投用，佑安医院、安定医院等新院区加快建设，推动优质医疗资源在市域内均衡布局。调整中心城区老院区功能、提升服务功能，发挥医联体作用，探索向疾病预防、诊断、治疗、康复系统性卫生健康服务转变；优化服务流程，改善就医环境，为核心区提供良好医疗卫生服务保障。加强大型医院周边出租房屋、地下空间、交通秩序等综合治理。鼓励通过集团化办医、托管等方式提升薄弱地区医疗服务水平。推进分级诊疗，全面推广非急诊就诊预约制，探索发展互联网医院。压缩中心城区床位规模，力争实现核心区床位规模、门急诊量明显降低。

7. 公交场站和旅游集散中心。推进动物园、前门、永定门、广安门等交通场站功能效率升级，开展北京站、北京北站等站区环境治理。疏解核心区公交车辆保养功能和旅游集散中心，外迁历史文化街区内公交场站，抓紧利用场站腾退空间补齐公共服务短板。

（三）违法建设治理与腾退土地利用

坚持规划引领，坚定不移治理违法建设，强化拆违、腾地、利用一体化推进。

8. 违法建设。分类处置存量违法建设，创建基本无违法建设区，建立闭环监督责任体系。加强源头管控，保持新增违法建设零增长。加强拆违建筑垃圾全链条管理、资源化处置与综合利用。

9. 拆违腾退土地。建立拆违腾退土地利用台账。对规划为绿化用地的地块及时复绿、复垦，因地制宜推进大尺度绿化、建设口袋公园和小微绿地，实现应绿尽绿，并适量配建体育健身设施，满足群众健身需求。对规划为公共服务、基础设施等其他建设用地的地块尽快实现规划用途。对短期内无明确利用计划的地块实施临时绿化。

（四）桥下空间、施工围挡及街区环境秩序治理

深化街面秩序治理，完善长效治理机制，坚持防反弹控新生，保持违法违规行为动态清零，持续改善街面环境秩序，不断完善街区功能。

10. 桥下空间。梳理明确桥下空间管理责任主体，全面开展市政道路、公路、轨道交通桥下空间违规侵占、无序使用行为的治理，保持安全、整洁、有序。推动桥下空间安全合法利用，提升品质和功能。

11. 施工围挡和临时建筑。加强施工工地管理，规范围挡设置和临时建筑的审批建设，强化日常监管和执法检查，确保竣工验收时及时拆除围挡和临时建

筑。全面清理无审批手续、超审批期限的围挡和临时建筑。

12. 街区环境秩序。结合背街小巷环境精细化整治提升，综合提升街区功能，改善人居环境。持续加强占道经营、无证无照经营、"开墙打洞"、地下空间违规住人、群租房等违法违规行为的综合整治，严格防反弹、控新增，保持动态清零。对市民热线反映的街面秩序治理任务实行挂销账管理，保持良好城市环境。

（五）棚户区改造、重点项目征拆收尾、商品房项目配建公共服务设施移交

加强棚户区改造、重大项目开发建设全过程管理，攻坚克难、创新政策，解决征拆收尾、配建设施移交等重点难点问题，保障重大项目顺利实施，改善居住环境。

13. 棚户区改造。加强棚户区改造征收拆迁、安置房建设、资金平衡地块整理的全过程管理，加大在途项目征拆收尾和安置工作力度，缩短安置周期，加快居民回迁入住。围绕居住条件差、安全隐患多的城市"边角地"、简易楼、城乡结合部重点村，进一步完善棚户区改造政策，具备条件的纳入项目范围有序推进实施，切实改善居住条件。加强市级直管公房转租转借管理，协调相关单位加强对央属产权直管公房管理。

14. 重点项目征拆收尾。按照整体推进、重点突破的原则，建立问题清单，加快城市开发建设涉及民生的历史遗留问题解决。有序推动道路、学校、医院、保障房等市级重点工程征拆项目遗留户的腾退拆迁，加快工程实施。

15. 代征代建道路移交。积极推进代征代建道路移交，分区制定工作方案，分类处理已建设道路未移交、已腾退道路未建设未移交、未腾退未移交问题，强化用地权属管理，研究制定相关规定细则，细化完善移交流程，建管结合推进代征道路建设，加快完成移交，实现已建成道路及附属设施的有效利用和长效管护。

16. 商品住宅小区配套公共服务设施建设和移交。开展商品住宅小区的社区综合管理服务、市政公用、教育、医疗卫生等配建公共服务设施建设和移交问题的专项整治，对应建未建、应交未交、建而未用、移交后闲置或改变用途的现象加大治理力度，确保依规依标配建、移交和投运。

（六）中心城区疏解提质

持续疏解中心城区非首都功能，推进城市功能织补和生态修复，显著提升中心城区功能品质，提升"四个中心"功能集中承载水平。

17. 核心区。围绕降低核心区"四个密度",细化制定核心区疏解清单。全面实施重点景区门票预约制,推进景区限量预约、分时游览,优化游客流向,减少旅客在时间及空间上的过度聚集,调控重点景区游客接待规模。加强住宿业治理,压缩住宿业床位规模,强化对"日租房""网约房"管理。加强建筑规模管控,降低建筑密度,制定地上建筑规模减量年度实施计划,控制地上建筑规模。持续推进核心区平房院落申请式腾退、共生院改造。稳步降低核心区人口规模。

18. 朝阳、海淀、丰台、石景山区。制定各区疏解治理任务清单,有序退出不符合城市战略定位的功能和产业,严控建设规模和人口总量,实现城乡建设用地规模减量。有序推动以面向全国招生为主的一般性培训机构疏解。实施工业用地提质增效,严格产业准入。腾退低效集体产业用地,推动集体建设用地集约集中利用。大力推进城中村、"边角地"、薄弱地区治理,全面加快"一绿"地区村庄城市化改造,清除脏乱无序状态。围绕重点产业功能区,加强城市修补,补齐基础设施和公共服务短板,优化功能布局,加快高质量生活服务供给保障区、大尺度生态环境示范区建设,提升服务保障首都功能水平。

(七)城乡结合部重点村整治

加强城乡结合部地区规划管控,以环境和安全整治、集体建设用地和宅基地出租房屋管理为重点,系统开展城乡结合部重点村综合治理,大力改善环境面貌和社会秩序。

19. 重点村环境整治。加强村庄环境治理,全面完成污水、垃圾、厕所等环境综合整治,提高农村地区污水处理设施覆盖率,加强农村生活垃圾治理,实现污水有效处理、垃圾日产日清、公共厕所基本达到三类标准;整治公共空间和庭院环境,着力解决私搭乱建、乱堆乱放等突出问题,提升村容村貌,改善居民生产生活条件。

20. 重点村安全隐患整治。以城乡结合部地区人口倒挂村为重点,全面排查村民宅基地出租房屋、各类生产经营场所等存在的安全隐患,持续开展社会治安、消防安全、生产经营等安全综合整治,推动各类隐患整改消除;加强日常规范化管理,健全管控机制,防止问题反弹。加强村庄秩序管控,规范宅基地使用管理,严控宅基地违法建设。加大对无证无照经营、占道经营等违法违规行为执法整治力度;加强周边村庄的协同治理,着力降低重点村人口倒挂比,恢复村庄秩序。

21. 重点村集体建设用地和宅基地房屋出租管理。完善村庄规划建设管理机制，有序推进城镇集建型、整体迁建型村庄的腾退；加快整治完善型、特色保留型村庄的宅基地及出租房屋管理，坚持"以房管人"，推广房屋组织化经营模式，加强农村集体土地出租房屋管理，依法治理违规、无序出租房屋行为。

（八）重点区域环境提升

围绕"两轴"、中央政务和重大活动保障、重点廊道开展综合治理，系统增强服务保障能力，提升区域功能品质。

22. 重点区域。围绕中央政务服务，持续开展环境秩序治理。加强中南海—天安门广场、长安街沿线、"三山五园"、雁栖湖及周边空间管控和综合整治，严控建筑高度，持续优化政务服务功能。围绕中国共产党成立100周年、冬奥会等重大活动，提升北大红楼等周边环境秩序，开展奥林匹克核心区、延庆赛区、首钢园区以及首都体育馆、五棵松体育中心等冬奥会重点区域竞赛场馆、非竞赛场馆、训练场馆周边，以及京张铁路、机场高速等沿线治理、提升环境面貌。围绕核心区、城市副中心、冬奥场馆周边等重点区域实施电力、路灯、通信等架空线入地和规范梳理，严控新增、复挂，治理城市"蜘蛛网"，净化街巷城市天际线视野。

23. 重点廊道。加强铁路沿线、城市主干路、重点廊道环境综合治理提升。开展莲花河、凉水河等沿河路综合治理，打通巡河路断点，开放滨水空间，完善市政设施；充分利用巡（沿）河路建设慢行系统，加强与周边市政道路慢行系统互联互通，打造方便市民出行、游憩的美丽水岸。推进林荫街巷建设，优化城市街道景观，进一步提高林荫街巷推广率。区区联动加强跨区交界地区道路交通管理提升和违法违规行为治理，打造美丽边界。

（九）治理类街乡镇整治提升

围绕人口多、市民诉求集中的街乡镇，用好民生大数据，聚焦市民反映集中的问题，加强政策创新，促进区域发展水平提升，打造城市治理样板。

24. 聚焦长阳、沙河、北七家、新村等重点治理类街镇，围绕反映突出的物业管理、老旧小区改造、环境治理、公共服务设施等方面问题，一街镇一方案，明确治理任务，立足长效治理，完善功能、补齐短板，集中精力、集中资源，破解基层治理难题。各区按照"未进先治""未诉先办"的原则，推进本区投诉量大、职住功能偏差较大的街镇治理，加强评估分析，采取有效措施，精准治理提升。

（十）市属国有企业治理提升

持续发挥市属国有企业带头作用，强化房屋、土地管理，依托市属国有企业与属地政府"双牵头"工作机制，推动解决历史遗留问题，提高资源利用效率，增强服务功能，提升发展质量。

25.制定市属国有企业支持"疏解整治促提升"专项行动开展的任务清单，并组织实施。基本完成市属国有企业违法建设治理。建立市属国有企业与属地政府自有房屋土地台账信息共享机制，有序推动闲置房产、低效用地等资源盘活利用，更好提升民生服务保障水平。加强市属国有企业产权房屋规范管理，有序开展农租房、楼间插建平房改造工作，改善职工居住条件。

三、政策机制

（一）强化市场化法治化保障。强化疏解非首都功能、减量发展、高质量发展政策引导，加强信息公开，稳定市场主体预期和信心。加快形成推动腾退空间利用、地下空间使用、村庄治理等重点难点问题解决的政策法规体系，配合做好住房租赁管理条例等立法工作；动态完善新增产业禁止限制目录，修订北京市居住公共服务设施配置指标、城市公有房屋管理规定；制定"双控四降"配套政策，完善出租房屋登记备案、城市道路公共设施管理等政策；研究将涉及疏解整治的严重违法失信企业、个人列入失信黑名单，依法依规采取联合惩戒措施。

（二）强化协同推进。发挥首都规划建设委员会、国家京津冀协同发展工作机制、市委军民融合发展委员会等平台作用，完善央地联动疏解机制。积极争取中央单位、驻京部队对专项行动工作的支持，加大对重点难点事项的推动解决力度。强化市属行政事业单位疏解整治责任落实。加强与城市有机更新等专项任务的协调联动。

（三）强化资金保障。完善全市"疏解整治促提升"引导资金使用管理办法，统筹政策资金，按照现行财政体制分级分类保障。各区安排资金支持专项行动开展，充分发挥市级财政资金引导作用，坚持"资金与目标任务相匹配、精准安排、集中攻坚"的原则，提高市级资金对重点任务、难点问题、重点区域和关键领域支持的针对性。积极吸引社会资本参与。加强资金使用监管，提高使用效益。

四、组织实施

（一）严格落实责任。各专项任务由分管副市长牵头，坚持市级统筹、纵向领导、横向协调、属地主责、上下衔接；按照"量化、细化、具体化、项目化"的要求，做好阶段性目标与分年度安排的衔接，细化任务实施路线图，动态优化调整专项任务安排。市"疏解整治促提升"专项行动办公室要发挥好统筹协调作用，各牵头部门发挥牵头抓总作用，加大组织协调、建章立制、政策创新力度，积极研究解决重点难点问题。各区政府要压实主体责任，落实人口总量调控和分布优化要求，制定区级细化工作方案，全力抓好实施工作。

（二）深化社会参与。坚持党建引领，深化"接诉即办"改革，拓展参与渠道、创新参与形式，完善"民意立项"等机制，鼓励动员社会各界广泛参与到政策研究、制定、实施全过程。创新社会治理，放大"回天有我""向前一步"等社会治理品牌效应，形成治理合力。深化政策解读，坚持典型引路，回应社会关切，凝聚社会共识。充分发挥市民热线、媒体监督作用，推动工作整改落实。

（三）突出科技支撑。全面提升"疏解整治促提升"综合调度信息平台功能，完善专项行动上账销账、进展跟踪、督查核验、落点落图全过程管理体系，全方位实现"挂图作战"、精准调度。加强人口大数据监测分析，强化数据资源对接与共享，建立人口精细化监测、统计、分析机制，充分发挥好对专项行动和人口调控的科技支撑作用。

（四）加强督查考评。坚持各专项任务入账管理、销账推进。突出问题导向，将群众满意度作为工作标尺，健全察访核验、第三方评估、督查考核机制，对问题加强督促整改。创新督查考核方式，充分运用信息化手段，实现信息资源共享，提高工作质量和效率。将专项行动落实情况作为市政府绩效考评重要内容，科学合理设置指标，强化考核结果的分析运用，营造"比、学、赶、帮、超"的良好氛围。

附件："疏解整治促提升"专项行动责任分工

"疏解整治促提升"专项行动责任分工

名称		牵头单位
一般性产业疏解提质	一般制造业	市场经济和信息化局
	区域性市场	市商务局
	区域性物流中心	市商务局、市规划自然资源委
	传统商业服务	市商务局
公共服务功能疏解提升	高等教育	市教委
	医疗卫生	市卫生健康委
	公交场站和旅游集散中心	市交通委、市文化和旅游局、市重点站区管委会
违法建设治理与腾退土地利用	违法建设与拆违腾退土地	市规划自然资源委
	建筑垃圾资源化处置与综合利用	市城市管理委、市住房城乡建设委
	增绿	市园林绿化局、市农业农村局
	战略留白临时绿化	市园林绿化局
桥下空间、施工围挡及街区环境秩序治理	桥下空间	市交通委、市规划自然资源委
	施工围挡	市住房城乡建设委、市城市管理委
	临时建筑	市规划自然资源委
	占道经营	市城市管理委（市城管执法局）
	无证无照经营	市市场监管局
	"开墙打洞"	市市场监管局
	地下空间	市人防办、市住房城乡建设委
	群租房	市住房城乡建设委
棚户区改造、重点项目征拆收尾、商品房项目配建公共服务设施移交	棚户区改造	市住房城乡建设委
	直管公房	
	重点项目征拆收尾	
	代征代建道路移交	市交通委、市规划自然资源委
	商品住宅小区配套公共服务设施建设和移交	市住房城乡建设委、市规划自然资源委

<<< 附录7 关于"十四五"时期深化推进"疏解整治促提升"专项行动的实施意见

续表

名称		牵头单位
中心城区疏解提质	核心区	市卫生健康委、市文化和旅游局、市住房城乡建设委、市规划自然资源委、市发展改革委
	朝阳、海淀、丰台区、石景山区	市规划自然资源委、市发展改革委
城乡结合部重点村整治	环境整治	市农业农村局
	安全隐患整治	市公安局
	村庄房屋出租管理	市住房城乡建设委、市农业农村局、市规划自然资源委
重点区域环境提升	重点区域	市城市管理委、市发展改革委
	重点廊道	市城市管理委、市交通委、市水务局、市园林绿化局
治理类街乡镇整治提升		市发展改革委
市属国有企业治理提升		市国资委

参考文献

[1] 中国统计信息网. 中国统计年鉴（2000—2022）

[2] 北京统计信息网. 北京统计年鉴（2000—2022）

[3] 文魁、祝尔娟等. 京津冀发展报告（2013—2015）. 社会科学文献出版社, 2013—2015

[4] 刘志、李国平等. 人口长期均衡发展——北京的战略选择. 科学出版社, 2013.

[5] 张召堂. 中国首都圈发展研究. 北京大学出版社. 2005

[6] 李国平等. 面向世界城市的北京发展趋势研究. 科学出版社. 2012

[7] 姜杰、张晓峰、宋立泰等. 城市更新与中国实践. 山东大学出版社. 2013

[8] 张其邦. 城市更新的时间、空间、度理论研究. 厦门大学出版社. 2015

[9] [美] 理查德·C. 菲沃克主编，许源源、江胜珍译. 大都市治理——冲突、竞争与合作. 重庆大学出版社. 2012

[10] [英] 埃比尼泽·霍华德著，金经元译. 明日的田园城市. 商务印书馆. 2010

[11] [美] 刘易斯·芒福德著，宋俊岭、倪文彦译. 城市发展史——起源、演变和前景. 中国建筑工业出版社. 2005

[12] [美] 彼得·卡尔索普、[美] 威廉·富尔顿著，叶齐茂、倪晓晖译. 区域城市——终结蔓延的规划. 中国建筑工业出版社. 2007

[13] [美] 阿列克斯·施瓦兹，黄瑛译. 美国住房政策. 中信出版社. 2008

[14] 叶立梅. 城市协调发展的理论与实践探索. 中国经济出版社. 2008

[15] 刘欣葵. 从区域功能对接看新城发展——以北京新城建设实践为例. 广东社会科学. 2009（2）

[16] 王旭. 美国城市发展模式：从城市化到大都市区化. 清华大学出版社. 2006

[17] 崔承印. 对北京人口规模的反思与认识. 北京规划建设. 2006（5）

[18] 王春兰. 大城市人口空间演变的政治社会学分析. 上海人民出版社. 2009

[19] 牛凤瑞主编. 城市学概论. 中国社会科学出版社. 2008

[20] 第九届全国区域经济学学科建设年会暨新区域发展战略时代的中国区

域经济学术研讨会会议论文集赵作权.宋敦江.中国经济空间演化趋势与驱动机制

[21] 王世巍.城市人口均衡发展研究.社会科学文献出版社.2008

[22] 周晓华主编.新城模式.机械工业出版社.2007

[23] 张捷编著.新城规划与建设概论.天津大学出版社.2009

[24] 张捷、赵民编著.新城规划的理论与实践——田园城市思想的世纪演绎.中国建筑工业出版社.2005

[25] 张明龙.区域发展与创新.中国经济出版社.2010

[26] 张强主编.乡村与城市融合发展的选择——北京市城乡一体化发展研究.中国农业出版社.2006

[27] 刘欣葵编著.首都体制下的北京规划建设管理.封建帝都600年与新中国首都60年.中国建筑工业出版社.2009

[28] [法] 米歇尔·米绍、张杰、邹欢主编,何枫、任宇飞译.法国城市规划40年.社会科学文献出版社.2007

[29] 王德起、谭善勇编著.城市管理学.中国建筑工业出版社.2009

[30] 王力丁、王鸿春主编.建设人文北京、科技北京、绿色北京决策研究.同心出版社.2010

[31] 丁成日、宋彦、Gerrit Knaap、黄艳.城市规划与空间结构——城市可持续发展战略.中国建筑工业出版社.2005

[32] 陈劲松主编.新城模式——国际都市发展实证案例.机械工业出版社.2006

[33] 饶会林主编.中国城市管理新论.经济科学出版社.2003

[34] 邢亚平、王德起主编.城市经济运行与政府宏观调控.中国市场出版社.2007

[35] 赵秀池.关于城市规划的几点思考.建筑经济.2009(2)

[36] 赵秀池、刘欣葵.美国人口疏解的国际经验借鉴.商业时代.2010(32)

[37] 赵秀池、刘欣葵.北京中心城人口疏解与新城发展机制研究.经济科学出版社.2011

[38] 赵秀池.北京市优质公共资源配置与人口疏解研究.人口研究.2011(7)

[39] 赵秀池、刘欣葵.发挥政府主导作用 疏解中心城人口和功能//黄序主编.北京城乡发展报告(2010~2011).社会科学出版社.2011

[40] 赵秀池:北京市人口流动及居住意愿抽样调查报告·世界城市:规律、趋势与战略选择.中国经济出版社.2014

[41] 赵秀池.北京旧城保护改造研究.商业经济研究.2016(21)

结　语

　　该书基本内容为作者2016年承担北京市社科联决策咨询课题《北京城六区人口调控的思路与对策研究》的结项报告，数据分析多为2016年之前的数据。附录为研究过程前后一些调研报告、相关论文、政策及政策建议。

　　现在看来，经过几年实践，北京城六区的人口通过各种政策调控，初见成效，2016年北京市常住人口达到顶峰，2015年北京城六区常住人口达到顶峰之后，北京市和城六区人口在不断下降。

　　后续作者会继续关注并研究城六区人口调控的政策及其效果。

作者：首都经济贸易大学
赵秀池　教授
2023年9月27日